만화로 배우는
박문각 공인중개사

2025 전면개정판

1차 민법·민사특별법

18테마 만화
빈출 핵심용어
핵심 기출문제

글 손은환·강지운 그림 김영란

쉽게! 빠르게! 재미있게!

박문각

머리말

갈수록 수험 준비가 만만치 않아지는 공인중개사 시험입니다. 법률이나 정경 계열 전공자들에게도 그럴진대 비전공자는 어떨 것이며 아예 수험 공부를 해 본 적이 없는 분이나 오랫동안 공부를 손에서 놓았던 분들에게는 그 벽이 얼마나 높게 느껴질까요? 이럴 때 친구처럼 편하게 어려운 부분을 설명해 줄 수 있는 사람이 곁에 있으면 얼마나 좋을까 생각이 들 때도 있을 것입니다.

도움의 손길이 필요한 분들에게 힘이 되었으면 좋겠다는 마음으로 준비한 책입니다. 친구 같은 선생님이 일대일로 설명해 주듯 친절하고 재미있는 책인 동시에 학문적으로도 손색이 없도록 하였습니다.

모든 시험이 그렇듯 공인중개사 시험 역시 기본 개념과 내용을 충실히 이해한 바탕 위에 기출문제를 분석하고 익히다 보면 커트라인을 훌쩍 넘길 수 있습니다. 최근의 추세인 응용 문제도 철저한 기본기를 바탕으로 풀어야 합니다.

만화로 배우는 박문각 공인중개사
1차 민법·민사특별법

기본을 탄탄히 다지는 공부를 위해 만화의 장점을 적극 활용했습니다. 기본 개념들은 한눈에 알아 볼 수 있게 도식화하고 관련 내용들도 상황 구성을 통해 구체적이고 생생하게 다가올 수 있도록 했습니다. 중요 내용은 핵심 다잡기를 통해 다시 한 번 텍스트로 요약·정리하고 참고에는 심화 내용을 실었습니다. 관련된 기출문제는 물론 자주 출제되는 용어도 함께 수록했습니다.

이 책에는 공중개와 한미진이라는 남녀 캐릭터가 등장해 여러분과 함께 가게 됩니다. 독자 여러분 또는 여러분 주위의 누군가와 비슷할지도 모르겠습니다. 중개와 미진이 밀고 당기며 대화하는 것을 즐겁게 읽어 내려가다 보면 수험 공부를 하면서 생겼던 의문들이 절로 풀려 갈 것입니다. 아직 조금은 미진한 수험생인 미진이 중개라는 멘토를 통해 온전하게 성장해 가는 과정에서 여러분의 실력도 함께 늘어갈 것임을 믿어 마지않습니다. 여러분의 수험 생활에 행운을 빕니다.

충일재 작업실에서
손은환·강지운 드림

가이드

1 만화로 더 재미있게!

민법 이론에 대한 이해를 돕기 위해 만화로 재미있게 구성하였습니다.

만화로
배우는

**박문각
공인중개사**

2 참고로 더 풍부하게!

더 알아야 할 내용을
참고와 **핵심 다잡기**로 구성하여
배경지식을 넓힐 수 있도록
하였습니다.

가이드

3 핵심용어로 더 쉽게!

민법 용어 중
자주 나오는 핵심용어들만
이해하기 쉽도록
표로 정리하였습니다.

4 기출문제로 더 확실하게!

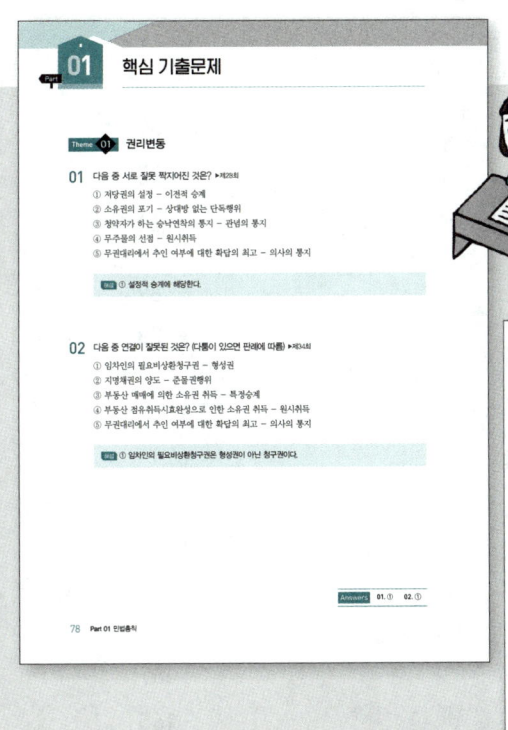

만화로 배운 내용을
기출문제를 풀면서
다시 한 번 점검할 수 있도록
구성하였습니다.

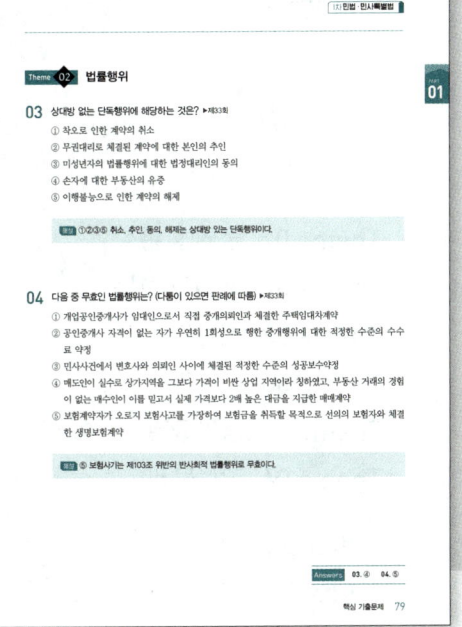

차례

Part 01
민법총칙

Theme 01 권리변동	− 12
Theme 02 법률행위	− 18
Theme 03 의사표시	− 30
Theme 04 대 리	− 39
Theme 05 무효와 취소	− 53
Theme 06 법률행위의 부관	− 61
+ 빈출 핵심용어	− 69
+ 핵심 기출문제	− 78

Part 02
물권법

Theme 01 물권법 총설	− 116
Theme 02 물권의 변동	− 125
Theme 03 점유권	− 149
Theme 04 소유권	− 165
Theme 05 용익물권	− 182
Theme 06 담보물권	− 196
+ 빈출 핵심용어	− 210
+ 핵심 기출문제	− 218

만화로 배우는
박문각 공인중개사
1차 민법·민사특별법

Part 03
계약법

Theme 01 계약총론 — 266
Theme 02 계약각론 — 286

+ 빈출 핵심용어 — 304
+ 핵심 기출문제 — 309

Part 04
민사특별법

Theme 01 주택임대차보호법과 상가건물 임대차보호법 — 344
Theme 02 집합건물의 소유 및 관리에 관한 법률 — 352
Theme 03 가등기담보 등에 관한 법률 — 362
Theme 04 부동산 실권리자명의 등기에 관한 법률 — 369

+ 빈출 핵심용어 — 374
+ 핵심 기출문제 — 376

만화로
배우는

박문각
공인중개사

1차 민법·민사특별법

Part 01

민법총칙

Theme 01 권리변동
Theme 02 법률행위
Theme 03 의사표시
Theme 04 대 리
Theme 05 무효와 취소
Theme 06 법률행위의 부관

+ 빈출 핵심용어
+ 핵심 기출문제

권리변동

> **참고** 법률관계와 호의관계
>
> 인간관계: 도덕·종교·관습 등이 규율하는 생활관계. 강제력이 없다.
> 법률관계: 사람의 사회생활관계 중에서 법에 의하여 규율되는 생활관계. 권리와 의무로 구성. 법에 의해 그 내용이 강제된다.
> 호의관계: ① 무상으로 같은 방향으로 가는 손님을 동승하거나 저녁에 무료로 초대하는 경우 등
> ② 기본적으로 법률관계는 아니나 손해(사고)발생시는 법률관계가 된다.
> ③ 무상으로 급부를 하며 이행이 없다고 하여 이행을 청구할 수 없다.
> ④ 과실상계·무상법리(책임감경법리)·의사표시 해석기준은 유추적용된다.
> ＊관련판례: 호의로 지급한 상여금은 실질적 근로의 대가로서 법률관계이다.

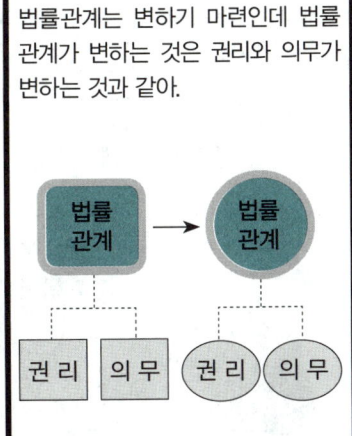

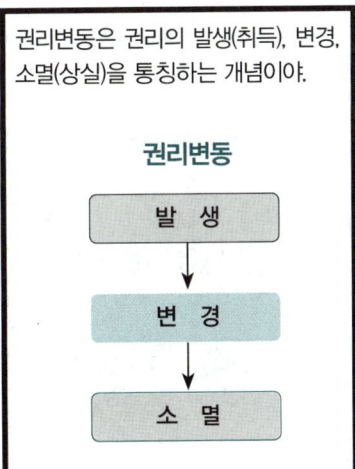

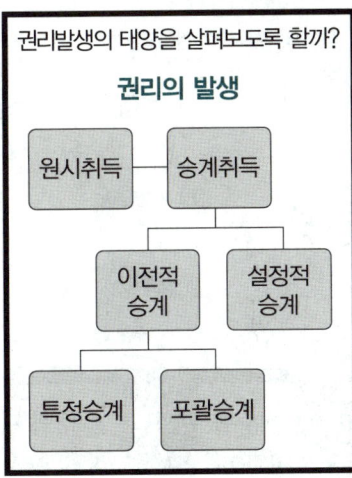

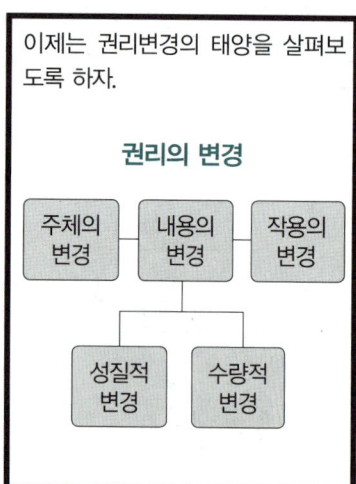

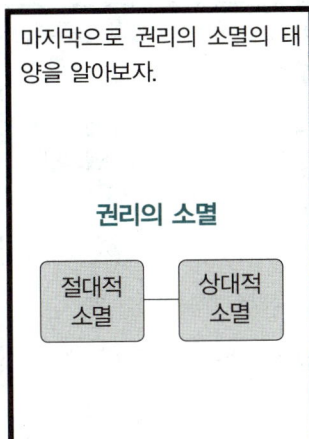

> **참고** 원시취득과 승계취득의 차이점
> 1. 전주의 권리에 하자나 제한이 있는 경우 원시취득은 이를 승계하지 않으나 승계취득은 승계한다.
> 2. 전주가 무권리자인 경우 원시취득은 권리를 취득하나 승계취득은 권리를 취득하지 못한다.

핵심 다잡기 | 권리변동의 태양

권리의 발생	원시취득: 무주물 선점, 유실물 습득, 매장물 발견, 건물의 신축, 선의취득, 시효취득, 첨부(부합·혼화·가공), 인격권 취득, 매립, 채권의 발생 등		
	승계 취득	이전적 승계	특정승계: 매매, 교환, 증여, 사인증여 등
			포괄승계: 상속, 포괄유증, 회사합병 등
		설정적 승계: 제한물권의 설정 등	
권리의 변경	주체의 변경: 권리의 승계, 공유물분할에 의한 권리주체의 수적 변경 등		
	내용의 변경	성질적 변경: 목적물인도채권이 손해배상청구권으로 변경, 선택채권의 선택, 물상대위, 대물변제 등	
		수량적 변경: 물건의 부합, 제한물권의 설정이나 소멸로 인한 소유권의 증감 등	
	작용의 변경: 저당권의 순위승진, 임차권의 등기, 채권양도의 통지에 의하여 제3자에게 대항할 수 있는 권리 등		
권리의 소멸	절대적 소멸: 목적물의 멸실, 소멸시효의 완성, 권리포기, 채무의 변제(이행) 등		
	상대적 소멸: 주체의 변경		

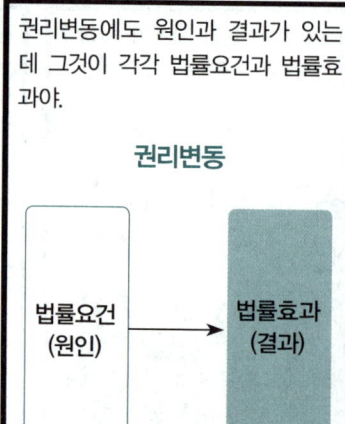
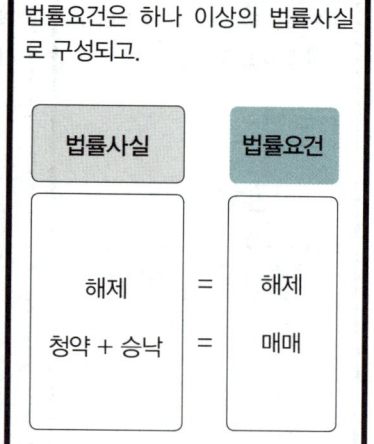

02 법률행위

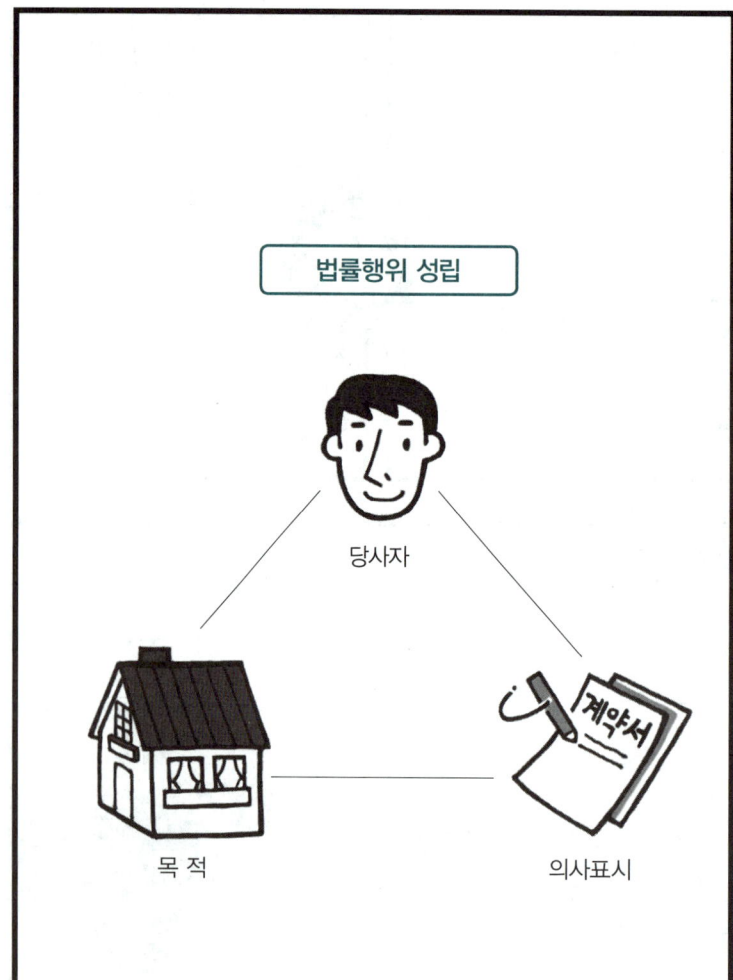

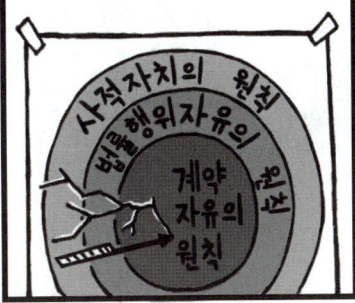

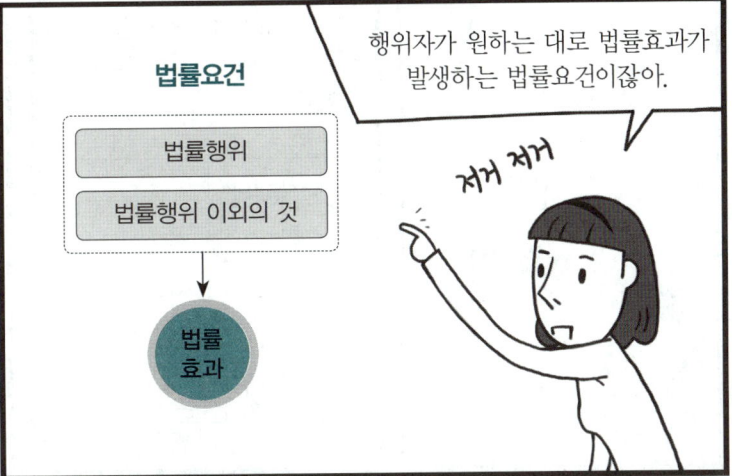

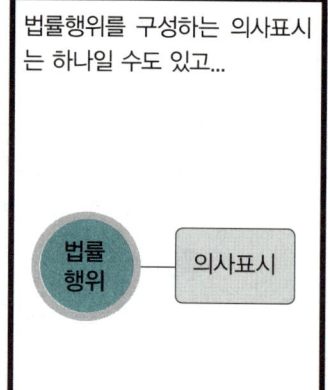
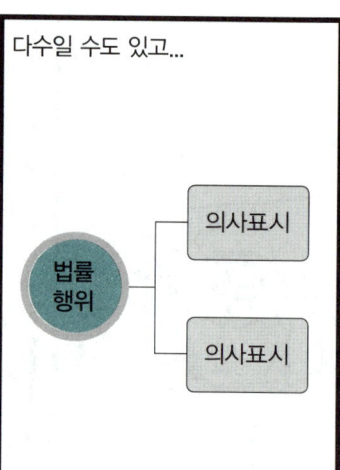
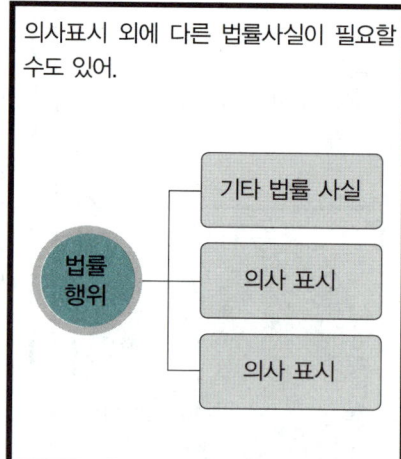

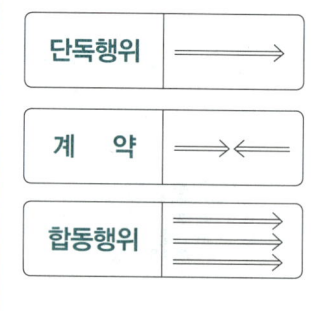
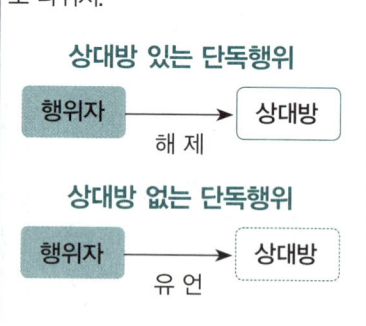

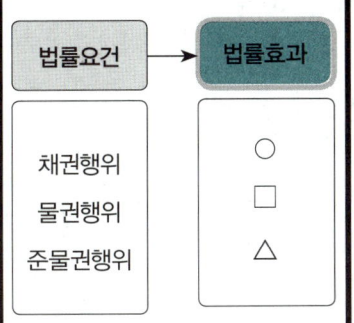
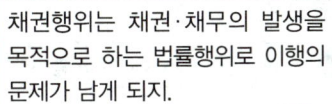

핵심 다잡기 | 채권행위·물권행위·준물권행위

분류	채권행위	물권행위	준물권행위
목 적	채권·채무의 발생	직접 물권변동	물권 이외의 권리변동
종 류	증여, 매매, 교환, 임대차 등	소유권이전행위, 물권의 포기, 저당권설정행위 등	채권양도, 무체재산권 양도, 채무면제
이행문제	남음(의무부담행위)	없음(처분행위)	없음(처분행위)
타인의 권리·물건	유 효	무 효	무 효

기출 OX

- 저당권을 설정하는 것은 의무부담행위이다. (×)
- 처분권 없이 한 채권행위와 물권행위는 모두 무효이다. (×)

법률행위가 성립하기 위해서는 성립요건을, 효력을 발생하기 위해서는 효력요건을 갖춰야 해.

성립요건
- 당사자
- 목 적
- 의사표시

효력요건
- 당사자능력
- 목적의 확정·가능·적법·사회적 타당성
- 의사표시의 일치·무하자

성립요건에는 모든 법률행위에 공통으로 요구되는 일반성립요건과...

당사자 — 목 적 — 의사표시

특별한 경우 요구되는 특별성립요건이 있어.

증인 두 명 세우시고 혼인신고서 제출하세요.

효력요건 역시 일반효력요건과...

당사자능력 (권리능력, 의사능력, 행위능력)
↓
목적의 확정·가능·적법·사회적 타당성
↓
의사표시의 일치·무하자

특별효력요건으로 구분되지.

부모님 동의는 받았어?
삼촌, 내 닌텐도 안 살래?

헷갈리게 뭔 요건이 이렇게 많아?
어려워도 성립요건과 효력요건은 잘 구분해둬야 돼.

적어! 적어!

핵심 다잡기 | 법률행위의 성립요건과 유효요건

구 분	성립요건	효력요건
일 반	① 당사자 ② 목적(내용) ③ 의사표시	① 당사자의 권리능력·행위능력·의사능력의 존재 ② 목적의 확정성·가능성·적법성·사회적 타당성 ③ 의사와 표시가 일치하고 하자가 없을 것
특 별	유언에서의 방식, 요물계약에서의 물건의 인도, 혼인에서의 신고	대리행위시 대리권의 존재, 미성년자·피한정후견인의 법률행위에서 법정대리인의 동의, 조건·기한부법률행위에서 조건의 성취·기한의 도래, 유언에서 사망
입증책임	법률행위의 효과를 주장하는 당사자	법률행위의 무효를 주장하는 당사자
흠결시	불성립	무효 또는 취소

핵심 다잡기	원시적 불능과 후발적 불능
원시적 불능 ⇨ 무효	후발적 불능 ⇨ 유효

계약체결상의 과실책임
(제535조)
	① 채무자귀책사유 ⇨ 채무불이행(해제·손해배상)
	② 채무자귀책사유× ⇨ 위험부담의 문제
	  • 원칙: 채무자위험부담(대가지급×)
	  • 예외: 채권자위험부담(대가지급)

참고 전부불능과 일부불능

- 전부불능: 무효
- 일부불능: 일부무효의 법리(제137조)에 따라 해결. 전부무효가 원칙이지만 무효부분이 없더라도 법률행위를 하였으리라고 인정될 때에는 무효부분을 제외한 나머지 부분은 유효

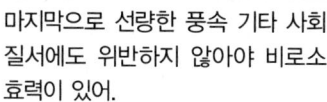

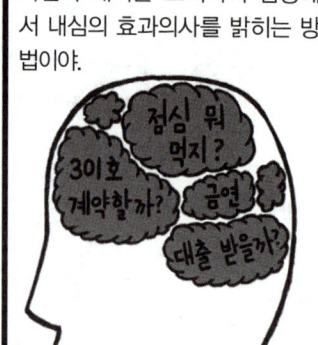

1차 민법·민사특별법

> **참고** 규범적 해석 관련 판례
> - 총완결이라는 문언이 부기된 영수증에 있어서 동 영수증작성경위가 그렇게 쓰지 아니하면 돈을 주지 않겠다고 하기에 당시 궁박한 사정에 비추어 우선 돈받기 위하여 거짓 기재한 것이라는 이유만으로는 총완결이란 의사표시가 당연무효라고 할 수 없다(대판 69다563).
> - 회사와 노동조합 사이에 쟁의행위 중에 발생한 구속 및 고소, 고발자에 대하여 "징계를 하지 않는다"라는 문구 대신 "최대한 선처하겠다"라고 합의한 경우, 이는 회사가 구속자에 대한 형사처벌이 감경되도록 노력하겠다는 취지로 해석되고 구속자들을 징계하지 않겠다는 내용의 합의로는 볼 수 없다(대판 93다1503).

> **참고** 규범적 해석이 허용되지 않는 경우
> 1. 상대방 없는 단독행위
> 2. 상대방이 표의자의 내심적 효과의사를 알고 있는 경우
> 3. 신분행위
> 4. 상대방이 신의칙상 요구되는 배려를 하지 않아 상대방이 표의자의 내심적 효과의사를 알지 못한 경우
> ➕ 표의자의 내심적 효과의사에 따라 법률효과 발생

법률행위 해석은 아래와 같은 순서대로 그 기준을 삼을 수 있어.

법률행위 해석방법

① 당사자가 기도하는 목적
② 사실인 관습(§106)
③ 임의법규(§105)
④ 신의성실의 원칙

사실인 관습은 법적 확신을 얻지 못해 관습법이 되지 못한 관행을 말하는데 임의법규에 우선해 법률행위 해석의 기준이 되지.

강행법규 > 사실인 관습 > 임의법규

사실인 관습을 적용하기 위해서는 다음과 같은 요건이 필요해.

- 임의법규와 다른 관습의 존재
- 강행법규에 위반하지 않을 것
- 당사자의 의사가 명확하지 않을 것

당사자가 기도하는 목적, 사실인 관습, 임의법규에 의해서도 내용을 확정할 수 없는 경우 신의성실의 원칙에 따르는데...

예문해석이 신의성실의 원칙에 의한 해석방법의 일례라 할 수 있어.

예문해석??

약관 등에 의한 계약 조항 중 고객에게 불리한 조항은 단순 예문으로 보아 법적 효력을 부정하는 것이지.

Theme 02 법률행위

03 의사표시

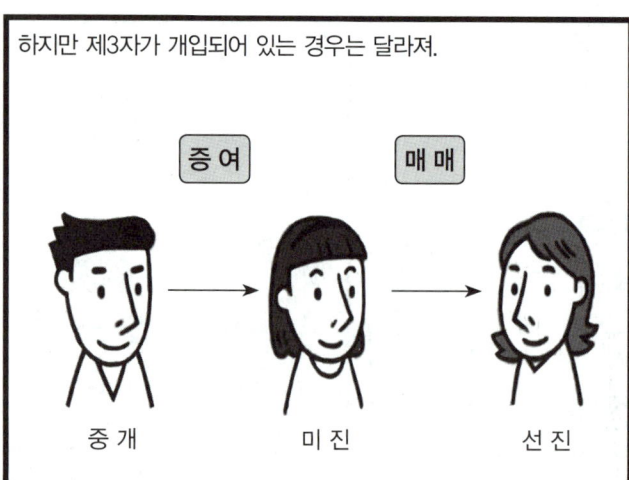

핵심 다잡기 제3자에 속하는 자

제3자에 속하는 자	제3자에 속하지 않는 자
• 가장매매의 매수인으로부터 매수한 자 • 가장매매의 매수인으로부터 가등기를 취득한 자 및 저당권을 설정받은 자 • 가장저당권설정행위에 기한 저당권의 실행으로 경락받은 자 • 가장매매에 기한 대금채권의 양수인 • 가장소비대차에 기한 채권의 양수인 • 허위표시에 의한 타인명의 예금통장의 명의인으로부터 예금채권을 양수한 자 • 가장매매의 매수인에 대한 압류채권자 • 허위표시에 의한 취득자가 파산한 경우에 파산관재인	• 가장매매에 기한 손해배상청구권의 양수인 • 채권의 가장양도에 있어서의 채무자 • 가장매매의 매수인으로부터 그 지위를 상속받은 자 • 저당권을 가장 포기한 경우의 후순위제한물권자 • 가장의 제3자를 위한 계약에서 제3자 • 주식을 가장양도한 경우의 회사 • 대리인이 상대방과 허위표시를 한 경우 본인 • 추심 목적 채권의 양수인

Theme 03 의사표시

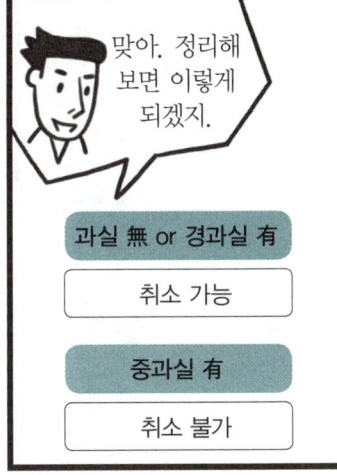

핵심 다잡기 착오로 인한 의사표시에서 취소 가능한 중요부분의 착오

중요부분의 착오	중요부분 착오가 아닌 것
• 토지의 현황과 경계에 관한 착오 • 사람의 동일성에 관한 착오 ⇨ 증여·신용매매·임대차·위임·고용(○), 현실매매(×) • 사람의 신분·경력·직업·자산상태 등에 관한 착오 ⇨ 동기의 착오 • 목적물의 동일성에 관한 착오 • 물건의 성상과 내력에 관한 착오(기계의 성질·광구의 품질·가축의 수태능력) ⇨ 동기의 착오 • 임대차를 사용대차인 줄 알았거나 연대보증을 보통의 보증으로 잘못 안 경우	• 매매목적물의 시가 • 지적의 부족

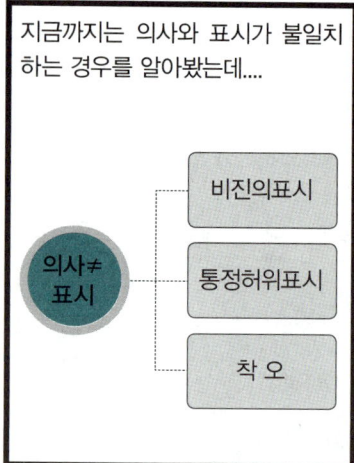
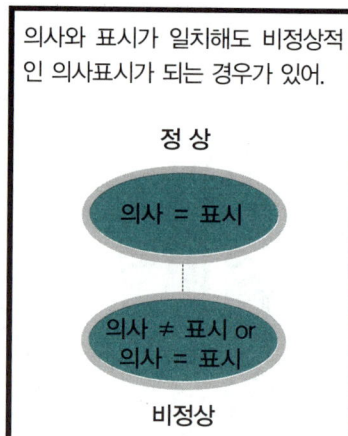

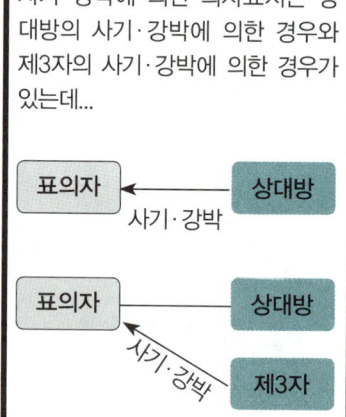

1차 민법·민사특별법

핵심 다잡기 | 비정상적인 의사표시

의사≠표시	비진의의사표시	원칙: 표시된 대로 유효	선의의 제3자에게 대항하지 못한다.
		예외: 상대방이 악의나 과실인 경우 ⇨ 무효	
	통정허위표시	무효	
	착오	중요부분 ○, 중과실 ×: 취소 可	
하자 ○	사기나 강박	취소 可 제3자의 사기·강박 – 상대방이 악의 또는 과실일 경우만 취소 可	

> 참고 도달주의의 예외(발신주의)
> ㉠ 제한능력자의 상대방의 최고에 대한 확답
> ㉡ 사원총회의 소집통지
> ㉢ 무권대리인의 상대방의 최고에 대한 확답
> ㉣ 채권자의 채무인수인에 대한 승낙의 확답
> ㉤ 격지자 사이의 계약의 승낙의 통지
> ㉥ 연착한 승낙이 도달하기 전의 지연의 통지

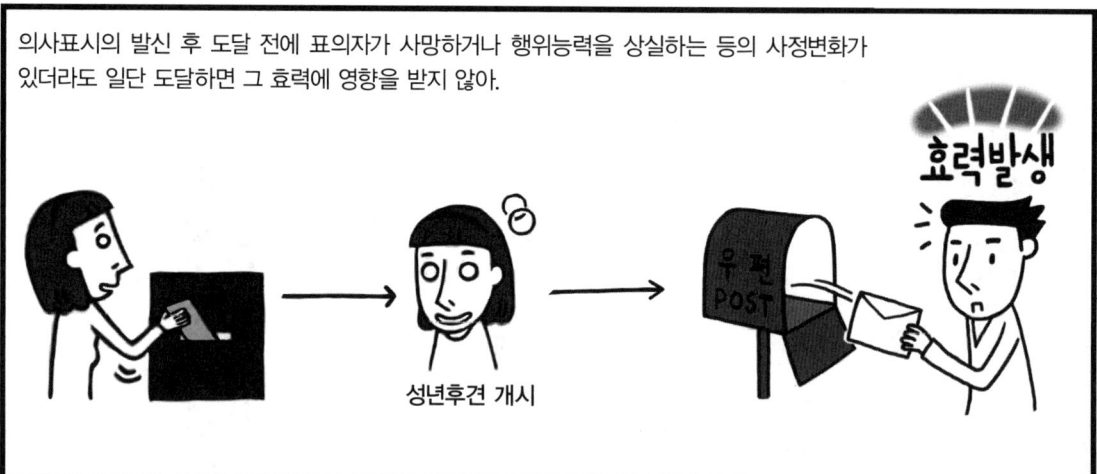

04 대리

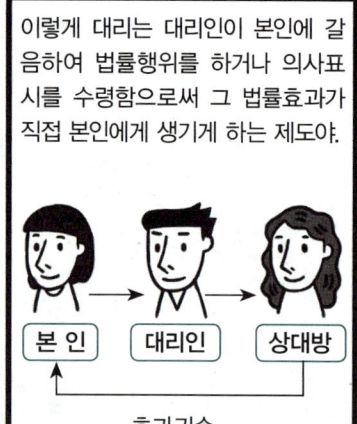

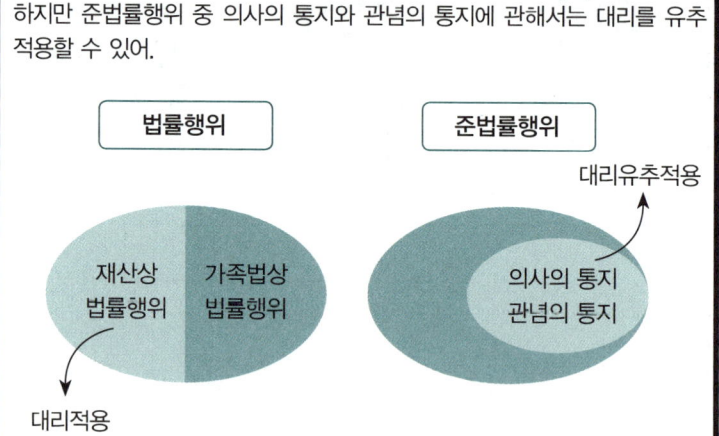

> **참고** 법률행위와 준법률행위
> - 법률요건은 의사표시를 요소로 하는 법률행위와 의사표시를 요소로 하지 않는 법률행위 이외의 것(준법률행위, 사무관리, 부당이득, 불법행위)으로 구분된다.
> - 준법률행위에는 의사의 통지(각종 최고와 거절, 청약의 유인, 변제수령의 통지, 이행의 청구 등)와 관념의 통지(각종 통지, 채무의 승인, 대리권수여의 표시 등) 등이 있다.

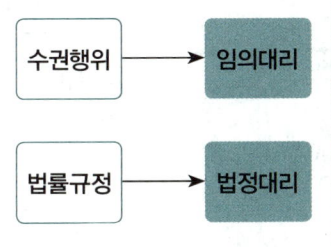
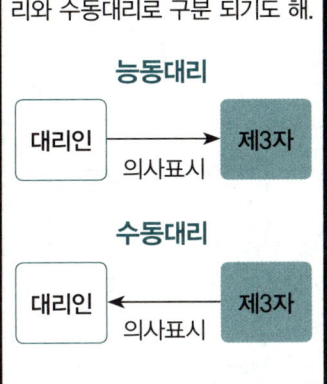

참고 대리의 구별실익

1. 임의대리와 법정대리: 대리인의 복임권(§12~121), 표현대리의 범위(§125), 대리권의 소멸(§128), 대리권의 범위
2. 능동대리와 수동대리: 상대방 있는 단독행위의 무권대리(§136), 현명주의 요건(§114~115), 공동대리의 경우 수동대리는 각자대리 허용
3. 유권대리와 무권대리: 효과귀속의 여부와 요건(§114, §130)

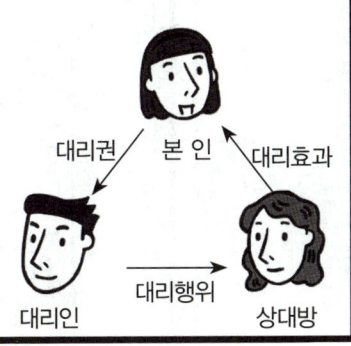

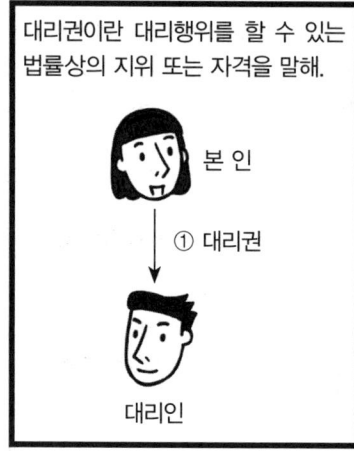

핵심 다잡기 — 대리권의 범위(§118)

구분		의의	범위	예
관리행위	보존행위	재산의 가치를 현상 그대로 유지하는 행위	언제나 가능	가옥의 수선, 소멸시효의 중단, 미등기부동산의 등기, 기한이 도래한 채무의 변제, 채권의 추심, 부패하기 쉬운 물건의 처분
	이용행위·개량행위	재산의 수익을 도모하는 행위, 사용가치 또는 교환가치를 증가시키는 행위	물건이나 권리의 성질을 변하지 않는 범위에서 가능	물건의 임대, 금전의 이자부 대여
처분행위		재산권에 변동을 가져오는 행위	불가능	가옥매각, 저당권설정행위, 전세권설정행위

Theme 04 대리

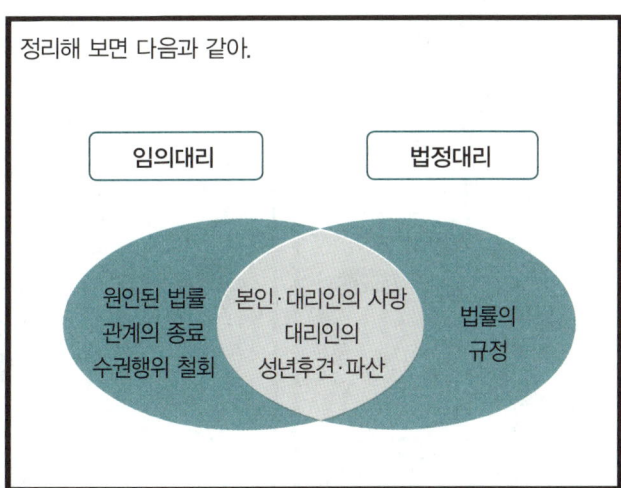

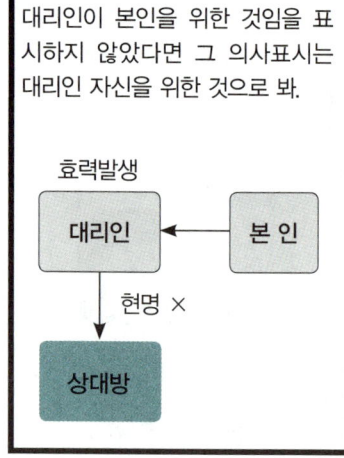

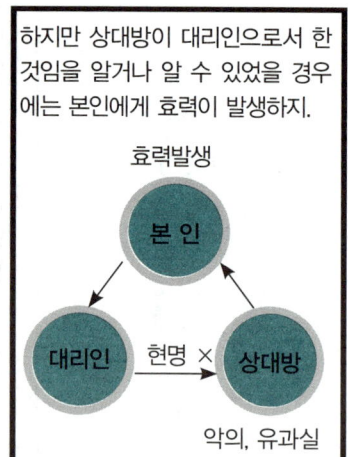

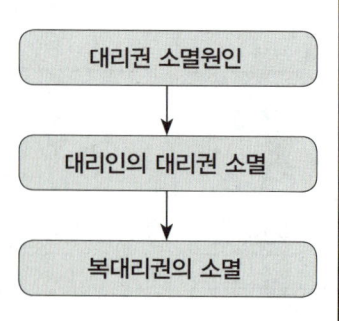

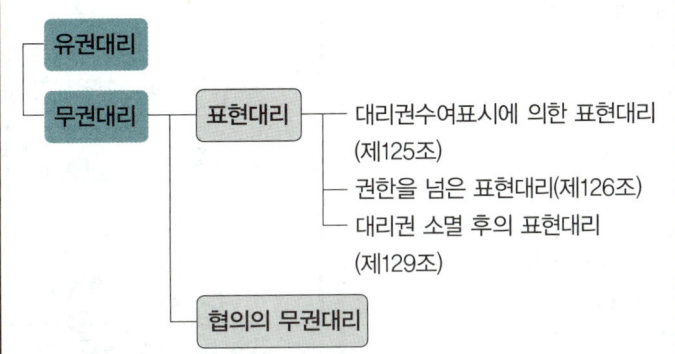

앞에서도 살짝 봤던 것처럼 대리는 대리권의 유무에 따라 아래와 같이 분류돼.

표현대리는 대리권이 없음에도 대리권이 있는 것 같은 외관이 있고 그렇게 보이는데 본인에게 책임이 있는 경우...

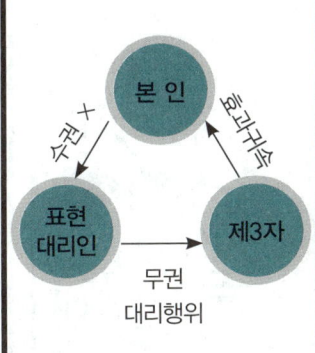

상대방 보호를 위해 본인에게 법률효과를 귀속시키려는 제도야.

대리권 수여표시에 의한 표현대리는 본인이 대리권을 수여했다는 의사표시를 했다면 그 범위내에서 한 대리행위에 대해서는 본인이 책임을 진다는 거지.

하지만 상대방이 악의·유과실인 경우에는 책임이 없어.

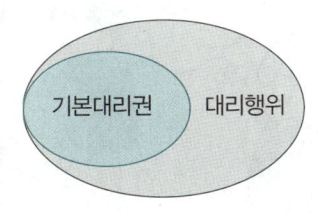

권한을 넘은 표현대리는 대리인이 권한 외의 법률행위를 한 경우 상대방이 권한이 있다고 믿을 만한 정당한 이유가 있는 때에 본인이 책임을 지는 거야.

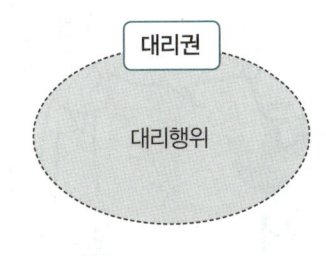

대리권 소멸 후의 표현대리는 대리권이 소멸한 후 과실없이 이를 알지 못한 상대방이 대리인과 계약을 하였다면 본인이 책임을 지도록 하는 것이고.

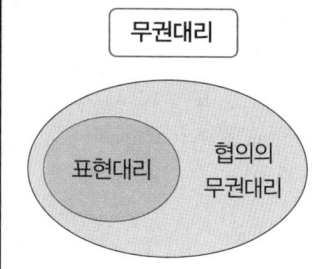

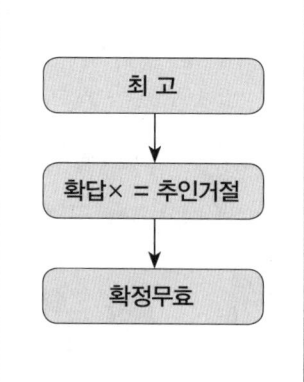

핵심 다잡기 | 협의의 무권대리의 효과

본인	추인권	본인(甲) ⇨ 상대방(丙) ⇩ 무권대리인(乙)	• 성질: 단독행위, 형성권 • 추인의 상대방: 상대방 또는 무권대리인 • 무권대리인에 대한 추인: 상대방이 그 사실을 안 경우에 한해서 추인의 효력 주장가능 • 추인의 효과: 소급효(원칙) • 주의: 추인에 의하여 무권대리가 유권대리가 되는 것은 아니고 효과면에서 동일하다는 의미일 뿐이다. • 확정유효
	추인 거절권	본인(甲) ⇨ 상대방(丙) ⇩ 무권대리인(乙)	• 추인을 거절하면 상대방은 철회할 수 없으며, 또한 본인도 추인할 수 없다. • 확정무효
상대방	최고권	본인(甲) ⇦ 상대방(丙)	• 성질: 의사의 통지(준법률행위), 형성권 • 최고기간: 상당기간을 정해서 최고 • 확답이 없으면: 추인거절로 본다. • 최고의 상대방: 본인 • 상대방: 선의·악의 묻지 않음. • 발신주의 취함.
	철회권	본인(甲) ⇦ 상대방(丙) ⇩ 무권대리인(乙)	• 본인이 추인하기 전에 철회권 행사 • 철회의 상대방: 본인 또는 무권대리인 • 상대방: 선의에 한해서 인정 • 철회 후 본인은 추인할 수 없음. • 확정무효

다음과 같은 조건을 충족하는 경우 무권대리인은 상대방에게 일정한 책임을 지게 돼.

- 대리권의 존재증명 ×
- 추인 ×, 철회 ×
- 상대방의 선의·무과실
- 무권대리인의 행위능력

상대방의 선택에 따라 계약의 이행이나 손해배상 책임 중 하나를 지는 거야.

이때의 책임은 무과실책임이므로 무권대리인의 과실을 요하지 않아.

전 주의의무를 다했는데요.

그래도 책임은 져야지.

상대방이 대리권 없음을 알았거나 알 수 있었을 때...

대리권 없다는 거 아셨잖아요?

또는 대리인으로 계약한 자가 제한능력자일 때는 책임을 지지 않아.

저 미성년자라서요.

제한능력자에게 책임을 지우는 건 제한능력자 보호취지에 어긋나기 때문이지.

무권대리인의 상대방 보호 < 제한능력자의 보호

지금까지는 계약에 관해서였고 단독행위의 무권대리는 달라.

어떻게?

상대방 없는 단독행위는 절대적 무효야.

그럼 추인 못하겠네.

상대방 있는 단독행위는 다음과 같은 경우 계약의 무권대리를 준용해.

- **능동대리**: 상대방이 동의하거나 대리권을 다투지 않은 경우
- **수동대리**: 무권대리인의 동의를 얻어서 한 경우

Theme 05 무효와 취소

참고 효력요건의 불비와 무효·취소

성립요건		효력요건		특징
당사자	• 권리능력 • 의사능력 • 행위능력	• 권리능력 x: 불성립 또는 무효 • 의사무능력: 무효 • 행위무능력: 취소 가능		절대적 무효 절대적 취소
목적 (내용)	• 확정 • 가능 • 적법 • 타당성	• 불확정: 무효 • 강행법규에 위반: 무효	• 불능(원시적 불능): 무효 • 타당성이 없으면(불법): 무효	
의사표시	• 의사 = 표시 • 하자 x	• 의사 ≠ 표시 ┬ 비진의표시 ┬ 원칙: 유효 │ └ 예외: 무효 ├ 통정허위표시: 무효 └ 착오: 취소가능 • 하자 O: 사기·강박 – 취소가능		상대적 무효 상대적 취소

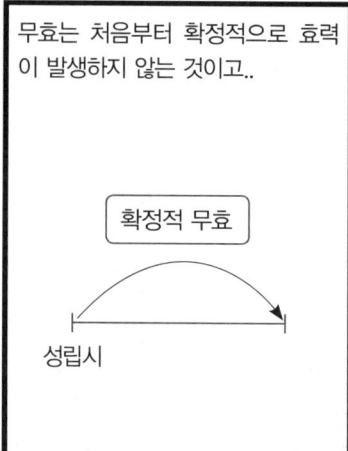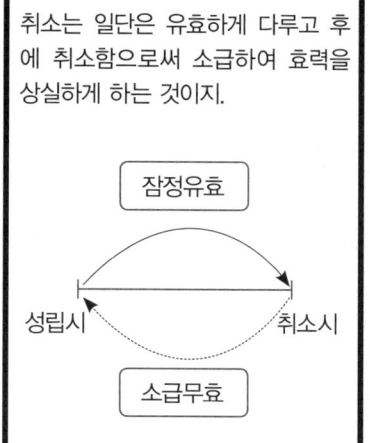

핵심 다잡기 무효와 취소의 구별

구 분	무 효	취 소
의 의	처음부터 효력발생 × (누구에게나 효력 ×, 단 상대적 무효는 예외)	일단 효력발생(유효) ⇨ 취소권 행사로 소급하여 무효
특정인 주장 여부	특정인의 주장 불요 ⇨ 당연히 처음부터 효력이 없음.	특정인(취소권자)의 주장(취소) ○ ⇨ 비로소 무효
기간경과	기간이 경과할지라도 효력의 변동 × ⇨ 언제나 무효	일정 기간 경과(단기소멸. 3년, 10년) ⇨ 취소권은 소멸(확정 유효)
추인 여부	무효행위는 추인하여도 효력 × 다만, 무효임을 알고 추인한 때는 새로운 법률행위로 간주	추인 ○ ⇨ 확정적으로 유효. 일정한 사유로 법정 추인

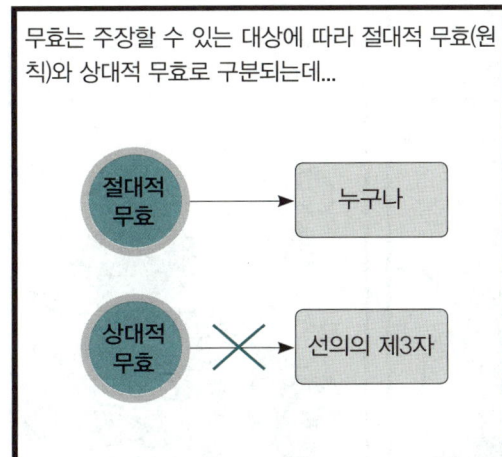

Theme 05 무효와 취소

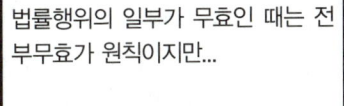

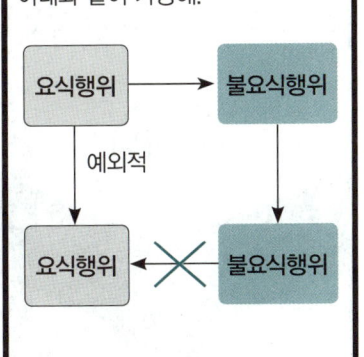

무효인 법률행위는 추인해도 유효가 되진 않아.
그래도 무효는 무효!

하지만 상대적 무효인 경우 당사자가 무효임을 알고 추인했다면 새로운 법률행위를 한 걸로 보지.

새로운 법률행위를 한 것이니 소급효를 가지지 않고 추인한 순간부터 장래효만 가지게 되지.

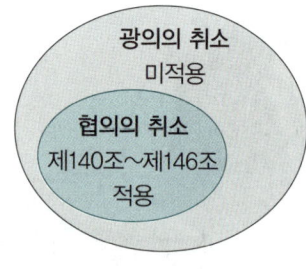
취소는 취소에 관한 일반규정(§140~§146)이 적용되느냐에 따라 광의의 취소와 협의의 취소로 구분해.

광의의 취소에는 다음과 같은 것들이 있고...

- 재판상·공법상의 취소
- 완전 유효한 법률행위의 취소
- 가족법상 법률행위의 취소

협의의 취소에는 사기·강박·착오에 의한 취소와 제한능력자에 의한 취소가 포함되지.

- 제한능력자가 한 법률행위
- 착오로 인한 의사표시
- 사기·강박에 의한 의사표시

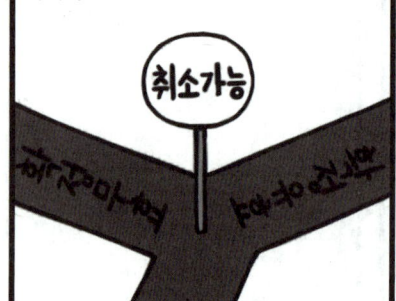
취소가능하다는 것은 취소에 의해 확정 무효가 될 수도, 추인이나 취소권의 소멸로 인해 확정 유효가 될 수도 있다는 얘기야.

취소권을 행사할 수 있는 사람은 아래와 같은데..

취소권자

- 제한능력자
- 하자있는 의사표시를 한 자
- 대리인 ┌ 법정대리인
         └ 임의대리인
           (수권 要)
- 승계인(특정승계인, 포괄승계인)

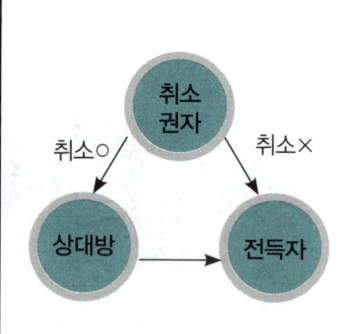
취소권자는 원래의 상대방에 대해 취소를 해야 해.

법정추인사유는 아래와 같으며 취소권자의 추인의사 유무와 관계없이 인정돼.

- 전부나 일부의 이행
- 경 개
- 이행의 청구(취소권자)
- 담보의 제공
- 강제집행
- 취소할 수 있는 행위로 취득한 권리의 전부나 일부의 양도(취소권자)

기출 OX

- 법정추인으로 취소할 수 있는 행위임을 알고 하여야 효력이 있다. (×)
- 상대방이 이행의 청구를 한 경우에도 법정추인이 인정된다. (×)

◆참고 민법상의 추인

불완전한 법률행위를 사후에 이를 보충하여 확정적으로 유효한 것으로 하는 일방적인 의사표시

1. 취소할 수 있는 행위의 추인(제143조): 취소할 수 없는 것으로 확정하는 단독행위로서 취소권의 포기이다.
2. 무권대리행위의 추인: 대리권이 있는 대리행위와 동일한 효력을 발생시키는 것을 목적으로 한 단독행위로서 소급효가 인정된다.
3. 무효행위의 추인: 원칙은 인정되지 않으나 예외적으로 새로운 법률행위로 본다.

06 법률행위의 부관

Theme 06 법률행위의 부관

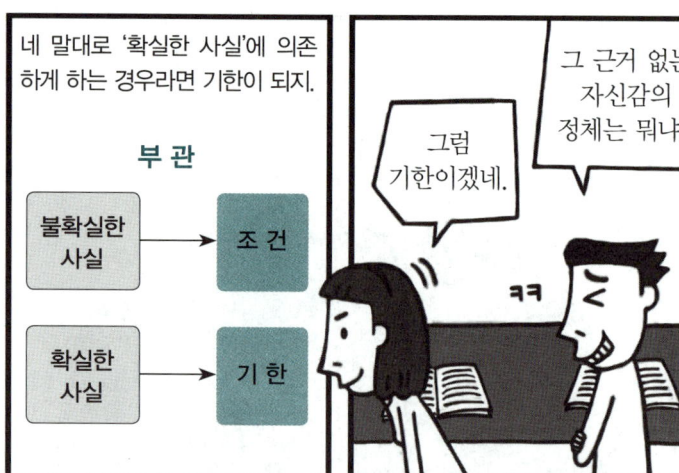
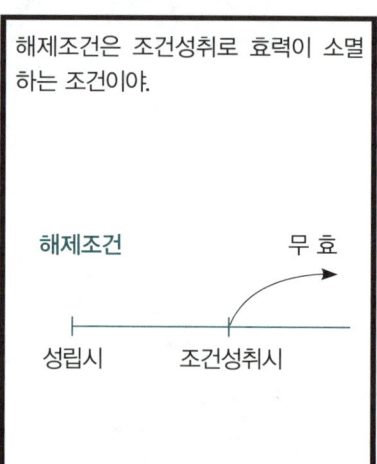

참고	수의조건과 비수의조건	
수의조건	순수수의조건 → 무효	조건의 성부가 당사자의 일방적 의사에만 의존하는 조건 예 '내 마음이 내키면' 이 시계를 주겠다.
	단순수의조건	조건의 성부가 당사자의 의사뿐만 아니라 어떤 사실상태의 성립도 있어야 하는 조건 예 '내가 미국여행을 가게 되면' 이 시계를 주겠다.
비수의조건	우성조건	조건의 성부가 당사자의 의사와는 관계없이 자연사실 또는 제3자의 의사나 행위에 의해 결정되는 조건 예 '내일 비가 오면' 우산을 주겠다.
	혼성조건	조건의 성부가 당사자 일방의 의사와 제3자의 의사가 필요한 조건 예 '네가 그녀와 결혼하면' 이 아파트를 주겠다.

Theme 06 법률행위의 부관

> 만화로 배우는 공인중개사

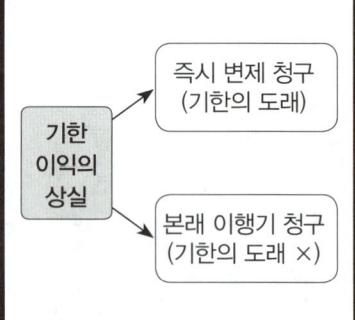

핵심 다잡기 조건과 기한의 비교

구 분	조 건	기 한
의 의	법률행위의 효과의 발생·소멸을 '장래의 불확실한 사실'에 의존하게 하는 부관 예 1년 이내에 甲이 사망하면 이 아파트를 주겠다.	법률행위의 효과의 발생·소멸을 '장래의 확실한 사실'에 의존하게 하는 부관 예 甲이 사망하면 이 아파트를 주겠다.
어음·수표행위	붙일 수 없음.	붙일 수 있음.
본 질	사실의 도래가 불확실	사실의 도래가 확실
소급효 여부	원칙: 불소급효 예외: 특약으로 가능. 단, 제3자를 해하지 못함.	절대적으로 소급효 불가(특약으로도 불가)
공통점	부관, 친하지 않은 행위(신분행위, 단독행위), 기대권의 보호(침해금지, 양도성 보장)	

빈출 핵심용어

승계취득
(承繼取得)

타인의 물건을 사오는 경우처럼 타인이 소유한 권리에 기초하여 권리를 취득하는 것을 말한다. 승계취득의 경우에는 취득자의 권리가 타인의 권리에 기초하고 있기 때문에 권리에 어떠한 하자나 제한이 있는 경우에는 승계인은 하자나 제한이 있는 권리를 취득한다.

> **참고** 원시취득과 승계취득
>
> **원시취득** — 무주물선점, 유실물 습득, 시효취득, 선의취득 등
>
> **승계취득** ┬ 이전적 승계 ┬ 특정 승계 — 매매, 증여
> │　　　　　　└ 포괄 승계 — 상속, 포괄유증, 회사합병
> └ 설정적 승계 — 지상권설정, 지역권설정, 전세권설정, 저당권설정 등

법률행위
(法律行爲)
☑ 제25회~제34회

의사표시로써 이루어지는 법률요건을 말한다. 즉, 일정한 법률효과의 발생을 목적으로 하나 또는 다수의 의사표시 및 기타 요건으로 성립된 것으로서 법률요건의 가장 중요한 예이다. 예컨대 계약이라는 법률행위는 청약과 승낙이라는 두 개의 의사표시로 이루어진 것이다. 법률행위는 표의자가 목적한 사법상의 효과를 발생시킨다는 점에서 행위자가 원한 것과는 다른 법률효과가 생기는 법률적 행위(준법률행위)와는 구별된다.

무효
(無效)
☑ 제25회~제29회,
제32회~제34회

일정한 원인에 의해 법률행위의 내용에 따른 법률효과가 당연히 생기지 않는 것을 말한다. 민법상 규정되어 있는 무효의 법률행위로서는 의사무능력자의 법률행위, 불능한 법률행위, 강제규정에 위반하는 법률행위, 반사회질서의 법률행위, 불공정한 법률행위, 비진의표시, 허위표시 등이 있다. 무효의 종류에는 누구에게나 주장할 수 있는 절대적 무효와 특정인에 대해서는 그 무효를 주장할 수 없는 상대적 무효, 원칙적으로 법률상 당연히 무효가 되는 당연무효와 재판에 의한 무효선고를 필요로 하는 재판상의 무효(회사 설립의 무효, 회사합병의 무효), 법률행위의 내용 전부가 무효로 되는 전부무효와 일부만이 무효가 되는 일부무효 등이 있다.

🔒 무효와 취소의 비교

무효	취소
특정인의 주장을 필요로 하지 않으며, 당연히 효력이 없다.	특정인(취소권자)의 주장(취소)이 있어야 비로소 효력이 소멸한다.
처음부터 효력이 없으므로, 누구든지 효력이 없는 것으로서 다루게 된다.	취소를 하기 전에는 일응 효력이 있는 것으로서 다루어진다.
시간의 경과에 의하여 효력에 변동이 있게 되지 않는다.	추인할 수 있는 날로부터 3년 내에 또는 법률행위를 한 날로부터 10년 내에 행사하지 않으면 소멸하게 된다. 취소되면 처음부터 효력이 없었던 것으로 된다.

통정허위표시 (通情虛僞表示)
☑ 제25회~제27회, 제30회~제34회

표의자가 상대방과 짜고 거짓의 의사표시를 한 경우, 즉 표의자가 진의가 아니라는 것을 알면서 의사표시를 하는데 상대방과 합의가 있는 경우를 말한다. 이러한 의사표시는 당사자 사이에서는 당연히 무효이고 대외적으로도 무효인 행위가 된다. 다만, 표의자가 허위표시가 무효라고 제3자에게는 주장할 수 없으므로 선의의 제3자가 진짜라고 믿었다면 표시된 대로 효력을 지니게 된다. 여기에서 제3자라 함은 허위표시의 당사자 혹은 그의 포괄승계인 이외의 자로서 허위표시에 의하여 외형상 형성된 법률관계를 토대로 새로이 법률관계를 맺은 자로서 가장매매의 매수인으로부터 다시 부동산을 매수한 자, 가장저당권설정행위로 인한 저당권의 실행에 의해 이를 경락받은 자 등이 이에 해당한다.

판례 1 허위표시는 당사자 간에 합의에 의해 이를 철회할 수 있으며, 채권자취소권의 대상이 된다(대판 84다카68).

착오 (錯誤)
☑ 제25회~제32회, 제35회

진의와 표시상의 효과의사가 일치하지 않는 의사표시로서 그 불일치를 표의자 자신이 인식하지 못하는 것을 말한다. 착오에는 표시행위 자체를 잘못하여 생기는 표시상의 착오(예: 오기·오담), 표시행위가 가지는 의의를 잘못 이해한 내용상의 착오(예: 상대방이나 목적물의 동일성에 관한 착오)가 있는데, 가장 문제가 되고 있는 것은 동기의 착오를 착오로 인정할 것인가이다. 판례와 다수설은 동기가 표시되고 상대방이 알고 있는 경우에 한하여 그 범위 내에서 동기의 착오도 내용의 착오가 된다고 하고 있다. 민법은 "의사표시는 법률행위의 내용의 중요부분에 착오가 있는 때에는 취소할 수 있다. 그러나 그 착오가 표의자의 중대한 과실로 인한 때에는 취소하지 못한다."고 하였다(제109조 제1항). 또한 착오로 인한 의사표시의 취소는 선의(善意)의 제3자에게 대항하지 못한다(제109조 제2항).

비진의표시 (非眞意表示)
☑ 제32회

표의자가 의사와 표시가 일치하지 않는다는 것, 즉 자기 진의와 다른 의사표시를 표의자 스스로 알면서 하는 의사표시를 말한다. 비진의표시는 의사와 표시가 일치하지 않음을 표의자 자신이 알고 있는 점에서 그것을 모르는 착오(錯誤)와 다르고, 알고는 있으나 상대방과의 통정(通情)이 없는 점에서 통정허위표시와 다르다. 비진의표시는 원칙적으로 표시한 대로의 법률효과가 생긴다(제107조 제1항 본문).

사기 (詐欺)
☑ 제25회, 제27회, 제29회, 제35회

사람을 속여 착오를 일으키게 함으로써, 일정한 의사표시나 처분행위를 하게 하는 일을 말한다. 민법상 사기에 의한 의사표시는 취소할 수 있고, 불법행위로서 손해배상을 청구할 수도 있다. 형법상으로는 사기로 인하여 재물이나 재산상의 이득을 얻거나, 제3자로 하여금 얻게 하면 사기죄가 성립한다.

강박에 의한 의사표시 (强迫에 의한 意思表示) ☑ 제25회, 제28회, 제35회	의사표시를 한 자가 타인(상대방 또는 제3자)의 강박행위에 의하여 공포심을 가지게 되고, 그 해악을 피하기 위하여 마음 없이 행한 진의 아닌 의사표시를 말한다. 표시와 의사의 불일치에 관하여 표의자에게 자각이 있는 점에서 착오나 사기의 경우와 다르고, 비진의표시(심리유보) 또는 허위표시에 가깝다. 강박에 의한 의사표시는 강박자가 표의자에게 공포심이 생기게 하려는 고의와 그 공포심으로 인해 의사표시를 하게 할 고의 두 가지가 필요하며(이중의 고의), 강박행위가 존재하여야 하고 이러한 강박행위가 위법하여야 하며 강박행위와 공포심 유발 간에 인과관계가 있어야 한다. 이러한 강박에 의한 의사표시가 인정되면 이는 의사표시한 자가 취소할 수 있게 된다. 그러나 선의의 제3자에게는 대항하지 못한다(제110조). **판례 1** 강박에 의한 법률행위가 하자 있는 의사표시로서 취소되는 것에 그치지 않고 나아가 무효로 되기 위하여는, 강박의 정도가 단순한 불법적 해악의 고지로 상대방으로 하여금 공포를 느끼도록 하는 정도가 아니고, 의사표시자로 하여금 의사결정을 스스로 할 수 있는 여지를 완전히 박탈한 상태에서 의사표시가 이루어져 단지 법률행위의 외형만이 만들어진 것에 불과한 정도이어야 한다(대판 2002다73708).
가장매매 (假裝賣買)	가장행위의 하나로서 매매의 진의가 없으면서 상대방과 통정하여 허위표시를 하여 매매를 가장으로 하는 행위를 말한다. 통정허위표시라고도 하며 이러한 매매는 무효이지만, 그 무효는 선의의 제3자에게 대항하지 못한다(제108조). **◆참고 가장행위** 표의자가 상대방과 합의(통정)하여 하는 진의 아닌 의사표시를 말한다. 이러한 허위표시를 요소로 하는 법률행위를 가장행위(假裝行爲)라고 한다. **사례 1** 甲이 채권자 A의 강제집행을 면하기 위하여 乙과 짜고 자신의 부동산을 乙에게 매도한 것으로 가장하여 乙 앞으로 소유권이전등기를 경료하는 것을 말한다.
대항하지 못한다. ☑ 제26회, 제27회	이미 성립한 법률관계를 타인에게 주장하지 못한다는 것을 말한다. 주로 선의의 제3자를 보호하기 위하여 거래의 안전을 보호하고자 하는 경우에 사용되는 용어로서 당사자 간에 발생한 법률관계를 제3자에 대하여 주장하지 못한다는 것을 말한다.

대리 (代理) ☑ 제25회~제35회	넓은 의미에서 대리라고 하면 타인(본인)을 대신하여 어떤 행위를 하는 것을 말하나, 민법총칙편에 규정되어 있는 대리라 함은 대리인이 본인을 위하여 하는 것임을 나타내면서 의사표시를 하고 또는 의사표시를 받아들이는 것을 말한다. 대리인이 권한 내에서 행한 행위의 효과는 직접 본인에게 귀속한다. 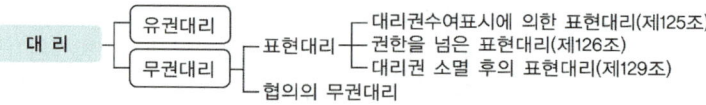 ◆참고 대리인(代理人) ☑ 제25회~제34회 대리를 할 수 있는 지위에 있는 자를 말한다. 법정대리인과 임의대리인의 둘로 분류되며, 대리인의 행위는 대리인이 의사능력이 있으면 효력이 있고, 그 효과는 대리권을 준 본인에게 귀속된다.
대리권 (代理權) ☑ 제25회~제34회	대리인이 본인의 이름으로 의사표시를 하거나 또는 의사표시를 받음으로써 직접 본인에게 법률효과를 귀속시킬 수 있는 법률상의 지위 내지 자격을 말한다. 대리권은 하나의 가능성을 지닌 지위 내지 자격에 지나지 않고, 어떤 이익을 주는 것이 아니므로 일종의 권리라고 말할 수는 없다. 대리인이 법률행위를 하였는데, 그 법률효과가 직접 본인에게 귀속되는 것은 대리인에게 대리권이 있기 때문이다. 이러한 대리권은 본인의 대리권수여행위, 즉 수권행위에 의해 발생하기도 하지만 경우에 따라서는 법률의 규정에 의하여 발생하는 때도 있다. 이 경우 전자를 임의대리권이라 하며 후자를 법정대리권이라고 한다.
수권행위 (授權行爲) ☑ 제27회, 제33회	임의대리권에 있어 본인이 대리인에게 자기를 대리하여 법적 관계를 형성할 수 있도록 권한을 부여하는 행위를 말한다. 수권행위는 대리인에게 일정한 지위 또는 자격을 부여하는 것에 불과하고 어떤 권리나 의무를 부여하는 것이 아니므로 상대방 있는 단독행위라고 한다.
임의대리 (任意代理) ☑ 제27회, 제28회, 제30회, 제31회	민법상 수권행위에 의하여 성립되는 대리를 말한다. 그 대리인을 임의대리인이라 말한다. 이에 반하여 법률의 규정에 의하여 발생하는 대리를 법정대리라고 한다.

법정대리 (法定代理)	임의대리에 상대하는 개념으로 본인의 의사에 의하지 아니하고 직접 법률의 규정에 의하여 부여된 대리를 말한다.

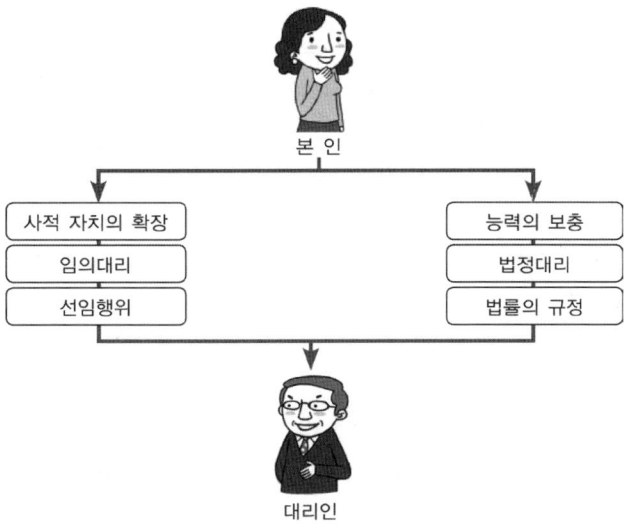

추인 (追認) ☑ 제25회~제32회, 제34회	불완전한 법률행위를 사후에 보충하여 확정적으로 유효하게 하는 일방적 의사표시를 말한다. 추인에는 ① 취소할 수 있는 행위의 추인(제143조), ② 무권대리행위의 추인(제130조, 제133조), ③ 무효행위의 추인(제139조)이 있다.
무권대리 (無權代理) ☑ 제26회~제28회, 제31회~제35회	대리행위의 다른 요건은 모두 갖추었으나 대리행위자에게 그 행위에 관한 대리권이 없는 경우를 말한다. 즉, 대리권이 없음에도 불구하고 타인의 이름으로 의사표시를 하거나 의사표시를 수령하는 행위를 의미한다. 이는 대리권 없이 이루어진 법률행위이므로 행위의 법률효과를 본인에게 발생시킬 수 없으며, 무권대리인의 상대방은 행위의 효과발생을 본인에게 주장할 수 없는 것이 원칙이다. 다만, 확정적 무효는 아니므로 이러한 무권대리행위를 본인이 추인하는 등의 일정한 요건이 갖추어지면 유효로 될 수 있다.

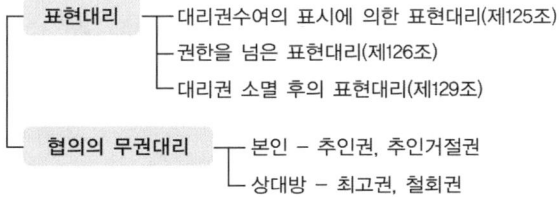

무권대리행위의 추인 (無權代理行爲의 追認) ☑ 제26회, 제31회, 제34회	무권대리의 경우에 본인이 당해 무권대리행위의 효과를 귀속받고자 하는 경우에 이를 사후 추인하는 것을 의미한다. 추인의 방법에는 명시적·묵시적 방법을 불문하며 일정 사유가 있으면 추인한 것으로 간주하는 법정추인제도도 마련되어 있다. 추인의 상대방은 무권대리인이나 거래상대방에게나 모두 할 수 있으며, 본인이 추인을 거절한 경우에는 당해 무권대리행위가 유동적 무효에서 확정적 무효로 된다.
표현대리 (表現代理) ☑ 제26회~제29회, 제32회, 제33회	대리인에게 대리권이 없음에도 불구하고 마치 그것이 있는 것과 같은 외관이 있고 또한 그러한 외관의 발생에 관하여 본인이 어느 정도 원인을 주고 있는 경우에, 그 무권대리행위에 대해 본인으로 하여금 책임을 지게 함으로써 선의·무과실의 제3자를 보호하려는 제도를 말한다.
공동대리 (共同代理)	수인의 대리인이 공동으로만 대리할 수 있는 대리를 말한다. 본래 대리인이 수인인 경우에는 각자대리의 원칙이 적용되지만 법률 또는 수권행위에 다른 정함이 있는 때에는 공동대리인은 공동하여서만 본인을 대리한다(제119조 단서). 공동대리의 제한에 위반해서 1인의 대리인이 단독으로 대리행위를 한 때에는 권한을 넘은 무권대리가 된다. **사례 1** 甲이 자신의 소유 건물을 매매하는 법률행위를 乙, 丙, 丁에게 공동대리하게 한 경우
복대리 (複代理) ☑ 제29회, 제30회, 제32회~제34회	대리인이 그의 권한 내의 행위를 행하기 위하여 대리인 자신의 이름으로 선임한 본인의 대리인이다. 즉, 대리인이 자기가 가지고 있는 대리권의 범위 내에서 특정한 자를 선임하여 그 자에게 권한 내의 행위의 전부 또는 일부를 행하게 하는 것이다. 복대리인을 연임할 수 있는 권리를 복임권이라 한다.
복임권 (復任權) ☑ 제29회, 제35회	대리인이 복대리인을 선임할 수 있는 권능을 말한다. 법정대리인은 언제든지 복임권을 갖지만 임의대리인은 복임권이 없는 것이 원칙이나 본인의 승낙이 있거나 부득이한 사유가 있을 경우에 한하여 인정한다. 복임권에 의하여 복대리인을 선임한 경우에는 대리인은 그 선임·감독에 대하여 책임을 진다.

유동적 무효 (流動的 無效) ☑ 제26회, 제28회, 제33회	법률행위가 무효이기는 하지만 추인에 의하여 행위시에 소급하여 유효로 될 수 있는 것을 말한다. 유동적 무효상태에 있는 거래계약은 허가받기 전의 상태에서는 거래계약의 채권적 효력도 전혀 발생하지 않으므로 권리의 이전 또는 설정에 관한 어떠한 내용의 이행청구도 할 수 없으나 일단 허가를 받으면 그 계약은 소급해서 유효화되므로 허가 후에 새로이 거래계약을 체결할 필요는 없다(대판 90다12243). **사례 1** 국토의 계획 및 이용에 관한 법률상(동법은 규제지역에 속한 토지에 대한 거래시에는 허가를 받아야 하고 이 허가를 받지 않고 체결한 계약은 무효로 하고 있다)의 허가를 받지 않은 토지거래계약
취소 (取消) ☑ 제25회~제34회	일단 유효하게 성립된 법률행위의 효력을 행위시에 소급하여 무효로 하는 특정인(취소권자)의 의사표시를 말한다. 취소의 의사표시는 단독행위이므로, 특별한 방식은 필요하지 않은 것이 원칙이다. 다만, 상대방이 확정되어 있을 때에는 상대방에 대한 의사표시로 하여야 한다(제142조).
법정추인 (法定追認) ☑ 제25회, 제30회, 제32회, 제35회	취소할 수 있는 행위에 관하여 당사자 간에 일정한 사유가 있기만 하면 당연히 추인한 것으로 보는 것을 말한다. 추인이란 취소할 수 있는 법률행위를 취소하지 않겠다는 의사표시이며, 추인에 의해 취소할 수 있는 행위는 확정적으로 유효하게 된다. 즉, 추인은 취소권의 포기이다. 법정추인은 취소할 수 있는 법률행위에 관해 취소의 원인이 종료한 후에, 전부나 일부의 이행, 이행의 청구, 경개, 담보의 제공, 취소할 수 있는 행위로 취득한 권리의 전부나 일부의 양도, 강제집행 중 하나가 있었을 때 성립한다. 법정추인의 효과는 추인한 것으로 간주되므로 추인에 있어서와 같은 효과가 생긴다.

조건 (條件) ☑ 제25회~제29회, 제31회~제35회	법률행위의 효력의 발생 또는 소멸을 장래의 불확실한 사실의 성부에 의존케 하는 법률행위의 부관을 말한다.

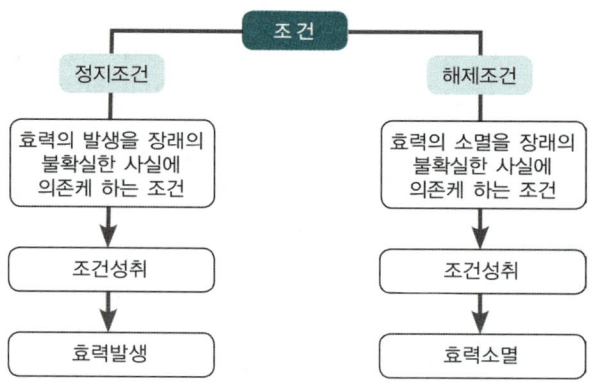

판례1 조건은 의사표시의 일체적 내용을 이루는 것이므로 조건의사와 그 표시가 필요하다. 따라서 조건의사가 있더라도 그것이 외부에 표시되지 않으면 법률행위의 동기에 불과할 뿐이고, 그것만으로는 법률행위의 부관으로서의 조건이 되는 것은 아니다(대판 2003다10797).

조건부권리 (條件附權利) ☑ 제31회	조건부법률행위가 성립한 경우에 당사자는 장래조건의 성취로 일정한 이익을 가지게 되는데 이러한 기대 내지 희망을 조건부권리라고 한다. 조건부법률행위의 당사자는 조건의 성부가 확정되지 않은 동안에 조건의 성취로 인하여 생길 상대편의 이익을 해하지 못한다(제148조). 조건부권리를 침해한 때에는 불법행위가 되어 손해배상책임이 발생하며, 조건부권리를 침해하는 처분행위는 무효로 본다.
정지조건 (停止條件) ☑ 제28회, 제29회, 제33회	법률행위의 효력의 발생을 장래의 불확실한 사실에 의존케 하는 조건을 말한다. 매매대금의 완불을 조건으로 하여 매매목적물의 소유권이 매수인에게 이전되는 소유권유보부 매매에 있어서는 소유권이전이라고 하는 법률효과의 발생은 매매대금의 완불이라고 하는 조건이 성취되는 때에 비로소 발생하게 된다. 정지조건부 법률행위에 있어서는 조건이 성취되면 법률행위는 그 효력을 발생하고, 불성취로 확정되면 무효로 된다. 그리고 조건성취의 효력은 원칙적으로 소급하지 않고 조건이 성취한 때로부터 발생한다. 그러나 당사자의 의사표시로 소급효를 줄 수 있다.

기성조건 (既成條件) ☑ 제28회	법률행위의 성립 당시에 이미 성립되어 있는 조건을 기성조건이라고 한다. 이는 미래의 불확실한 상황에 법률행위의 효력 여부를 결부시킨 조건 본래의 모습과는 달리, 기성조건이 정지조건이라면 그 법률행위는 조건 없는 법률행위가 되고, 해제조건이 기성조건이면 그 법률행위는 무효이다. **사례 1** 만약 배가 무사히 항구에 도착하면 그 선적(船積)된 상품을 판다고 하는 약속을 하였는데, 실은 약속하기 이전에 이미 배가 도착하였다고 하는 경우
불능조건 (不能條件)	성취하는 것이 객관적으로 불가능한 사실을 내용으로 한 조건을 말한다. 조건이 되는 사실은 그 성부가 객관적으로 불확실한 사실일 것을 요하기 때문에 불능조건은 당사자가 그 성취가 불가능한 것을 알지 못한 경우에는 진정한 의미에서 조건은 아니다. **사례 1** 내일 태양이 서쪽에서 뜨면 나의 전 재산을 주겠다.
기한의 이익 (期限의 利益) ☑ 제29회, 제31회	기한이 존재하는 것, 즉 채권·채무관계에 있어서 기한을 정한 경우 그 기한이 아직 도래하지 아니함으로써 받는 이익을 기한이익이라고 한다. 기한이익은 대부분 채무자쪽에 있기 때문에 민법은 채무자에게 기한이익이 있는 것으로 추정한다. 따라서 채무자를 신용하고 채무이행을 유예하는 것이므로 채무자의 신용상태가 위태롭게 된 경우에는 채무자가 기한이익을 주장하여 채무이행의 청구를 거절할 수 없도록 되어 있다. 이를 기한이익의 상실이라고 한다. ◆참고 기한의 이익이 상대방을 위해서 존재하는 경우에는 상대방의 손해를 배상하고 포기할 수 있다(통설).

핵심 기출문제

Theme 01 권리변동

01 다음 중 서로 잘못 짝지어진 것은? ▶제28회

① 저당권의 설정 – 이전적 승계
② 소유권의 포기 – 상대방 없는 단독행위
③ 청약자가 하는 승낙연착의 통지 – 관념의 통지
④ 무주물의 선점 – 원시취득
⑤ 무권대리에서 추인 여부에 대한 확답의 최고 – 의사의 통지

> **해설** ① 설정적 승계에 해당한다.

02 다음 중 연결이 잘못된 것은? (다툼이 있으면 판례에 따름) ▶제34회

① 임차인의 필요비상환청구권 – 형성권
② 지명채권의 양도 – 준물권행위
③ 부동산 매매에 의한 소유권 취득 – 특정승계
④ 부동산 점유취득시효완성으로 인한 소유권 취득 – 원시취득
⑤ 무권대리에서 추인 여부에 대한 확답의 최고 – 의사의 통지

> **해설** ① 임차인의 필요비상환청구권은 형성권이 아닌 청구권이다.

Answers 01. ① 02. ①

Theme 02 법률행위

03 상대방 없는 단독행위에 해당하는 것은? ▶제33회

① 착오로 인한 계약의 취소
② 무권대리로 체결된 계약에 대한 본인의 추인
③ 미성년자의 법률행위에 대한 법정대리인의 동의
④ 손자에 대한 부동산의 유증
⑤ 이행불능으로 인한 계약의 해제

해설 ①②③⑤ 취소, 추인, 동의, 해제는 상대방 있는 단독행위이다.

04 다음 중 무효인 법률행위는? (다툼이 있으면 판례에 따름) ▶제33회

① 개업공인중개사가 임대인으로서 직접 중개의뢰인과 체결한 주택임대차계약
② 공인중개사 자격이 없는 자가 우연히 1회성으로 행한 중개행위에 대한 적정한 수준의 수수료 약정
③ 민사사건에서 변호사와 의뢰인 사이에 체결된 적정한 수준의 성공보수약정
④ 매도인이 실수로 상가지역을 그보다 가격이 비싼 상업 지역이라 칭하였고, 부동산 거래의 경험이 없는 매수인이 이를 믿고서 실제 가격보다 2배 높은 대금을 지급한 매매계약
⑤ 보험계약자가 오로지 보험사고를 가장하여 보험금을 취득할 목적으로 선의의 보험자와 체결한 생명보험계약

해설 ⑤ 보험사기는 제103조 위반의 반사회적 법률행위로 무효이다.

Answers 03. ④ 04. ⑤

05 甲은 자신의 X부동산을 乙에게 매도하고 계약금과 중도금을 지급받았다. 그 후 丙이 甲의 배임행위에 적극 가담하여 甲과 X부동산에 대한 매매계약을 체결하고 자신의 명의로 소유권이전등기를 마쳤다. 다음 설명으로 틀린 것은? (다툼이 있으면 판례에 따름) ▶제28회

① 乙은 丙에게 소유권이전등기를 직접 청구할 수 없다.
② 乙은 丙에 대하여 불법행위를 이유로 손해배상을 청구할 수 있다.
③ 甲은 계약금 배액을 상환하고 乙과 체결한 매매계약을 해제할 수 없다.
④ 丙명의의 등기는 甲이 추인하더라도 유효가 될 수 없다.
⑤ 만약 선의의 丁이 X부동산을 丙으로부터 매수하여 이전등기를 받은 경우, 丁은 甲과 丙의 매매계약의 유효를 주장할 수 있다.

> **해설** ⑤ 부동산의 이중매매가 반사회적 법률행위에 해당하는 경우에는 이중매매계약은 절대적으로 무효이므로, 당해 부동산을 제2매수인인 丙으로부터 다시 취득한 제3자는 설사 제2매수인 丙이 소유권을 유효하게 취득한 것으로 믿었더라도 이중매매계약이 유효하다고 주장할 수 없다(대판 96다29151).

06 불공정한 법률행위에 관한 설명으로 옳은 것은? (다툼이 있으면 판례에 따름) ▶제34회

① 불공정한 법률행위에도 무효행위의 전환에 관한 법리가 적용될 수 있다.
② 경락대금과 목적물의 시가에 현저한 차이가 있는 경우에도 불공정한 법률행위가 성립할 수 있다.
③ 급부와 반대급부 사이에 현저한 불균형이 있는 경우, 원칙적으로 그 불균형 부분에 한하여 무효가 된다.
④ 대리인에 의한 법률행위에서 궁박과 무경험은 대리인을 기준으로 판단한다.
⑤ 계약의 피해당사자가 급박한 곤궁 상태에 있었다면 그 상대방에게 폭리행위의 악의가 없었더라도 불공정한 법률행위는 성립한다.

> **해설** 이의 제기된 문제로, 문제를 풀 때 주의해야 한다.
> ① 매매계약이 약정된 매매대금의 과다로 말미암아 민법 제104조에서 정하는 '불공정한 법률행위'에 해당하여 무효인 경우에도 무효행위의 전환에 관한 민법 제138조가 적용될 수 있다(대판 2009다50308).

Answers 05. ⑤ 06. ①

07 불공정한 법률행위에 관한 설명으로 틀린 것은? (다툼이 있으면 판례에 따름) ▶제29회

① 궁박은 정신적·심리적 원인에 기인할 수도 있다.
② 무경험은 거래일반에 대한 경험의 부족을 의미한다.
③ 대리인에 의해 법률행위가 이루어진 경우, 궁박 상태는 본인을 기준으로 판단하여야 한다.
④ 급부와 반대급부 사이에 현저한 불균형이 존재하는지는 특별한 사정이 없는 한 법률행위 당시를 기준으로 판단하여야 한다.
⑤ 급부와 반대급부 사이의 현저한 불균형은 피해자의 궁박·경솔·무경험의 정도를 고려하여 당사자의 주관적 가치에 따라 판단한다.

> **해설** ⑤ 객관적 가치에 따라 판단한다.

08 반사회질서의 법률행위에 관한 설명으로 틀린 것은? (다툼이 있으면 판례에 따름) ▶제30회

① 반사회질서의 법률행위에 해당하는지 여부는 해당 법률행위가 이루어진 때를 기준으로 판단해야 한다.
② 반사회질서의 법률행위의 무효는 이를 주장할 이익이 있는 자는 누구든지 주장할 수 있다.
③ 법률행위가 사회질서에 반한다는 판단은 부단히 변천하는 가치관념을 반영한다.
④ 다수의 보험계약을 통하여 보험금을 부정취득할 목적으로 체결한 보험계약은 반사회질서의 법률행위이다.
⑤ 대리인이 매도인의 배임행위에 적극 가담하여 이루어진 부동산의 이중매매는 본인인 매수인이 그러한 사정을 몰랐다면 반사회질서의 법률행위가 되지 않는다.

> **해설** ⑤ 대리행위의 하자 여부는 대리인이 기준, 대리인이 반사회적 행위에 적극 가담하였다면 본인이 설령 이를 알지 못하였다 하여도 반사회적 행위로 무효가 된다.
> ① 반사회질서의 법률행위에 해당하는지 여부는 해당 법률행위가 이루어진 때, 즉 법률행위의 성립 당시를 기준으로 판단한다.
> ② 반사회질서의 법률행위의 무효는 절대적 무효로서 이를 주장할 이익이 있는 자는 누구든지 주장할 수 있다.

Answers 07. ⑤ 08. ⑤

09 반사회질서의 법률행위에 해당하지 않는 것을 모두 고른 것은? (다툼이 있으면 판례에 따름)
▶제34회

> ㉠ 2023년 체결된 형사사건에 관한 성공보수약정
> ㉡ 반사회적 행위에 의해 조성된 비자금을 소극적으로 은닉하기 위해 체결한 임치약정
> ㉢ 산모가 우연한 사고로 인한 태아의 상해에 대비하기 위해 자신을 보험수익자로, 태아를 피보험자로 하여 체결한 상해보험계약

① ㉠
② ㉢
③ ㉠, ㉡
④ ㉡, ㉢
⑤ ㉠, ㉡, ㉢

해설 ㉠ 형사사건에서의 성공보수약정은 수사·재판의 결과를 금전적인 대가와 결부시킴으로써, 기본적 인권의 옹호와 사회정의의 실현을 사명으로 하는 변호사 직무의 공공성을 저해하고, 의뢰인과 일반 국민의 사법제도에 대한 신뢰를 현저히 떨어뜨릴 위험이 있으므로, 선량한 풍속 기타 사회질서에 위배되는 것으로 평가할 수 있다(대판 2015다200111 전원합의체).
㉡ 반사회적 행위에 의하여 조성된 재산인 이른바 비자금을 소극적으로 은닉하기 위하여 임치한 것이 사회질서에 반하는 법률행위로 볼 수 없다(대판 2000다49343).
㉢ 계약자유의 원칙상 태아를 피보험자로 하는 상해보험계약은 유효하고, 그 보험계약이 정한 바에 따라 보험기간이 개시된 이상 출생 전이라도 태아가 보험계약에서 정한 우연한 사고로 상해를 입었다면 이는 보험기간 중에 발생한 보험사고에 해당한다(대판 2016다211224).

10 반사회질서의 법률행위에 해당하는 것은? (다툼이 있으면 판례에 따름) ▶제35회

① 법령에서 정한 한도를 초과하는 부동산 중개수수료 약정
② 강제집행을 면할 목적으로 허위의 근저당권을 설정하는 행위
③ 다수의 보험계약을 통해 보험금을 부정취득할 목적으로 체결한 보험계약
④ 반사회적 행위에 의하여 조성된 비자금을 소극적으로 은닉하기 위한 임치계약
⑤ 양도소득세를 회피할 목적으로 실제 거래가액보다 낮은 금액을 대금으로 기재한 매매계약

해설 보험계약자가 다수의 보험계약을 통하여 보험금을 부정취득할 목적으로 보험계약을 체결한 경우 보험계약은 민법 제103조의 선량한 풍속 기타 사회질서에 반하여 무효이다(대판 2014다234827).

Answers 09. ④ 10. ③

Theme 03 의사표시

11 통정허위표시(민법 제108조)에 관한 설명으로 옳은 것은? (다툼이 있으면 판례에 따름) ▶제33회

① 통정허위표시는 표의자가 의식적으로 진의와 다른 표시를 한다는 것을 상대방이 알았다면 성립한다.
② 가장행위가 무효이면 당연히 은닉행위도 무효이다.
③ 대리인이 본인 몰래 대리권의 범위 안에서 상대방과 통정허위표시를 한 경우, 본인은 선의의 제3자로서 그 유효를 주장할 수 있다.
④ 민법 제108조 제2항에 따라 보호받는 선의의 제3자에 대해서는 그 누구도 통정허위표시의 무효로써 대항할 수 없다.
⑤ 가장소비대차에 따른 대여금채권의 선의의 양수인은 민법 제108조 제2항에 따라 보호받는 제3자가 아니다.

> **해설** ① 단순히 알았다는 것 이상의 통정이 필요하다.
> ② 가장행위가 무효인 경우에도 은닉행위가 요건을 갖추면 유효하다.
> ③ 본인은 법률행위의 당사자로 선의의 제3자에 해당하지 않는다.
> ⑤ 가장소비대차에 따른 대여금채권의 선의의 양수인은 민법 제108조 제2항에 따라 보호받는 제3자이다.

Answers 11. ④

12 통정허위표시를 기초로 새로운 법률상 이해관계를 맺은 제3자에 해당하는 자를 모두 고른 것은? (다툼이 있으면 판례에 따름) ▶제34회

> ㉠ 파산선고를 받은 가장채권자의 파산관재인
> ㉡ 가장채무를 보증하고 그 보증채무를 이행하여 구상권을 취득한 보증인
> ㉢ 차주와 통정하여 가장소비대차계약을 체결한 금융기관으로부터 그 계약을 인수한 자

① ㉠　　　　② ㉢　　　　③ ㉠, ㉡
④ ㉡, ㉢　　　⑤ ㉠, ㉡, ㉢

해설 ㉠ 파산관재인은 그 허위표시에 따라 외형상 형성된 법률관계를 토대로 실질적으로 새로운 법률상 이해관계를 가지게 된 민법 제108조 제2항의 제3자에 해당하고, 그 선의·악의도 파산관재인 개인의 선의·악의를 기준으로 할 수는 없고, 총파산채권자를 기준으로 하여 파산채권자 모두가 악의로 되지 않는 한 파산관재인은 선의의 제3자라고 할 수밖에 없다(대판 2009다96083).
㉡ 보증인이 주채무자의 기망행위에 의하여 주채무가 있는 것으로 믿고 주채무자와 보증계약을 체결한 다음 그에 따라 보증채무자로서 그 채무까지 이행한 경우, 민법 제108조 제2항 소정의 '제3자'에 해당한다(대판 99다51258).
㉢ 구 상호신용금고법 소정의 계약이전은 금융거래에서 발생한 계약상의 지위가 이전되는 사법상의 법률효과를 가져오는 것이므로, 계약이전을 받은 금융기관은 민법 제108조 제2항의 제3자에 해당하지 않는다(대판 2002다31537).

13 통정허위표시를 기초로 새로운 법률상 이해관계를 맺은 제3자에 해당하지 않는 자는? (다툼이 있으면 판례에 따름) ▶제31회

① 가장채권을 가압류한 자
② 가장전세권에 저당권을 취득한 자
③ 채권의 가장양도에서 변제 전 채무자
④ 파산선고를 받은 가장채권자의 파산관재인
⑤ 가장채무를 보증하고 그 보증채무를 이행한 보증인

해설 ③ 채권의 가장양도에서 가장양수인에게 채무를 변제하지 않고 있었던 채무자는 허위표시에 기초하여 새로운 법률상의 이해관계를 맺은 자(통정허위표시에서의 제3자)에 해당하지 않는다.

Answers　12. ③　13. ③

14 착오에 관한 설명으로 옳은 것을 모두 고른 것은? (다툼이 있으면 판례에 따름) ▶제31회

> ㉠ 매도인의 하자담보책임이 성립하더라도 착오를 이유로 한 매수인의 취소권은 배제되지 않는다.
> ㉡ 경과실로 인해 착오에 빠진 표의자가 착오를 이유로 의사표시를 취소한 경우, 상대방에 대하여 불법행위로 인한 손해배상책임을 진다.
> ㉢ 상대방이 표의자의 착오를 알고 이용한 경우, 표의자는 착오가 중대한 과실로 인한 것이더라도 의사표시를 취소할 수 있다.
> ㉣ 매도인이 매수인의 채무불이행을 이유로 계약을 적법하게 해제한 후에는 매수인은 착오를 이유로 취소권을 행사할 수 없다.

① ㉠, ㉡   ② ㉠, ㉢   ③ ㉠, ㉣
④ ㉡, ㉢   ⑤ ㉡, ㉣

해설 ㉠ (○) 착오로 인한 취소 제도와 매도인의 하자담보책임 제도는 취지가 서로 다르고, 요건과 효과도 구별된다. 따라서 매매계약 내용의 중요 부분에 착오가 있는 경우 매수인은 매도인의 하자담보책임이 성립하는지와 상관없이 착오를 이유로 매매계약을 취소할 수 있다(대판 2015다78703).
㉢ (○) 제109조 제1항 단서 규정은 표의자의 상대방의 이익을 보호하기 위한 것이므로, 상대방이 표의자의 착오를 알고 이를 이용한 경우에는 착오가 표의자의 중대한 과실로 인한 것이라고 하더라도 표의자는 의사표시를 취소할 수 있다(대판 2013다49794).
㉡ (×) 적법행위라 불법행위로 인한 손해배상책임이 발생하지 않는다.
㉣ (×) 매도인이 매수인의 중도금 지급채무 불이행을 이유로 매매계약을 적법하게 해제한 후라도 매수인으로서는 상대방이 한 계약해제의 효과로서 발생하는 손해배상책임을 지거나 매매계약에 따른 계약금의 반환을 받을 수 없는 불이익을 면하기 위하여 착오를 이유로 한 취소권을 행사하여 매매계약 전체를 무효로 돌리게 할 수 있다(대판 95다24982).

Answers 14. ②

15 착오로 인한 의사표시에 관한 설명으로 옳은 것을 모두 고른 것은? (다툼이 있으면 판례에 따름)
▶제35회

> ㉠ 착오로 인한 의사표시의 취소는 선의의 제3자에게 대항하지 못한다.
> ㉡ 의사표시의 상대방이 의사표시자의 착오를 알고 이용한 경우, 착오가 중대한 과실로 인한 것이라도 의사표시자는 의사표시를 취소할 수 있다.
> ㉢ X토지를 계약의 목적물로 삼은 당사자가 모두 지번에 착오를 일으켜 계약서에 목적물을 Y토지로 표시한 경우, 착오를 이유로 의사표시를 취소할 수 있다.

① ㉠
② ㉢
③ ㉠, ㉡
④ ㉡, ㉢
⑤ ㉠, ㉡, ㉢

해설 ㉢ 진의대로 계약이 성립하므로 착오를 이유로 취소할 수 없다.

16 사기·강박에 의한 의사표시에 관한 설명으로 옳은 것을 모두 고른 것은? (다툼이 있으면 판례에 따름) ▶제35회

> ㉠ 아파트 분양자가 아파트단지 인근에 대규모 공동묘지가 조성된 사실을 알면서 수분양자에게 고지하지 않은 경우, 이는 기망행위에 해당한다.
> ㉡ 교환계약의 당사자가 목적물의 시가를 묵비한 것은 원칙적으로 기망행위에 해당한다.
> ㉢ '제3자의 강박'에 의한 의사표시에서 상대방의 대리인은 제3자에 포함되지 않는다.

① ㉠
② ㉡
③ ㉠, ㉢
④ ㉡, ㉢
⑤ ㉠, ㉡, ㉢

해설 ㉡ 일반적으로 교환계약을 체결하려는 당사자는 보다 유리한 조건으로 교환계약을 체결하기를 희망하는 이해상반의 지위에 있고, 각자가 최대한으로 자신의 이익을 도모할 것이 예상되기 때문에, 당사자 일방이 알고 있는 정보를 상대방에게 사실대로 고지하여야 할 신의칙상의 주의의무가 인정된다고 볼만한 특별한 사정이 없는 한, 일방 당사자가 자기가 소유하는 목적물의 시가를 묵비하여 상대방에게 고지하지 아니하거나, 혹은 허위로 시가보다 높은 가액을 시가라고 고지하였다 하더라도, 이는 상대방의 의사결정에 불법적인 간섭을 한 것이라고 볼 수 없으므로 불법행위가 성립한다고 볼 수 없다(대판 99다38583).

Answers 15. ③ 16. ③

17 의사표시의 취소에 관한 설명으로 옳은 것을 모두 고른 것은? ▶제35회

> ㉠ 취소권은 추인할 수 있는 날로부터 10년이 경과하더라도 행사할 수 있다.
> ㉡ 강박에 의한 의사표시를 한 자는 강박상태를 벗어나기 전에도 이를 취소할 수 있다.
> ㉢ 취소할 수 있는 법률행위의 상대방이 확정되었더라도 상대방이 그 법률행위로부터 취득한 권리를 제3자에게 양도하였다면 취소의 의사표시는 그 제3자에게 해야 한다.

① ㉠ ② ㉡ ③ ㉢
④ ㉠, ㉡ ⑤ ㉡, ㉢

해설 ㉠ 제146조(취소권의 소멸) 취소권은 추인할 수 있는 날로부터 3년 내에 법률행위를 한 날로부터 10년 내에 행사하여야 한다.
㉢ 취소할 수 있는 법률행위의 상대방이 확정된 경우에 그 취소는 그 상대방에 대한 의사표시로 하여야 한다(제142조). 따라서 상대방이 취소의 대상이 된 행위에 의하여 취득한 권리를 제3자에게 양도한 경우에도 원래의 상대방이 여전히 취소의 상대방이 된다.

18 甲의 乙에 대한 의사표시에 관한 설명으로 옳은 것은? (다툼이 있으면 판례에 따름) ▶제35회

① 甲이 부동산 매수청약의 의사표시를 발송한 후 사망하였다면 그 효력은 발생하지 않는다.
② 乙이 의사표시를 받은 때에 제한능력자이더라도 甲은 원칙적으로 그 의사표시의 효력을 주장할 수 있다.
③ 甲의 의사표시가 乙에게 도달되었다고 보기 위해서는 乙이 그 내용을 알았을 것을 요한다.
④ 甲의 의사표시가 등기우편의 방법으로 발송된 경우, 상당한 기간 내에 도달되었다고 추정할 수 없다.
⑤ 乙이 정당한 사유 없이 계약해지 통지의 수령을 거절한 경우, 乙이 그 통지의 내용을 알 수 있는 객관적 상태에 놓여 있는 때에 의사표시의 효력이 생긴다.

해설 ③ 사회관념상 상대방이 그 통지의 내용을 알 수 있는 객관적인 상태에 놓여졌다고 인정되면 충분하고 상대방이 현실적으로 수령하였거나 그 내용을 알았을 것까지 요하지는 않는다.
④ 내용증명우편이나 등기우편의 방법으로 발송된 경우 상당기간 내에 도달하였다고 추정한다는 것이 판례의 입장이다.

Answers 17. ② 18. ⑤

19 의사와 표시가 불일치하는 경우에 관한 설명으로 옳은 것은? (다툼이 있으면 판례에 따름) ▶제32회

① 통정허위표시의 무효로 대항할 수 없는 제3자에 해당하는지를 판단할 때, 파산관재인은 파산채권자 일부가 선의라면 선의로 다루어진다.
② 비진의 의사표시는 상대방이 표의자의 진의 아님을 알 수 있었을 경우 취소할 수 있다.
③ 비진의 의사표시는 상대방과 통정이 없었다는 점에서 착오와 구분된다.
④ 통정허위표시의 무효에 대항하려는 제3자는 자신이 선의라는 것을 증명하여야 한다.
⑤ 매수인의 채무불이행을 이유로 매도인이 계약을 적법하게 해제했다면, 착오를 이유로 한 매수인의 취소권은 소멸한다.

> **해설** ② 상대방이 표의자의 진의 아님을 알았거나 알 수 있었을 경우 무효가 된다(제107조 제1항).
> ③ 비진의 의사표시와 착오는 상대방과 통정이 없었다는 점에서 공통된다.
> ④ 입증책임은 무효임을 주장하는 자에게 있다.
> ⑤ 소멸하지 않는다(대판 95다4982).

20 甲으로부터 甲소유 X토지의 매도 대리권을 수여받은 乙은 甲을 대리하여 丙과 X토지에 대한 매매계약을 체결하였다. 다음 설명 중 틀린 것은? (다툼이 있으면 판례에 따름) ▶제34회

① 乙은 특별한 사정이 없는 한 매매잔금의 수령 권한을 가진다.
② 丙의 채무불이행이 있는 경우, 특별한 사정이 없는 한 乙은 매매계약을 해제할 수 없다.
③ 매매계약의 해제로 인한 원상회복의무는 甲과 丙이 부담한다.
④ 丙이 매매계약을 해제한 경우, 丙은 乙에게 채무불이행으로 인한 손해배상을 청구할 수 없다.
⑤ 乙이 자기의 이익을 위하여 배임적 대리행위를 하였고 丙도 이를 안 경우, 乙의 대리행위는 甲에게 효력을 미친다.

> **해설** ⑤ 진의 아닌 의사표시가 대리인에 의하여 이루어지고 그 대리인의 진의가 본인의 이익이나 의사에 반하여 자기 또는 제3자의 이익을 위한 배임적인 것임을 그 상대방이 알았거나 알 수 있었을 경우에는 민법 제107조 제1항 단서의 유추해석상 그 대리인의 행위에 대하여 본인은 아무런 책임을 지지 않는다고 보아야 한다(대판 2000다20694).

Answers 19. ① 20. ⑤

21 통정허위표시에 관한 설명으로 틀린 것은? (다툼이 있으면 판례에 따름) ▶제30회

① 통정허위표시가 성립하기 위해서는 진의와 표시의 불일치에 관하여 상대방과 합의가 있어야 한다.
② 통정허위표시로서 무효인 법률행위라도 채권자취소권의 대상이 될 수 있다.
③ 당사자가 통정하여 증여를 매매로 가장한 경우, 증여와 매매 모두 무효이다.
④ 통정허위표시의 무효로 대항할 수 없는 제3자의 범위는 통정허위표시를 기초로 새로운 법률상 이해관계를 맺었는지 여부에 따라 실질적으로 파악해야 한다.
⑤ 통정허위표시의 무효로 대항할 수 없는 제3자에 해당하는지의 여부를 판단할 때, 파산관재인은 파산채권자 모두가 악의로 되지 않는 한 선의로 다루어진다.

> **해설** ③ 당사자가 통정하여 증여를 매매로 가장한 경우, 소위 은닉행위를 하여 소유권이전등기를 한 경우 증여의사가 있는 한 증여는 유효하나 매매는 허위표시로서 무효이다.

22 甲은 자신의 X토지를 乙에게 증여하고, 세금을 아끼기 위해 이를 매매로 가장하여 乙명의로 소유권이전등기를 마쳤다. 그 후 乙은 X토지를 丙에게 매도하고 소유권이전등기를 마쳤다. 다음 설명 중 옳은 것을 모두 고른 것은? (다툼이 있으면 판례에 따름) ▶제29회

> ㄱ. 甲과 乙 사이의 매매계약은 무효이다.
> ㄴ. 甲과 乙 사이의 증여계약은 유효이다.
> ㄷ. 甲은 丙에게 X토지의 소유권이전등기말소를 청구할 수 없다.
> ㄹ. 丙이 甲과 乙 사이에 증여계약이 체결된 사실을 알지 못한 데 과실이 있더라도 丙은 소유권을 취득한다.

① ㄱ
② ㄱ, ㄴ
③ ㄴ, ㄹ
④ ㄴ, ㄷ, ㄹ
⑤ ㄱ, ㄴ, ㄷ, ㄹ

> **해설** ⑤ 가장행위는 무효이지만 은닉행위는 유효. 乙은 유효하게 소유권을 이전받게 되고(매매가 아닌 증여로) 乙에게서 소유권을 이전받은 丙은 선악 불문하고 소유권을 얻게 된다.

Answers 21. ③   22. ⑤

23
甲은 강제집행을 피하기 위해 자신의 X부동산을 乙에게 가장매도하여 소유권이전등기를 해 주었는데, 乙이 이를 丙에게 매도하고 소유권이전등기를 해 주었다. 다음 설명 중 틀린 것은? (다툼이 있으면 판례에 따름) ▶제35회

① 甲과 乙 사이의 계약은 무효이다.
② 甲과 乙 사이의 계약은 채권자취소권의 대상이 될 수 있다.
③ 丙이 선의인 경우, 선의에 대한 과실의 유무를 묻지 않고 丙이 소유권을 취득한다.
④ 丙이 악의라는 사실에 관한 증명책임은 허위표시의 무효를 주장하는 자에게 있다.
⑤ 만약 악의의 丙이 선의의 丁에게 X부동산을 매도하고 소유권이전등기를 해 주더라도 丁은 소유권을 취득하지 못한다.

> **해설** ⑤ 丙이 악의여도 전득자 丁이 선의라면 소유권을 취득한다.

24
甲은 乙과 체결한 매매계약에 대한 적법한 해제의 의사표시를 내용증명우편을 통하여 乙에게 발송하였다. 다음 설명 중 옳은 것은? (다툼이 있으면 판례에 따름) ▶제30회

① 甲이 그 후 사망하면 해제의 의사표시는 효력을 잃는다.
② 乙이 甲의 해제의 의사표시를 실제로 알아야 해제의 효력이 발생한다.
③ 甲은 내용증명우편이 乙에게 도달한 후에도 일방적으로 해제의 의사표시를 철회할 수 있다.
④ 甲의 내용증명우편이 반송되지 않았다면, 특별한 사정이 없는 한 그 무렵에 乙에게 송달되었다고 봄이 상당하다.
⑤ 甲의 내용증명우편이 乙에게 도달한 후 乙이 성년후견시의 심판을 받은 경우, 甲의 해제의 의사표시는 효력을 잃는다.

> **해설** ① 甲이 의사표시를 발송 후 사망하여도 해제의 의사표시에는 유효하다.
> ② 상대방이 내용을 수령하거나 알아야 하는 것이 아니라 객관적으로 알 수 있는 상태를 도달로 본다.
> ③ 의사표시인 내용증명이 도달한 후에는 철회할 수 없다.
> ⑤ 의사표시가 도달한 시점을 기준으로 수령능력 여부를 판단한다.

Answers 23. ⑤ 24. ④

Theme 04 대리

25 甲은 자신의 토지에 관한 매매계약 체결을 위해 乙에게 대리권을 수여하였고, 乙은 甲의 대리인으로서 丙과 매매계약을 체결하였다. 다음 설명 중 옳은 것을 모두 고른 것은? (다툼이 있으면 판례에 따름) ▶제35회

> ㉠ 乙은 원칙적으로 복대리인을 선임할 수 있다.
> ㉡ 乙은 특별한 사정이 없는 한 계약을 해제할 권한이 없다.
> ㉢ 乙이 丙에게 甲의 위임장을 제시하고 계약을 체결하면서 계약서상 매도인을 乙로 기재한 경우, 특별한 사정이 없는 한 甲에게 그 계약의 효력이 미치지 않는다.

① ㉡ ② ㉢ ③ ㉠, ㉡
④ ㉠, ㉢ ⑤ ㉡, ㉢

해설 ㉠ 임의대리인은 원칙적으로 복임권을 갖지 못한다.
㉢ 대리인이 그 권한 내에서 본인을 위한 것임을 표시한 의사표시는 직접 본인에 대하여 효력이 생긴다.

26 甲은 그 소유의 X건물을 매도하기 위하여 乙에게 대리권을 수여하였다. 이에 관한 설명으로 틀린 것은? (다툼이 있으면 판례에 따름) ▶제33회

① 乙이 사망하면 특별한 사정이 없는 한 乙의 상속인에게 그 대리권이 승계된다.
② 乙은 특별한 사정이 없는 한 X건물의 매매계약에서 약정한 중도금이나 잔금을 수령할 수 있다.
③ 甲의 수권행위는 묵시적인 의사표시에 의하여도 할 수 있다.
④ 乙이 대리행위를 하기 전에 甲이 그 수권행위를 철회한 경우, 특별한 사정이 없는 한 乙의 대리권은 소멸한다.
⑤ 乙은 甲의 허락이 있으면 甲을 대리하여 자신을 X건물의 매수인으로 하는 계약을 체결할 수 있다.

해설 ① 대리인이 사망하면 대리권은 소멸한다(제127조).

Answers 25. ① 26. ①

27 민법상 대리에 관한 설명으로 옳은 것은? (다툼이 있으면 판례에 따름) ▶제33회

① 임의대리인이 수인(數人)인 경우, 대리인은 원칙적으로 공동으로 대리해야 한다.
② 대리행위의 하자로 인한 취소권은 원칙적으로 대리인에게 귀속된다.
③ 대리인을 통한 부동산거래에서 상대방 앞으로 소유권이전등기가 마쳐진 경우, 대리권 유무에 대한 증명책임은 대리행위의 유효를 주장하는 상대방에게 있다.
④ 복대리인은 대리인이 자신의 이름으로 선임한 대리인의 대리인이다.
⑤ 법정대리인은 특별한 사정이 없는 한 그 책임으로 복대리인을 선임할 수 있다.

> 해설 ① 각자대리가 원칙이다.
> ② 대리행위의 하자로 인한 취소권은 본인에게 귀속된다.
> ③ 등기의 추정력이 인정되므로 대리권 유무에 대한 증명책임은 본인에게 있다.
> ④ 복대리인은 본인의 대리인이다.
> ⑤ 민법 제122조

28 甲은 자신의 X부동산의 매매계약체결에 관한 대리권을 乙에게 수여하였고, 乙은 甲을 대리하여 丙과 매매계약을 체결하였다. 이에 관한 설명으로 옳은 것은? (다툼이 있으면 판례에 따름)
▶제31회

① 계약이 불공정한 법률행위인지가 문제된 경우, 매도인의 경솔, 무경험 및 궁박 상태의 여부는 乙을 기준으로 판단한다.
② 乙은 甲의 승낙이나 부득이한 사유가 없더라도 복대리인을 선임할 수 있다.
③ 乙이 丙으로부터 대금 전부를 지급받고 아직 甲에게 전달하지 않았더라도 특별한 사정이 없는 한 丙의 대금지급의무는 변제로 소멸한다.
④ 乙의 대리권은 특별한 사정이 없는 한 丙과의 계약을 해제할 권한을 포함한다.
⑤ 乙이 미성년자인 경우, 甲은 乙이 제한능력자임을 이유로 계약을 취소할 수 있다.

> 해설 ③ 대리인은 대금을 수령할 권한이 있으며 그 효과는 본인에게 생긴다.
> ① 경솔, 무경험은 대리인 기준으로 궁박은 본인을 기준으로 판단한다.
> ② 임의대리는 원칙적으로 복대리인을 선임할 수 없다.
> ④ 해제하려면 특별수권이 따로 있어야 한다.
> ⑤ 대리인은 행위능력자임을 요하지 않는다.

Answers 27. ⑤ 28. ③

29 임의대리에 관한 설명으로 옳은 것은? (다툼이 있으면 판례에 따름) ▶제31회

① 원인된 법률관계가 종료하기 전에는 본인은 수권행위를 철회하여 대리권을 소멸시킬 수 없다.
② 권한을 넘은 표현대리의 경우, 기본대리권이 표현대리 행위와 동종 내지 유사할 필요는 없다.
③ 복대리인은 대리인이 자기의 명의로 선임하므로 대리인의 대리인이다.
④ 대리인이 여럿인 경우, 대리인은 원칙적으로 공동으로 대리해야 한다.
⑤ 대리인의 기망행위로 계약을 체결한 상대방은 본인이 그 기망행위를 알지 못한 경우, 사기를 이유로 계약을 취소할 수 없다.

> 해설 ① 임의대리에서는 수권행위의 철회로 대리권을 소멸시킬 수 있다.
> ③ 본인의 대리인이지 대리인의 대리인이 아니다.
> ④ 각자 대리를 원칙으로 한다.
> ⑤ 상대방은 본인이 대리인의 사기 사실을 알았을 경우뿐만 아니라 선의 무과실인 경우에도 계약을 취소할 수 있다.

30 대리권 없는 甲은 乙 소유의 X부동산에 관하여 乙을 대리하여 丙과 매매계약을 체결하였고, 丙은 甲이 무권대리인이라는 사실에 대하여 선의·무과실이었다. 이에 관한 설명으로 틀린 것은? (다툼이 있으면 판례에 따름) ▶제33회

① 丙이 乙에 대하여 상당한 기간을 정하여 추인여부를 최고하였으나 그 기간 내에 乙이 확답을 발하지 않은 때에는 乙이 추인한 것으로 본다.
② 乙이 甲에 대해서만 추인의 의사표시를 하였더라도 丙은 乙의 甲에 대한 추인이 있었음을 주장할 수 있다.
③ 乙이 甲에게 매매계약을 추인하더라도 그 사실을 알지 못하고 있는 丙은 매매계약을 철회할 수 있다.
④ 乙이 丙에 대하여 추인하면 특별한 사정이 없는 한, 추인은 매매계약 체결 시에 소급하여 그 효력이 생긴다.
⑤ 乙이 丙에게 추인을 거절한 경우, 甲이 제한능력자가 아니라면 甲은 丙의 선택에 따라 계약을 이행할 책임 또는 손해를 배상할 책임이 있다.

> 해설 ① 거절한 것으로 본다(제131조).
> ②③ 제132조, ④ 제133조, ⑤ 제135조

Answers 29. ② 30. ①

31 계약의 무권대리에 관한 설명으로 옳은 것은? (다툼이 있으면 판례에 따름) ▶제35회

① 본인이 추인하면 특별한 사정이 없는 한 그때부터 계약의 효력이 생긴다.
② 본인의 추인의 의사표시는 무권대리행위로 인한 권리의 승계인에 대하여는 할 수 없다.
③ 계약 당시 무권대리행위임을 알았던 상대방은 본인의 추인이 있을 때까지 의사표시를 철회할 수 있다.
④ 무권대리의 상대방은 상당한 기간을 정하여 본인에게 추인여부의 확답을 최고할 수 있고, 본인이 그 기간 내에 확답을 발하지 않으면 추인한 것으로 본다.
⑤ 본인이 무권대리행위를 안 후 그것이 자기에게 효력이 없다고 이의를 제기하지 않고 이를 장시간 방치한 사실만으로는 추인하였다고 볼 수 없다.

> 해설 ① 제133조(추인의 효력) 추인은 다른 의사표시가 없는 때에는 계약시에 소급하여 그 효력이 생긴다. 그러나 제삼자의 권리를 해하지 못한다.
> ② 무권대리행위의 추인은 무권대리인, 무권대리행위의 직접의 상대방 및 그 무권대리행위로 인한 권리 또는 법률 관계의 승계인에 대하여도 할 수 있다.
> ③ 제134조 (상대방의 철회권) 대리권 없는 자가 한 계약은 본인의 추인이 있을 때까지 상대방은 본인이나 그 대리인에 대하여 이를 철회할 수 있다. 그러나 계약 당시에 상대방이 대리권 없음을 안 때에는 그러하지 아니하다.
> ④ 본인이 그 기간 내에 확답을 발하지 아니한 때에는 추인을 거절한 것으로 본다.

32 甲은 자신의 X토지를 매도하기 위하여 乙에게 대리권을 수여하였다. 다음 설명 중 틀린 것은? (다툼이 있으면 판례에 따름) ▶제30회

① 乙이 한정후견개시의 심판을 받은 경우, 특별한 사정이 없는 한 乙의 대리권은 소멸한다.
② 乙은 甲의 허락이 있으면 甲을 대리하여 자신이 X토지를 매수하는 계약을 체결할 수 있다.
③ 甲은 특별한 사정이 없는 한 언제든지 乙에 대한 수권행위를 철회할 수 있다.
④ 甲의 수권행위는 불요식행위로서 묵시적인 방법에 의해서도 가능하다.
⑤ 乙은 특별한 사정이 없는 한 대리행위를 통하여 체결된 X토지 매매계약에 따른 잔금을 수령할 권한도 있다.

> 해설 ① 乙의 사망, 성년후견개시심판, 파산으로 대리권은 소멸하나 한정후견개시의 심판을 받은 경우는 특별한 사정이 없는 한 乙의 대리권의 소멸사유가 아니다.

Answers 31. ⑤ 32. ①

33 甲은 자기 소유 X토지를 매도하기 위해 乙에게 대리권을 수여하였다. 이후 乙은 丙을 복대리인으로 선임하였고, 丙은 甲을 대리하여 X토지를 매도하였다. 이에 관한 설명으로 옳은 것은? (다툼이 있으면 판례에 따름) ▶제32회

① 丙은 甲의 대리인임과 동시에 乙의 대리인이다.
② X토지의 매매계약이 갖는 성질상 乙에 의한 처리가 필요하지 않다면, 특별한 사정이 없는 한 丙의 선임에 관하여 묵시적 승낙이 있는 것으로 보는 것이 타당하다.
③ 乙이 甲의 승낙을 얻어 丙을 선임한 경우 乙은 甲에 대하여 그 선임감독에 관한 책임이 없다.
④ 丙을 적법하게 선임한 후 X토지 매매계약 전에 甲이 사망한 경우, 특별한 사정이 없다면 丙의 대리권은 소멸하지 않는다.
⑤ 만일 대리권이 소멸된 乙이 丙을 선임하였다면, X토지 매매에 대하여 민법 제129조에 의한 표현대리의 법리가 적용될 여지가 없다.

해설 ② 대판 94다30690
① 복대리인은 본인의 대리인이므로 丙은 甲의 대리인이다.
③ 본인의 승낙을 얻어 복대리인을 선임한 경우에도 선임감독에 관한 책임을 진다(제121조 제1항).
④ 본인이 사망하면 복대리권은 소멸한다.
⑤ 표현대리의 법리가 적용된다.

34 권한을 넘은 표현대리에 관한 설명으로 옳은 것은? (다툼이 있으면 판례에 따름) ▶제33회

① 기본대리권이 처음부터 존재하지 않는 경우에도 표현대리는 성립할 수 있다.
② 복임권이 없는 대리인이 선임한 복대리인의 권한은 기본대리권이 될 수 없다.
③ 대리행위가 강행규정을 위반하여 무효인 경우에도 표현대리는 성립할 수 있다.
④ 법정대리권을 기본대리권으로 하는 표현대리는 성립할 수 없다.
⑤ 상대방이 대리인에게 대리권이 있다고 믿을 만한 정당한 이유가 있는지의 여부는 대리행위 당시를 기준으로 판정한다.

해설 ① 기본대리권이 존재하여야 표현대리가 성립할 수 있다.
② 복임권이 없는 대리인이 선임한 복대리인의 권한도 기본대리권이 될 수 있다.
③ 대리행위가 강행규정을 위반하여 무효인 경우에는 표현대리가 성립할 수 없다.
④ 법정대리권을 기본대리권으로 하는 표현대리도 가능하다.

Answers 33. ② 34. ⑤

35 표현대리에 관한 설명으로 옳은 것은? (다툼이 있으면 판례에 따름) ▶제32회

① 본인이 타인에게 대리권을 수여하지 않았지만 수여하였다고 상대방에게 통보한 경우, 그 타인이 통보받은 상대방 외의 자와 본인을 대리하여 행위를 한 때는 민법 제125조의 표현대리가 적용된다.
② 표현대리가 성립하는 경우, 과실상계의 법리를 유추적용하여 본인의 책임을 경감할 수 있다.
③ 민법 제129조의 표현대리를 기본대리권으로 하는 민법 제126조의 표현대리는 성립될 수 없다.
④ 대리행위가 강행법규에 위반하여 무효인 경우에는 표현대리의 법리가 적용되지 않는다.
⑤ 유권대리의 주장 속에는 표현대리의 주장이 포함되어 있다.

> 해설 ① 대리권수여의 표시를 받은 상대방 외의 자에 대하여는 제125조가 적용되지 않는다.
> ② 표현대리가 성립하면 상대방 과실이 있어도 과실상계하여 본인 책임을 경감할 수 없다.
> ③ 민법 제129조의 대리권 소멸 후의 표현대리로 인정되는 경우에, 그 표현대리의 권한을 넘는 대리행위가 있을 때에는 민법 제126조의 표현대리가 성립될 수 있다(대판 97다234).
> ⑤ 유권대리에 관한 주장 속에는 무권대리에 속하는 표현대리의 주장이 포함되어 있다고 볼 수 없다.

36 복대리에 관한 설명으로 틀린 것은? (다툼이 있으면 판례에 따름) ▶제30회

① 복대리인은 본인의 대리인이다.
② 임의대리인이 본인의 승낙을 얻어서 복대리인을 선임한 경우, 본인에 대하여 그 선임감독에 관한 책임이 없다.
③ 대리인이 복대리인을 선임한 후 사망한 경우 특별한 사정이 없는 한 그 복대리권도 소멸한다.
④ 복대리인의 대리행위에 대하여도 표현대리에 관한 규정이 적용될 수 있다.
⑤ 법정대리인은 부득이한 사유가 없더라도 복대리인을 선임할 수 있다.

> 해설 ② 임의대리인이 본인의 승낙이나 부득이한 사유로 복대리인을 선임한 경우, 본인에 대하여 그 선임감독에 관한 책임이 있다.

Answers 35. ④   36. ②

37 복대리에 관한 설명으로 틀린 것은? (특별한 사정은 없으며, 다툼이 있으면 판례에 따름) ▶제34회

① 복대리인은 행위능력자임을 요하지 않는다.
② 복대리인은 본인에 대하여 대리인과 동일한 권리의무가 있다.
③ 법정대리인은 그 책임으로 복대리인을 선임할 수 있다.
④ 대리인의 능력에 따라 사업의 성공여부가 결정되는 사무에 대해 대리권을 수여받은 자는 본인의 묵시적 승낙으로도 복대리인을 선임할 수 있다.
⑤ 대리인이 대리권 소멸 후 선임한 복대리인과 상대방 사이의 법률행위에도 민법 제129조의 표현대리가 성립할 수 있다.

> 해설 ④ 임의대리인은 본인의 승낙이 있거나 부득이한 사유가 있지 아니하면 복대리인을 선임할 수 없는 것인바, 아파트 분양업무는 그 성질상 분양 위임을 받은 수임인의 능력에 따라 그 분양사업의 성공 여부가 결정되는 사무로서, 본인의 명시적인 승낙 없이는 복대리인의 선임이 허용되지 아니하는 경우로 보아야 한다(대판 97다56099).

38 甲은 乙에게 자신의 X토지에 대한 담보권설정의 대리권만을 수여하였으나, 乙은 X토지를 丙에게 매도하는 계약을 체결하였다. 다음 설명 중 옳은 것은? (다툼이 있으면 판례에 따름) ▶제29회

① 乙은 표현대리의 성립을 주장할 수 있다.
② 표현대리가 성립한 경우, 丙에게 과실이 있으면 과실상계하여 甲의 책임을 경감할 수 있다.
③ 丙은 계약체결 당시 乙에게 그 계약을 체결할 대리권이 없음을 알았더라도 계약을 철회할 수 있다.
④ X토지가 토지거래허가구역 내에 있는 경우, 토지거래허가를 받지 못해 계약이 확정적 무효가 되더라도 표현대리가 성립할 수 있다.
⑤ 乙이 X토지에 대한 매매계약을 甲명의가 아니라 자신의 명의로 丙과 체결한 경우, 丙이 선의·무과실이더라도 표현대리가 성립할 여지가 없다.

> 해설 ⑤ 표현대리가 되기 위해서는 대리행위의 외관은 갖추어야 한다.
> ① 표현대리는 직접상대방(丙)만 주장할 수 있다.
> ② 표현대리가 성립하면 상대방 과실이 있어도 과실상계하여 본인 책임을 경감할 수 없다.
> ③ 대리권이 없음을 알았다면 철회할 수 없다.
> ④ 표현대리는 유동적 무효에서 인정되므로 확정적 무효에서는 성립하지 아니한다.

Answers 37. ④ 38. ⑤

39 대리권 없는 乙이 甲을 대리하여 甲의 토지에 대한 임대차계약을 丙과 체결하였다. 다음 설명 중 틀린 것은? (다툼이 있으면 판례에 따름) ▶제30회

① 위 임대차계약은 甲이 추인하지 아니하면, 특별한 사정이 없는 한 甲에 대하여 효력이 없다.
② 甲은 위 임대차계약을 묵시적으로 추인할 수 있다.
③ 丙이 계약 당시에 乙에게 대리권 없음을 알았던 경우에는 丙의 甲에 대한 최고권이 인정되지 않는다.
④ 甲이 임대기간을 단축하여 위 임대차계약을 추인한 경우, 丙의 동의가 없는 한 그 추인은 무효이다.
⑤ 甲이 추인하면, 특별한 사정이 없는 한 위 임대차계약은 계약 시에 소급하여 효력이 생긴다.

> 해설 ③ 丙이 계약 당시에 乙에게 대리권 없음을 알았든(악의), 몰랐든(선의) 상관없이 丙의 甲에 대한 최고권은 인정된다. 반면 철회권은 선의이어야 인정된다.

40 임의대리에 관한 설명으로 틀린 것을 모두 고른 것은? (다툼이 있으면 판례에 따름) ▶제30회

㉠ 대리인이 여러 명인 때에는 공동대리가 원칙이다.
㉡ 권한을 정하지 아니한 대리인은 보존행위만을 할 수 있다.
㉢ 유권대리에 관한 주장 속에는 표현대리의 주장이 포함되어 있다.

① ㉠ ② ㉡ ③ ㉠, ㉢
④ ㉡, ㉢ ⑤ ㉠, ㉡, ㉢

> 해설 ㉠ 대리인이 여러 명인 때에는 각자대리가 원칙이다.
> ㉡ 권한을 정하지 아니한 대리인은 보존행위, 성질이 변하지 않는 범위에서 이용·개량행위만을 할 수 있다.
> ㉢ 유권대리에 관한 주장 속에는 무권대리에 속하는 표현대리의 주장이 포함되어 있다고 볼 수 없다.

Answers 39. ③ 40. ⑤

41 무권대리인 乙이 甲을 대리하여 甲소유의 X토지를 丙에게 매도하는 계약을 체결하였다. 다음 설명 중 옳은 것은? (다툼이 있으면 판례에 따름) ▶제34회

① 위 매매계약이 체결된 후에 甲이 X토지를 丁에게 매도하고 소유권이전등기를 마쳤다면, 甲이 乙의 대리행위를 추인하더라도 丁은 유효하게 그 소유권을 취득한다.
② 乙이 甲을 단독상속한 경우, 특별한 사정이 없는 한 乙은 본인의 지위에서 추인을 거절할 수 있다.
③ 甲의 단독상속인 戊는 丙에 대해 위 매매계약을 추인할 수 없다.
④ 丙은 乙과 매매계약을 체결할 당시 乙에게 대리권이 없음을 안 경우에도 甲의 추인이 있을 때까지 그 매매계약을 철회할 수 있다.
⑤ 甲이 乙의 대리행위에 대하여 추인을 거절하면, 乙이 미성년자라도 丙은 乙에 대해 손해배상을 청구할 수 있다.

> **해설** ① 추인은 다른 의사표시가 없는 때에는 계약시에 소급하여 효력이 생기나(제133조 본문), 제3자의 권리를 해하지 못한다(제133조 단서). 제133조 단서는 당사자가 취득한 권리와 제3자가 취득한 권리가 모두 배타적 효력을 가지는 경우에 한해 적용된다. 부동산의 경우에 판례는 제133조 단서의 제3자라 함은 등기부상 권리를 주장할 수 있는 제3자를 지칭한다(대판 62다223).
> ② 금반언의 원칙이나 신의성실의 원칙에 반하여 허용될 수 없다(대판 94다20617).
> ③ 추인은 본인이나 그 상속인 또는 본인으로부터 추인의 대리권을 수여받은 임의대리인이 할 수 있다. 본인은 행위능력자여야 하고, 본인이 행위무능력자이면 그 법정대리인이 할 수 있다.
> ④ 대리권 없는 자가 한 계약을 甲의 추인이 있기 전에 선의의 丙이 철회할 수 있다(제134조 본문).
> ⑤ 무권대리인은 대리권을 증명하지 못해야 하나 제한능력자가 아니어야 한다. 무권대리인이 제한능력자일 경우 상대방이 그 사실을 알았는가의 여부를 불문하고 무권대리인에게 이행 또는 손해배상을 청구할 수 없다.

Answers 41. ①

42 무권대리인 乙이 甲을 대리하여 甲소유의 X부동산을 丙에게 매도하는 계약을 체결하였다. 이에 관한 설명으로 옳은 것을 모두 고른 것은? (다툼이 있으면 판례에 따름) ▶제31회

> ㉠ 乙이 甲을 단독상속한 경우, 본인 甲의 지위에서 추인을 거절하는 것은 신의성실의 원칙에 반한다.
> ㉡ 丙이 상당한 기간을 정하여 甲에게 추인 여부의 확답을 최고한 경우, 甲이 그 기간 내에 확답을 발하지 않은 때에는 추인을 거절한 것으로 본다.
> ㉢ 丙이 甲을 상대로 제기한 매매계약의 이행청구 소송에서 丙이 乙의 유권대리를 주장한 경우, 그 주장 속에는 표현대리의 주장도 포함된다.
> ㉣ 매매계약을 원인으로 丙명의로 소유권이전등기가 된 경우, 甲이 무권대리를 이유로 그 등기의 말소를 청구하는 때에는 丙은 乙의 대리권의 존재를 증명할 책임이 있다.

① ㉠, ㉡   ② ㉠, ㉢   ③ ㉢, ㉣
④ ㉠, ㉡, ㉣   ⑤ ㉡, ㉢, ㉣

해설 ㉢ 유권대리에 관한 주장 속에는 무권대리에 속하는 표현대리의 주장이 포함되어 있다고 볼 수 없다.
㉣ 등기의 추정력이 있으므로 甲이 입증책임을 진다.

Answers 42. ①

Theme 05 무효와 취소

43 甲은 허가받을 것을 전제로 토지거래허가구역 내 자신의 토지에 대해 乙과 매매계약을 체결하였다. 다음 설명 중 옳은 것을 모두 고른 것은? (다툼이 있으면 판례에 따름) ▶제34회

> ㉠ 甲은 특별한 사정이 없는 한 乙의 매매대금이행제공이 있을 때까지 허가신청절차 협력의무의 이행을 거절할 수 있다.
> ㉡ 乙이 계약금 전액을 지급한 후, 당사자의 일방이 이행에 착수하기 전이라면 특별한 사정이 없는 한 甲은 계약금의 배액을 상환하고 계약을 해제할 수 있다.
> ㉢ 일정기간 내 허가를 받기로 약정한 경우, 특별한 사정이 없는 한 그 허가를 받지 못하고 약정기간이 경과하였다는 사정만으로도 매매계약은 확정적 무효가 된다.

① ㉠   ② ㉡   ③ ㉠, ㉢
④ ㉡, ㉢   ⑤ ㉠, ㉡, ㉢

해설 ㉠ 협력의무와 대금지급의무는 동시이행의 관계에 있지 않다.
㉡ 특별한 사정이 없는 한 유동적 무효 상태인 매매계약에 있어서도 당사자 사이의 매매계약은 매도인이 계약금의 배액을 상환하고 계약을 해제함으로써 적법하게 해제된다(대판 97다9369).
㉢ 매매계약 체결 당시 일정한 기간 안에 토지거래허가를 받기로 약정하였다고 하더라도, 그 약정된 기간 내에 토지거래허가를 받지 못할 경우 계약해제 등의 절차 없이 곧바로 매매계약을 무효로 하기로 약정한 취지라는 등의 특별한 사정이 없는 한, 이를 쌍무계약에서 이행기를 정한 것과 달리 볼 것이 아니므로 위 약정기간이 경과하였다는 사정만으로 곧바로 매매계약이 확정적으로 무효가 된다고 할 수 없다(대판 2008다50615).

Answers 43. ②

44 토지거래허가구역 내의 토지에 대한 매매계약이 체결된 경우(유동적 무효)에 관한 설명으로 옳은 것을 모두 고른 것은? (다툼이 있으면 판례에 따름) ▶제33회

> ㉠ 해약금으로서 계약금만 지급된 상태에서 당사자가 관할관청에 허가를 신청하였다면 이는 이행의 착수이므로 더이상 계약금에 기한 해제는 허용되지 않는다.
> ㉡ 당사자 일방이 토지거래허가 신청절차에 협력할 의무를 이행하지 않는다면 다른 일방은 그 이행을 소구할 수 있다.
> ㉢ 매도인의 채무가 이행불능임이 명백하고 매수인도 거래의 존속을 바라지 않는 경우, 위 매매계약은 확정적 무효로 된다.
> ㉣ 위 매매계약 후 토지거래허가구역 지정이 해제되었다고 해도 그 계약은 여전히 유동적 무효이다.

① ㉠, ㉡   ② ㉠, ㉣   ③ ㉡, ㉢
④ ㉢, ㉣   ⑤ ㉠, ㉡, ㉢

해설 ㉠ 계약금만 지급된 상태에서는 아직 계약의 이행에 착수하지 않았으므로 계약금에 기한 해제가 가능하다.
㉣ 매매계약 후 토지거래허가구역 지정이 해제되었다면 확정적 무효가 된다.

45 법률행위의 무효와 추인에 관한 설명으로 옳은 것을 모두 고른 것은? (다툼이 있으면 판례에 따름) ▶제34회

> ㉠ 무효인 법률행위의 추인은 무효원인이 소멸된 후 본인이 무효임을 알고 추인해야 그 효력이 인정된다.
> ㉡ 무권리자의 처분이 계약으로 이루어진 경우, 권리자가 추인하면 원칙적으로 계약의 효과는 계약체결 시에 소급하여 권리자에게 귀속된다.
> ㉢ 양도금지특약에 위반하여 무효인 채권양도에 대해 양도대상이 된 채권의 채무자가 승낙하면 다른 약정이 없는 한 양도의 효과는 승낙 시부터 발생한다.

① ㉠   ② ㉡   ③ ㉠, ㉢
④ ㉡, ㉢   ⑤ ㉠, ㉡, ㉢

Answers 44. ③ 45. ⑤

> **해설** ㉠ 무효인 법률행위는 당사자가 무효임을 알고 추인할 경우 새로운 법률행위를 한 것으로 간주할 뿐이고 소급효가 없는 것이므로 무효인 가등기를 유효한 등기로 전용키로 한 약정은 그때부터 유효하고 이로써 위 가등기가 소급하여 유효한 등기로 전환될 수 없다(대판 91다26546).
> ㉡ 타인의 권리를 자기의 이름으로 처분하거나 또는 자기의 권리로 처분한 경우에 본인이 후일 그 처분행위를 인정하면 특별한 사유가 없는 한 그 처분행위의 효력이 (소급하여) 본인에게 미친다(대판 92다15550).
> ㉢ 당사자의 양도금지의 의사표시로써 채권은 양도성을 상실하며 양도금지의 특약에 위반해서 채권을 제3자에게 양도한 경우에 악의 또는 중과실의 채권양수인에 대하여는 채권 이전의 효과가 생기지 아니하나, 악의 또는 중과실로 채권양수를 받은 후 채무자가 그 양도에 대하여 승낙을 한 때에는 채무자의 사후승낙에 의하여 무효인 채권양도행위가 추인되어 유효하게 되며 이 경우 다른 약정이 없는 한 소급효가 인정되지 않고 양도의 효과는 승낙시부터 발생한다. 이른바 집합채권의 양도가 양도금지특약을 위반하여 무효인 경우 채무자는 일부 개별 채권을 특정하여 추인하는 것이 가능하다(대판 2009다47685)

46 법률행위의 무효에 관한 설명으로 옳은 것은? (다툼이 있으면 판례에 따름) ▶제32회

① 무효인 법률행위의 추인은 그 무효의 원인이 소멸한 후에 하여야 그 효력이 인정된다.
② 무효인 법률행위는 무효임을 안 날로부터 3년이 지나면 추인할 수 없다.
③ 법률행위의 일부분이 무효일 때, 그 나머지 부분의 유효성을 판단함에 있어 나머지 부분을 유효로 하려는 당사자의 가정적 의사는 고려되지 않는다.
④ 무효인 법률행위의 추인은 묵시적인 방법으로 할 수는 없다.
⑤ 강행법규 위반으로 무효인 법률행위를 추인한 때에는 다른 정함이 없으면 그 법률행위는 처음부터 유효한 법률행위가 된다.

> **해설** ② 무효행위의 추인은 기간 제한이 없다.
> ③ 법률행위의 일부가 무효일 때 나머지 부분을 유효로 하려면 그 나머지 부분을 유효로 하려는 당사자의 가정적 의사가 있어야 한다.
> ④ 묵시적 추인이 가능하다.
> ⑤ 강행법규 위반으로 무효인 법률행위는 추인할 수 없다.

Answers 46. ①

47 부동산이중매매에 관한 설명으로 틀린 것은? (다툼이 있으면 판례에 따름) ▶제32회

① 반사회적 법률행위에 해당하는 제2매매계약에 기초하여 제2매수인으로부터 그 부동산을 매수하여 등기한 선의의 제3자는 제2매매계약의 유효를 주장할 수 있다.
② 제2매수인이 이중매매사실을 알았다는 사정만으로 제2매매계약을 반사회적 법률행위에 해당한다고 볼 수 없다.
③ 특별한 사정이 없는 한, 먼저 등기한 매수인이 목적 부동산의 소유권을 취득한다.
④ 반사회적 법률행위에 해당하는 이중매매의 경우, 제1매수인은 제2매수인에 대하여 직접 소유권이전등기말소를 청구할 수 없다.
⑤ 부동산이중매매의 법리는 이중으로 부동산임대차계약이 체결되는 경우에도 적용될 수 있다.

> **해설** ① 반사회적 법률행위는 절대적으로 무효이므로 선의의 제3자라도 유효를 주장할 수 없다.

48 추인할 수 있는 법률행위가 아닌 것은? (다툼이 있으면 판례에 따름) ▶제31회

① 통정허위표시에 의한 부동산매매계약
② 상대방의 강박으로 체결한 교환계약
③ 무권대리인이 본인을 대리하여 상대방과 체결한 임대차계약
④ 미성년자가 법정대리인의 동의나 허락 없이 자신의 부동산을 매도하는 계약
⑤ 처음부터 허가를 잠탈할 목적으로 체결된 토지거래허가구역 내의 토지거래계약

> **해설** ⑤ 처음 체결된 때부터 확정적으로 무효이다(대판 2009다96328).

Answers 47. ① 48. ⑤

49 취소할 수 있는 법률행위의 법정추인 사유가 아닌 것은? ▶제35회

① 혼동
② 경개
③ 취소권자의 이행청구
④ 취소권자의 강제집행
⑤ 취소권자인 채무자의 담보제공

> **해설** 취소할 수 있는 법률행위의 법정추인 사유
> ① 전부나 일부의 이행 ② 이행의 청구 ③ 경개 ④ 담보의 제공 ⑤ 취소할 수 있는 행위로 취득한 권리의 일부나 전부의 양도 ⑥ 강제집행

50 법률행위의 취소에 관한 설명으로 틀린 것은? (다툼이 있으면 판례에 따름) ▶제33회

① 제한능력자가 제한능력을 이유로 자신의 법률행위를 취소하기 위해서는 법정대리인의 동의를 받아야 한다.
② 취소권은 추인할 수 있는 날로부터 3년 내에, 법률행위를 한 날로부터 10년 내에 행사하여야 한다.
③ 취소된 법률행위는 특별한 사정이 없는 한 처음부터 무효인 것으로 본다.
④ 제한능력을 이유로 법률행위가 취소된 경우, 제한능력자는 그 법률행위에 의해 받은 급부를 이익이 현존하는 한도에서 상환할 책임이 있다.
⑤ 취소할 수 있는 법률행위에 대해 취소권자가 적법하게 추인하면 그의 취소권은 소멸한다.

> **해설** ① 제한능력자가 단독으로 취소할 수 있다.
> ② 제146조
> ③ 제141조
> ④ 제141조
> ⑤ 제143조

Answers 49. ① 50. ①

51 취소원인이 있는 법률행위는? ▶제31회

① 불공정한 법률행위
② 불법조건이 붙은 증여계약
③ 강행법규에 위반한 매매계약
④ 상대방의 사기로 체결한 교환계약
⑤ 원시적·객관적 전부불능인 임대차계약

> 해설 ①, ②, ③, ⑤는 무효사유이다.

52 甲은 乙의 모친으로서 X토지의 소유자이다. 권한 없는 乙이 丙은행과 공모하여 대출계약서, X토지에 대한 근저당권설정계약서를 甲명의로 위조한 다음, X토지에 丙 앞으로 근저당권설정등기를 하고 1억 원을 대출받았다. 이에 관한 설명으로 틀린 것은? (다툼이 있으면 판례에 따름) ▶제31회

① 甲과 丙 사이의 대출계약은 무효이다.
② 丙명의의 근저당권설정등기는 무효이다.
③ 甲은 丙에게 소유권에 기한 방해배제를 청구할 수 있다.
④ 甲이 乙의 처분행위를 추인하면, 원칙적으로 그때부터 새로운 법률행위를 한 것으로 본다.
⑤ 甲이 자신의 피담보채무를 인정하고 변제한 경우, 甲은 乙에게 부당이득반환을 청구할 수 있다.

> 해설 ④ 무권리자의 처분행위를 권리자가 추인하면 원칙적으로 계약의 효과가 계약을 체결했을 때에 소급하여 권리자에게 귀속된다고 보아야 한다(대판 2017다3499).

Answers 51. ④ 52. ④

53 취소권은 법률행위를 한 날부터 (㉠) 내에, 추인할 수 있는 날부터 (㉡) 내에 행사하여야 한다. ( )에 들어갈 것은? ▶제29회

① ㉠: 1년, ㉡: 5년
② ㉠: 3년, ㉡: 5년
③ ㉠: 3년, ㉡: 10년
④ ㉠: 5년, ㉡: 1년
⑤ ㉠: 10년, ㉡: 3년

> 해설 ⑤ 취소권은 추인할 수 있는 날로부터 3년 내에, 법률행위를 한 날로부터 10년 내에 행사하여야 한다 (제146조).

54 취소할 수 있는 법률행위에 관한 설명으로 틀린 것은? ▶제29회

① 취소된 법률행위는 처음부터 무효인 것으로 본다.
② 제한능력자는 취소할 수 있는 법률행위를 단독으로 취소할 수 있다.
③ 제한능력자의 법률행위에 대한 법정대리인의 추인은 취소의 원인이 소멸된 후에 하여야 그 효력이 있다.
④ 제한능력자가 취소의 원인이 소멸된 후에 이의를 보류하지 않고 채무 일부를 이행하면 추인한 것으로 본다.
⑤ 취소할 수 있는 법률행위의 상대방이 확정된 경우에는 그 취소는 그 상대방에 대한 의사표시로 하여야 한다.

> 해설 ③ 제한능력자가 추인을 하려면 취소의 원인이 소멸된 후라야 하지만, 법정대리인은 언제든 추인할 수 있다.

Answers 53. ⑤ 54. ③

55 무효인 법률행위에 해당하는 것은? ▶제29회

① 착오로 체결한 매매계약
② 기망행위로 체결한 교환계약
③ 대리인의 사기에 의한 법률행위
④ 사회질서에 위반한 조건이 붙은 법률행위
⑤ 상대방이 유발한 착오에 의한 임대차계약

> 해설 ④ 반사회적 법률행위로 무효(민법 제103조)
> ①②③⑤ 취소

56 법률행위의 무효에 관한 설명으로 틀린 것은? (다툼이 있으면 판례에 따름) ▶제29회

① 불공정한 법률행위로서 무효인 경우, 무효행위 전환의 법리가 적용될 수 있다.
② 토지거래허가구역 내의 토지매매계약은 관할관청의 불허가 처분이 있으면 확정적 무효이다.
③ 매도인이 통정한 허위의 매매를 추인한 경우, 다른 약정이 없으면 계약을 체결한 때로부터 유효로 된다.
④ 이미 매도된 부동산에 관하여, 매도인의 채권자가 매도인의 배임행위에 적극 가담하여 설정된 저당권은 무효이다.
⑤ 토지거래허가구역 내의 토지거래계약이 확정적으로 무효가 된 경우, 그 계약이 무효로 되는 데 책임 있는 사유가 있는 자도 무효를 주장할 수 있다.

> 해설 ③ 무효행위의 추인은 장래효(소급효 ×)

Answers 55. ④ 56. ③

57 甲은 토지거래허가구역 내에 있는 그 소유 X토지에 관하여 乙과 매매계약을 체결하였다. 비록 이 계약이 토지거래허가를 받지는 않았으나 확정적으로 무효가 아닌 경우, 다음 설명 중 틀린 것은? (다툼이 있으면 판례에 따름) ▶제30회

① 위 계약은 유동적 무효의 상태에 있다.
② 乙이 계약내용에 따른 채무를 이행하지 않더라도 甲은 이를 이유로 위 계약을 해제할 수 없다.
③ 甲은 乙의 매매대금 이행제공이 없음을 이유로 토지거래허가 신청에 대한 협력의무의 이행을 거절할 수 없다.
④ 토지거래허가구역 지정기간이 만료되었으나 재지정이 없는 경우, 위 계약은 확정적으로 유효로 된다.
⑤ 乙이 丙에게 X토지를 전매하고 丙이 자신과 甲을 매매 당사자로 하는 허가를 받아 甲으로부터 곧바로 등기를 이전받았다면 그 등기는 유효하다.

> 해설 ⑤ 허가구역 내에서 중간생략등기는 확정적 무효이다. 따라서 甲과 매매계약을 체결한 乙이 다시 丙에게 X토지를 전매하고 丙이 자신과 甲을 매매 당사자로 하는 토지거래의 허가를 받아 甲으로부터 곧바로 등기를 이전받아도 그 등기는 무효이다. 만약 토지거래허가구역 밖이었다면 그 등기는 실체에 부합하여 유효인 등기다.

58 법정추인이 인정되는 경우가 아닌 것은? (단, 취소권자는 추인할 수 있는 상태이며, 행위자가 취소할 수 있는 법률행위에 관하여 이의보류 없이 한 행위임을 전제함) ▶제30회

① 취소권자가 상대방에게 채무를 이행한 경우
② 취소권자가 상대방에게 담보를 제공한 경우
③ 상대방이 취소권자에게 이행을 청구한 경우
④ 취소할 수 있는 행위로 취득한 권리를 취소권자가 타인에게 양도한 경우
⑤ 취소권자가 상대방과 경개계약을 체결한 경우

> 해설 ③ 상대방이 취소권자에게 이행을 청구한 경우는 취소권자의 법정추인사유가 아니고, 취소권자가 상대방에게 이행청구를 한 때 법정추인이 된다.

Answers 57. ⑤ 58. ③

Theme 06 법률행위의 부관

59 법률행위의 부관에 관한 설명으로 틀린 것은? (다툼이 있으면 판례에 따름) ▶제35회

① 조건의사가 있더라도 외부에 표시되지 않으면 그것만으로는 조건이 되지 않는다.
② 기한이익 상실특약은 특별한 사정이 없는 한 정지조건부 기한이익 상실특약으로 추정한다.
③ 조건을 붙일 수 없는 법률행위에 조건을 붙인 경우, 다른 정함이 없으면 그 법률행위 전부가 무효로 된다.
④ '정지조건부 법률행위에 해당한다는 사실'에 대한 증명책임은 그 법률행위로 인한 법률효과의 발생을 다투는 자에게 있다.
⑤ 불확정한 사실이 발생한 때를 이행기한으로 정한 경우, 그 사실의 발생이 불가능하게 된 때에도 기한이 도래한 것으로 보아야 한다.

> **해설** ② 일반적으로 기한이익 상실의 특약이 채권자를 위하여 둔 것인 점에 비추어 명백히 정지조건부 기한이익 상실의 특약이라고 볼 만한 특별한 사정이 없는 이상 형성권적 기한이익 상실의 특약으로 추정하는 것이 타당하다(대판 2002다28340).

60 법률행위의 부관에 관한 설명으로 틀린 것은? (다툼이 있으면 판례에 따름) ▶제34회

① 조건이 선량한 풍속 기타 사회질서에 위반한 경우, 그 조건만 무효이고 법률행위는 유효하다.
② 법률행위에 조건이 붙어 있는지 여부는 조건의 존재를 주장하는 자에게 증명책임이 있다.
③ 기한은 특별한 사정이 없는 한 채무자의 이익을 위한 것으로 추정한다.
④ 조건부 법률행위에서 기성조건이 해제조건이면 그 법률행위는 무효이다.
⑤ 종기(終期) 있는 법률행위는 기한이 도래한 때로부터 그 효력을 잃는다.

> **해설** ① 불법조건뿐만 아니라 그 법률행위 전부가 무효이다. 따라서 부첩관계인 부부생활의 종료를 해제조건으로 하는 증여계약은 그 조건만이 무효인 것이 아니라 증여계약 자체가 무효이다(대판 66다530).

Answers 59. ② 60. ①

61 조건에 관한 설명으로 틀린 것은? (다툼이 있으면 판례에 따름) ▶제33회

① 조건성취의 효력은 특별한 사정이 없는 한 소급하지 않는다.
② 해제조건이 선량한 풍속 기타 사회질서에 위반한 것인 때에는 특별한 사정이 없는 한 조건 없는 법률행위로 된다.
③ 정지조건과 이행기로서의 불확정기한은 표시된 사실이 발생하지 않는 것으로 확정된 때에 채무를 이행하여야 하는지 여부로 구별될 수 있다.
④ 이행지체의 경우 채권자는 상당한 기간을 정한 최고와 함께 그 기간 내에 이행이 없을 것을 정지조건으로 하여 계약을 해제할 수 있다.
⑤ 신의성실에 반하는 방해로 말미암아 조건이 성취된 것으로 의제되는 경우, 성취의 의제시점은 그 방해가 없었더라면 조건이 성취되었으리라고 추산되는 시점이다.

해설 ② 조건이 불법인 경우 법률행위 전부가 무효이다.

62 법률행위의 조건과 기한에 관한 설명으로 틀린 것은? (다툼이 있으면 판례에 따름) ▶제31회

① 조건부 법률행위에서 불능조건이 정지조건이면 그 법률행위는 무효이다.
② 조건부 법률행위에서 기성조건이 해제조건이면 그 법률행위는 무효이다.
③ 법률행위에 조건이 붙어 있다는 사실은 그 조건의 존재를 주장하는 자가 증명해야 한다.
④ 기한이익 상실특약은 특별한 사정이 없으면 정지조건부 기한이익 상실특약으로 추정된다.
⑤ 종기(終期) 있는 법률행위는 기한이 도래한 때로부터 그 효력을 잃는다.

해설 ④ 기한이익 상실의 특약은 명백히 정지조건부 기한이익 상실의 특약이라고 볼 만한 특별한 사정이 없는 한, 형성권적 기한이익 상실의 특약으로 추정한다.

Answers   61. ②   62. ④

63 법률행위의 조건과 기한에 관한 설명으로 옳은 것은? ▶제29회

① 정지조건 있는 법률행위는 조건이 성취한 때로부터 그 효력을 잃는다.
② 기한은 채권자의 이익을 위한 것으로 추정하며, 기한의 이익은 포기할 수 있다.
③ 기한의 도래가 미정한 권리의무는 일반규정에 의하여 처분하거나 담보로 할 수 없다.
④ 조건이 법률행위 당시 이미 성취한 것인 경우, 그 조건이 해제조건이면 그 법률행위는 무효로 한다.
⑤ 당사자가 조건성취의 효력을 그 성취 전에 소급하게 할 의사를 표시한 경우에도 그 효력은 조건이 성취된 때부터 발생한다.

> **해설** ① 정지조건이 있는 법률행위는 조건이 성취된 때로부터 그 효력이 생긴다(제147조 제1항).
> ② 기한의 이익은 채무자의 이익을 위한 것으로 추정된다(제153조 제1항).
> ③ 기한의 도래가 미정한 권리의무는 일반규정에 의해서 처분하거나 담보로 할 수 있다(제154조).
> ⑤ 당사자가 조건성취의 효력을 그 성취 전에 소급하게 할 의사를 표시한 때에는 그 의사에 의한다(제147조 제3항).

64 조건과 기한에 관한 설명으로 옳은 것은? (다툼이 있으면 판례에 따름) ▶제30회

① 해제조건 있는 법률행위는 조건이 성취한 때로부터 그 효력이 발생한다.
② 기한이익 상실특약은 특별한 사정이 없는 한 정지조건부 기한이익 상실특약으로 추정한다.
③ 조건이 법률행위 당시에 이미 성취할 수 없는 것인 경우, 그 조건이 정지조건이면 그 법률행위는 무효로 한다.
④ 불확정한 사실의 발생시기를 이행기한으로 정한 경우, 그 사실의 발생이 불가능하게 되었다고 하여 이행기한이 도래한 것으로 볼 수는 없다.
⑤ 상계의 의사표시에는 시기(始期)를 붙일 수 있다.

> **해설** ③ 조건이 법률행위 당시에 이미 성취할 수 없는 것인 경우(불능조건), 그 조건이 정지조건이면 그 법률행위는 무효로 하고 해제조건이면 유효로 한다.
> ① 해제조건 있는 법률행위는 조건이 성취한 때부터 효력을 잃는다.
> ② 기한이익 상실특약은 특별한 사정이 없는 한 형성권부 기한이익 상실특약으로 추정한다.
> ④ 불확정한 사실의 발생시기를 이행기한으로 정한 경우, 그 사실의 발생이 가능하게 된 데는 물론이고, 사실의 발생이 불가능하게 확정된 경우에도 이행기한이 도래한 것으로 볼 수 있다.
> ⑤ 소급효를 가지는 취소나 상계의 의사표시에는 시기(始期)를 붙일 수 없다.

Answers 63. ④ 64. ③

65 법률행위의 조건과 기한에 관한 설명으로 틀린 것은? ▶제32회

① 법정조건은 법률행위의 부관으로서의 조건이 아니다.
② 조건이 선량한 풍속 기타 사회질서에 위반한 것이면 그 법률행위는 무효이다.
③ 조건부 법률행위는 조건이 성취되었을 때에 비로소 그 법률행위가 성립한다.
④ 조건부 법률행위에서 불능조건이 정지조건이면 그 법률행위는 무효이다.
⑤ 과거의 사실은 법률행위의 부관으로서의 조건으로 되지 못한다.

> 해설 ③ 조건부 법률행위에서 조건성취는 성립요건이 아닌 효력요건이다.

Answers 65. ③

만화로 배우는
박문각 공인중개사
1차 민법·민사특별법

Part

02

물권법

Theme 01 물권법 총설
Theme 02 물권의 변동
Theme 03 점유권
Theme 04 소유권
Theme 05 용익물권
Theme 06 담보물권

+ 빈출 핵심용어
+ 핵심 기출문제

01 물권법 총설

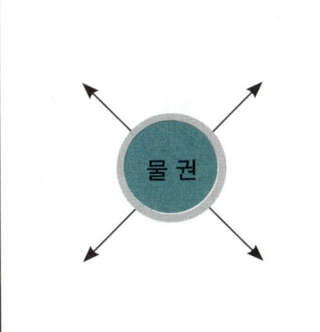
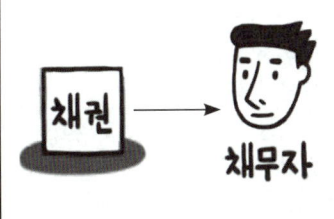

핵심 다잡기 물권과 채권의 비교

물 권	채 권
(1) 지배권(물건에 대한 권리) 　절대권(제3자적 효력) (2) 배타성: 일물일권주의(순위·성질이 다른 물권은 동시에 성립할 수 있음) (3) 우선적 효력 (4) 공시 필요 (5) 법률 또는 관습법에 의하여 결정(물권법정주의-강행규정)	(1) 청구권(사람의 행위에 대한 권리) 　상대권(특정의 채무자에게만 주장할 수 있음) (2) 배타성이 없음. (3) 채권자 평등주의 (4) 공시 불필요 (5) 당사자의 자유로운 의사에 의하여 결정(계약자유의 원칙-임의규정)

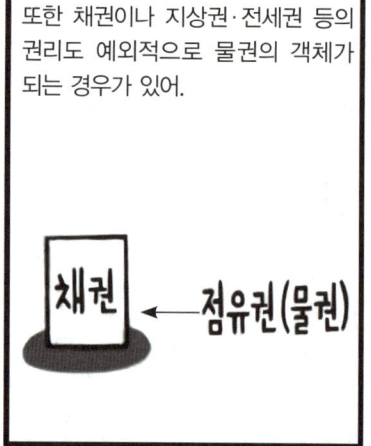

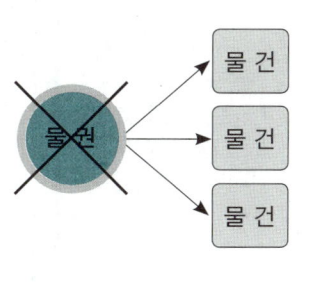

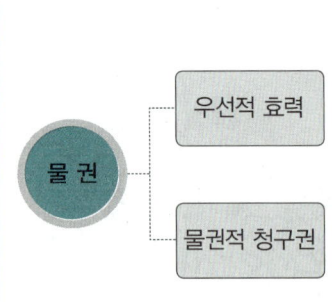

핵심 다잡기	물권의 우선적 효력
물권 상호 간	① 시간적으로 앞서 성립한 물권이 우선, 단 제한물권은 소유권보다 언제나 우선한다. ② 예외 : 점유권은 배타성이 없으므로 우선적 효력이 없다.
물권과 채권	물권이 우선(매매는 임대차를 깨뜨린다.) 다만 채권이라도 부동산임차권처럼 공시방법(등기 또는 주택임대차보호법상의 주택의 인도와 주민등록)을 갖추거나 일정한 경우 가등기를 한 때에는 그 시점을 기준으로 물권과의 우열이 정해진다.

Theme 01 물권법 총설

02 물권의 변동

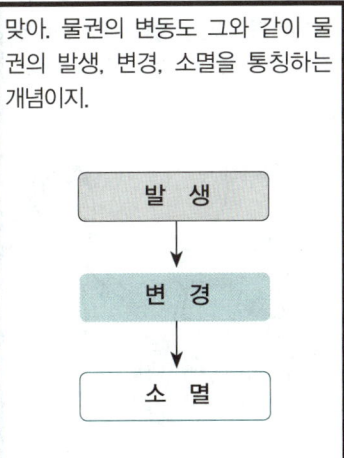

> 참고 | 물권의 변동 태양

물권의 발생	원시취득		시효취득, 선의취득, 무주물선점, 유실물습득, 매장물발견
	상대적 발생 (승계취득)	이전적 승계	포괄승계	상속, 포괄유증, 회사의 합병
			특정승계	매매, 증여, 교환 등
		설정적 승계	지상권, 전세권, 저당권 등의 제한물권 설정
변경	내용의 변경	질적 변경	물권적 청구권이 손해배상청구권으로 변하는 것
		양적 변경	첨부, 제한물권 설정 및 소멸
	작용의 변경		저당권의 순위의 변경, 임대차의 등기
소멸	절대적 소멸		목적물의 멸실, 소멸시효, 물권 포기
	상대적 소멸		이전적 승계를 전주의 입장에서 본 것

Theme 02 물권의 변동

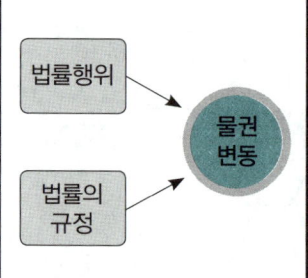
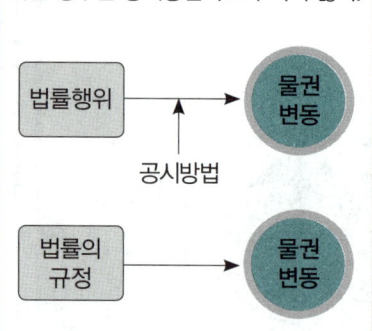

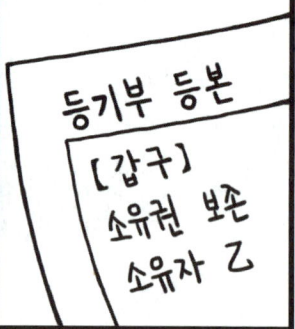

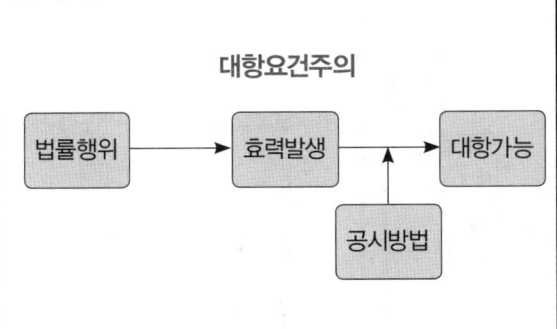
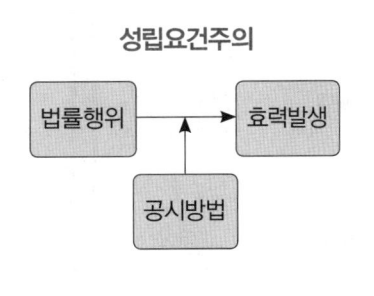

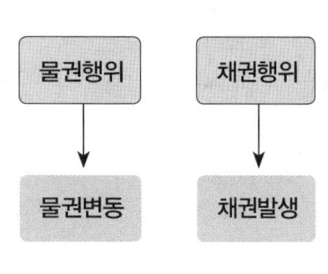

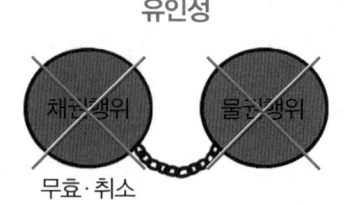

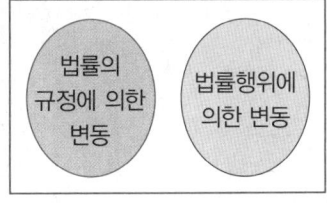

그런데 186조가 적용될 것인가 187조가 적용될 것인가 논란이 있는 경우가 몇 가지 있거든.

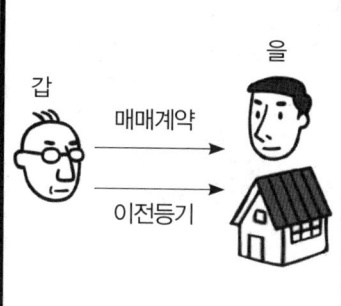
원인행위가 실효된 경우 물권이 복귀하려면 등기를 요하느냐의 문제에 대해…

판례는 유인성의 입장에서 제187조를 적용해 등기 없이 물권이 복귀한다고 보고…

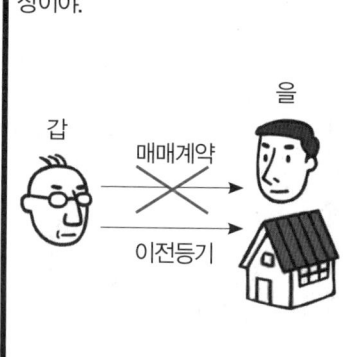
다수설인 무인성설은 제186조에 따라 등기를 회복해야 복귀한다는 입장이야.

제한물권의 소멸청구 또는 소멸통고의 경우에는…

"아니, 살림집으로 쓸 거라더니!"

형성권으로 보아 제187조를 적용하여 말소등기 없이 당연소멸한다는 것이 다수설이야.

"당장 나가시오!"

또한 재단법인의 설립을 위해 재산을 출연한 경우 출연재산이 귀속하는 시기에 대해…

"내 전 재산으로 ○○재단을 설립한다."

다수설은 제187조에 따라 등기 없이 제48조가 규정하는 시기에 재산이 귀속한다고 보고…

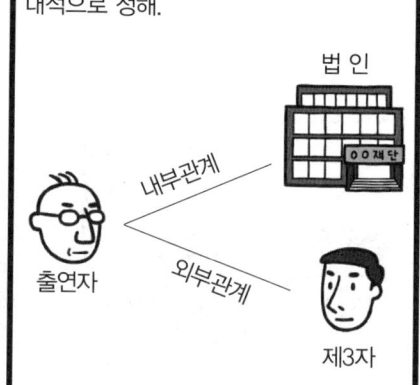
판례는 내부관계와 외부관계를 나누어 상대적으로 정해.

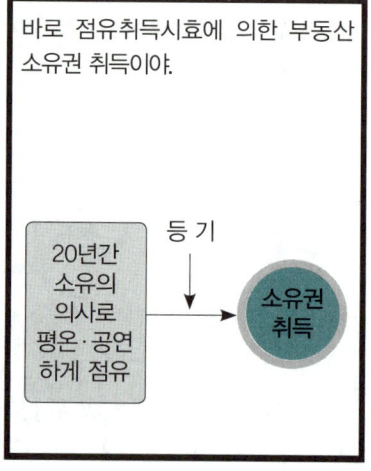

등기가 물권변동의 효과를 가져오기 위해서는 형식적 유효요건과 실질적 유효요건을 갖추어야 해.

- **형식적 유효요건**: 법이 정하는 절차에 따라 적법하게 행해질 것
- **실질적 유효요건**: 등기가 물권행위와 부합할 것

등기는 형식적으로 하나의 부동산에 하나의 등기용지를 두어야 한다는 1부동산 1등기용지의 원칙에 의해 등재되는데....

때문에 절차상의 잘못으로 소유권보존등기가 이중으로 된 경우 문제가 발생하는 거야.

부동산의 현황에 관한 표시란이 이중등기된 경우...

등기 선후에 관계없이 실체관계에 부합하는 보존등기가 우선해.

부동산의 권리관계에 관한 사항란이 이중등기된 경우 등기명의인이 동일하면 무조건 뒤에 이루어진 보존등기가 무효가 되고...

등기명의인이 다르면 먼저 이루어진 보존등기가 무효가 아닌 한 뒤에 이루어진 보존등기는 무효가 돼.

내가 을인데 갑한테서 산 땅을 보존등기한 거란 말이오.

그래도 무효에요. 보존등기가 아니라 이전등기를 하셨어야죠.

만약 먼저 이루어진 보존등기가 원인무효라면 뒤에 이루어진 보존등기라도 무효가 되진 않겠지.

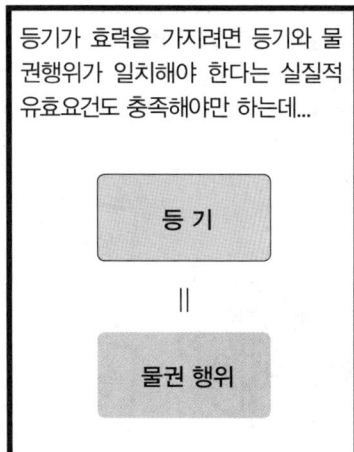
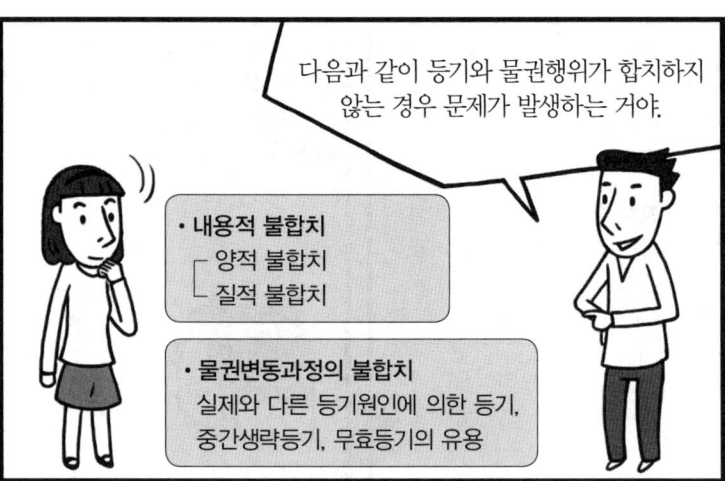
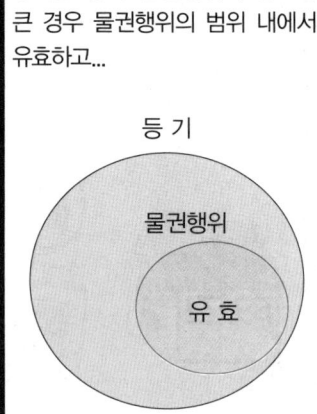

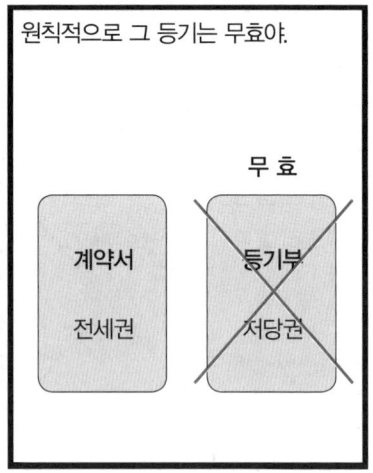

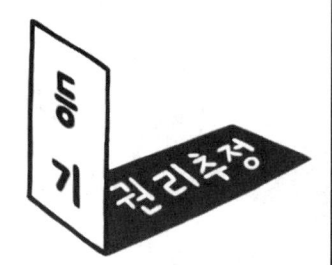

핵심 다잡기 | 추정력의 물적 범위

등기절차의 적법 추정		부동산에 관하여 등기부상 소유권이전등기가 있는 이상 일응 그 절차 및 원인이 정당한 것이라는 추정을 받게 되고 그 절차 및 원인의 부당을 주장하는 당사자에게 이를 입증할 책임이 있는 것이다(대판 4290민상251).
기재사항의 적법 추정	등기원인의 적법추정	등기부상 소유자로 등기되어 있는 자는 특별한 사정이 입증되지 않는 이상 적법한 등기원인에 의하여 소유권을 취득한 사실을 추정할 수 있으므로 반대사실을 주장하는 상대방이 등기원인의 결여 또는 부적법한 사실을 주장·입증할 필요가 있다(대판 69다1185).
	등기권리의 적법추정	임차권이 등기된 경우에는 임차권의 적법성이 추정되며 근저당권의 설정등기가 되어 있으면 이에 상응하는 피담보채권의 존재가 추정된다(대판 81다791).

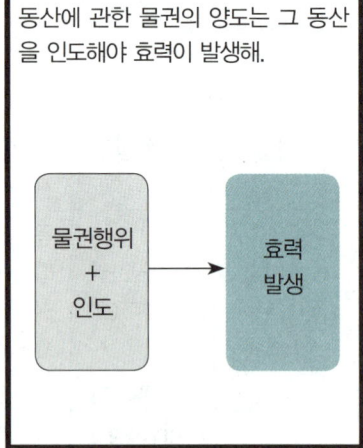

핵심 다잡기   제3자에 속하는 자

구분		내용
현실의 인도		인도의 원칙적인 방법으로서 물건의 교부처럼 사실상의 지배를 현실로 이전하는 경우
관념의 인도	간이인도	임차인으로서 타인의 동산을 점유하고 있는 자가 그 물건의 임대인(소유자)으로부터 그 소유권을 양도받은 경우
	점유개정	매도인이 매각한 동산을 그대로 계속 사용하는 경우
	목적물반환 청구권의 양도	양도인이 제3자에 대한 반환청구권을 양수인에게 양도하는 경우
비 고		간이인도, 점유개정, 목적물반환청구권의 양도는 의사표시(합의)만에 의한 인도인 점에서 현실의 인도와 다르다.

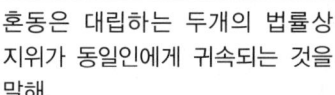

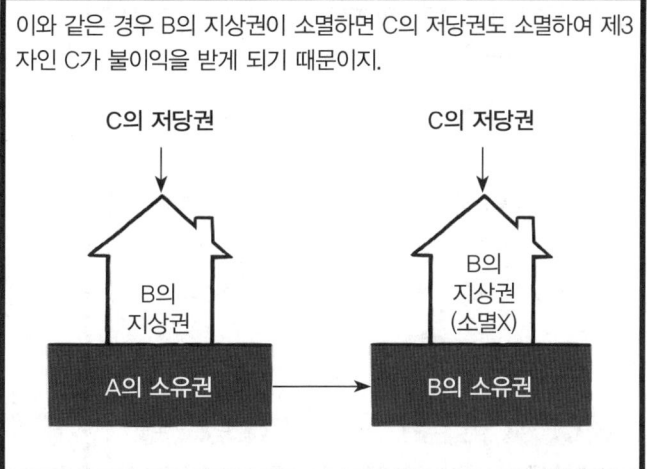
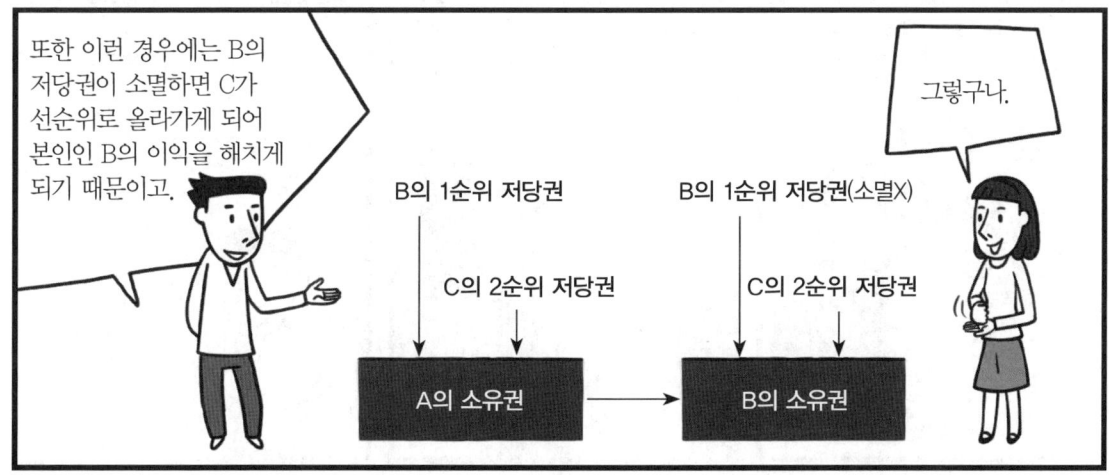

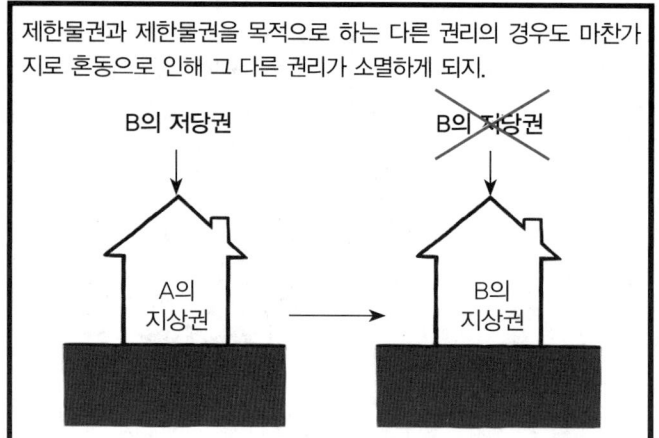

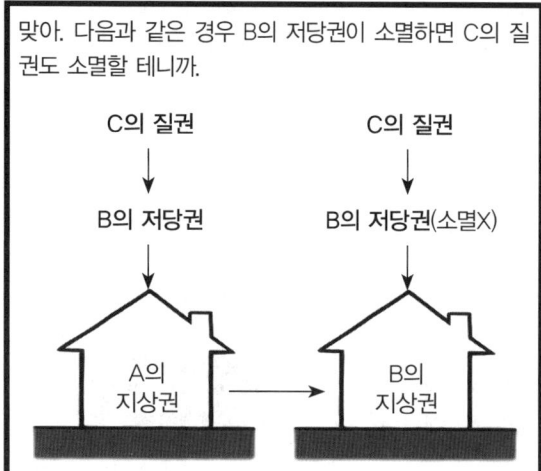
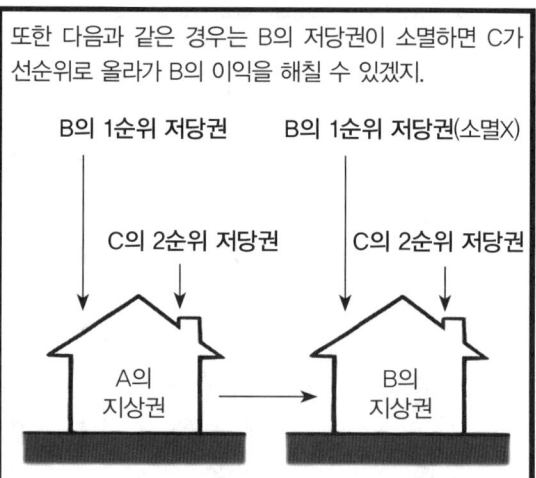

03 점유권

핵심 다잡기 — Possessio와 Gewere

구 분	Possessio	Gewere
연 원	로마법	게르만법
의 의	물건에 대한 사실적 지배를 그 권리와 무관하게 그 지배 사실만을 포착하여 이해함. 본권에 기한 소권과 별도로 독립하여 점유소권 인정	물건에 대한 사실적 지배를 권리의 표현형식으로 보고 권리와의 관련하에 관찰함. 본권과 점유를 구별하지 않고 일체로 파악
영 향	① 점유보호청구권은 점유소권을 계수 ② 점유자의 과실취득권 ③ 점유자의 비용상환청구권 ④ 본권의 소와 점유의 소를 구별	① 점유의 추정력 ② 점유자의 자력구제 ③ 선의취득 ④ 점유가 동산물권변동의 효력요건인 것 ⑤ 점유보조자·간접점유제도

사실상의 지배가 있는데 점유권이 인정되지 않는 경우도 있고 사실상의 지배가 없는데도 점유권이 인정되는 경우도 있지.

점유보조자	간접점유·상속인의 점유
· 사실상의 지배 O · 점유권 X	· 사실상의 지배 X · 점유권 O

핵심 다잡기 | 간접점유자와 점유보조자

구 분	간접점유자	점유보조자
의 의	타인의 점유를 매개로 하여 하는 점유가 간접점유이다. ① 임대인, 전세권 설정자의 점유 ⇨ 간접점유 ② 임차인, 전세권자의 점유 ⇨ 직접점유	물건을 사실상 지배하고 있지만 점유자가 되지 못하는 자 예 상점의 점원, 은행의 출납원, 주인에 대한 가정부 등
요 건	• 특정인(점유매개자)의 직접점유가 있을 것 • 간접점유자(임대인, 전세권설정자 등)와 점유매개자(임차인, 전세권자 등) 사이에 점유매개관계가 있어야 한다.	• 물건에 대한 사실적 지배를 하고 있어야 한다. • 지시에 따라야 할 관계(점유보조관계-명령·복종관계)에 있을 것
효 과	• 간접점유자도 점유권을 갖는다. 따라서 점유보호청구권도 인정된다. • 그러나 간접점유자에게 자력구제권은 인정되지 않는다(통설).	• 점유자가 아님. ⇨ 따라서 점유권이 없다. • 다만 점유자를 위해 자력구제권은 인정된다(통설).

> **참고** 관련조문
> - 제194조(간접점유) 지상권, 전세권, 질권, 사용대차, 임대차, 임치 기타의 관계로 타인으로 하여금 물건을 점유하게 한 자는 간접으로 점유권이 있다.
> - 제207조(간접점유의 보호) ① 전3조의 청구권은 제194조의 규정에 의한 간접점유자도 이를 행사할 수 있다.
> ② 점유자가 점유의 침탈을 당한 경우에 간접점유자는 그 물건을 점유자에게 반환할 것을 청구할 수 있고 점유자가 그 물건의 반환을 받을 수 없거나 이를 원하지 아니하는 때에는 자기에게 반환할 것을 청구할 수 있다.
> - 제195조(점유보조자) 가사상, 영업상 기타 유사한 관계에 의하여 타인의 지시를 받아 물건에 대한 사실상의 지배를 하는 때에는 그 타인만을 점유자로 한다.

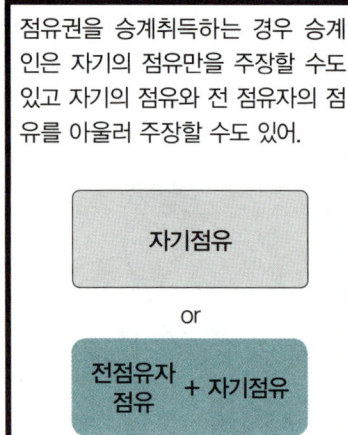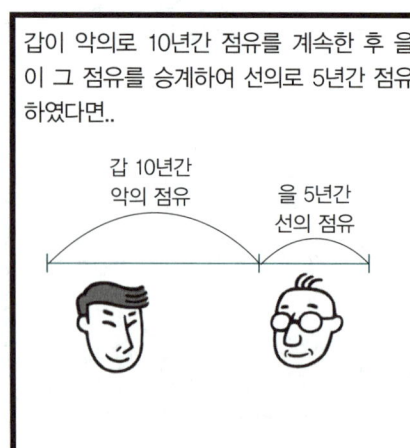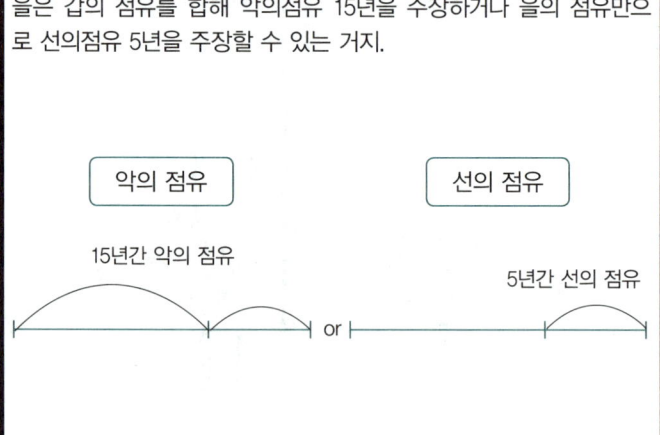

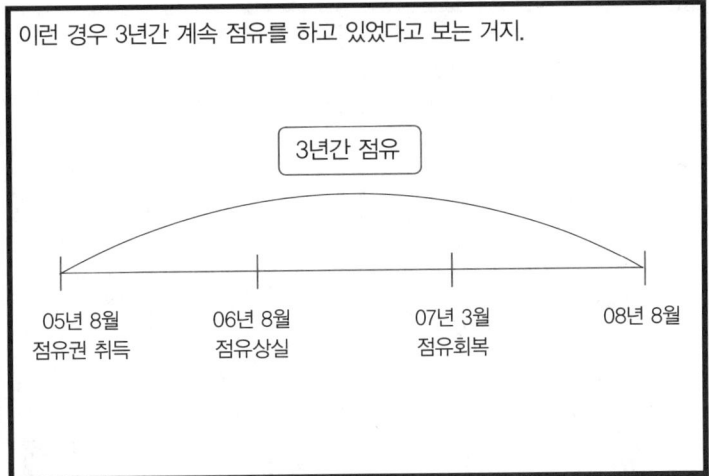

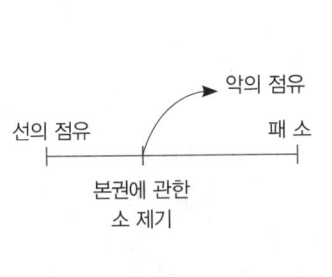

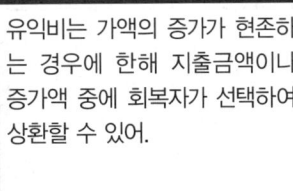

핵심 다잡기 | 점유자와 회복자의 관계

구 분	요 건	효 과	
과실취득권	선의점유자	과실취득 ○ ⇨ 부당이득반환의무 ×, 단 과실이 있으면 불법행위로 인한 손해배상 책임은 ○	
	악의점유자	과실취득 ×(반환 또는 대가변상), 폭력이나 은비에 의한 점유자도 동일	
멸실·훼손에 대한 책임	선의점유	자주점유	현존이익배상
		타주점유	전 손해배상
	악의점유	자주점유	전 손해배상
		타주점유	전 손해배상
상환청구권	선의, 악의 불문 ⇨ 유치권 행사 가능	필요비	과실취득시 통상 필요비는 상환청구 불가, 단 특별필요비(태풍 복구비)는 청구 가능
		유익비	이익 현존시 ⇨ 회복자 선택에 따라, 상당기간 허여

참고 점유보호청구권

구분	점유침해의 모습	청구내용	행사요건 및 제척기간
점유물 반환 청구권	① 점유를 침탈당하였을 것 ② 침탈자의 고의·과실은 요건 아님. ③ 상대방은 점유의 침탈자 및 그 포괄승계인이며 특정승계인에 대해서는 그자가 악의인 경우에만 인정	물건의 반환 및 손해의 배상(간접점유자의 경우 직접 자기에게 반환할 것을 청구할 수는 없고 직접점유자에게 반환할 것을 청구, 단 직접점유자가 반환받을 수 없거나 받기를 원하지 않는 때에는 직접 자기에게 반환청구 가능)	손해배상을 포함한 점유물반환 청구권은 침탈을 당한 날로부터 1년 내에 행사(제척기간, 그 기간 내에 소 제기, 출소기간)
점유물 방해배제 청구권	① 점유의 방해를 받았을 것 ② 방해자의 고의·과실은 요건이 아님. ③ 방해는 정당시되지 아니하는 것이며 인용 정도를 초과	방해의 제거 및 손해배상청구	• 방해가 종료한 날로부터 1년 내 손해배상청구 • 방해제거청구는 방해가 존속하는 동안은 언제나 행사 가능
점유물 방해예방 청구권	점유의 방해를 받을 염려	① 방해를 미연에 방지(상대방의 부작위 + 작위) ② 공탁하게 하여 손해의 보전 조치 ③ 방해의 예방과 손해배상의 담보청구는 선택적으로 청구 가능	방해염려시는 언제든지 청구 가능

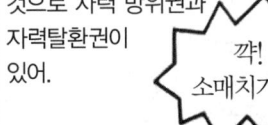

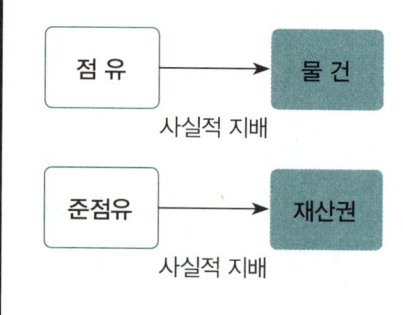

04 소유권

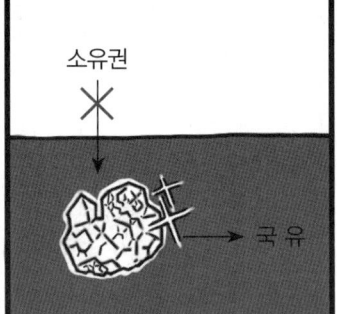

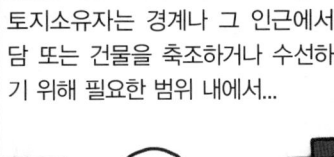

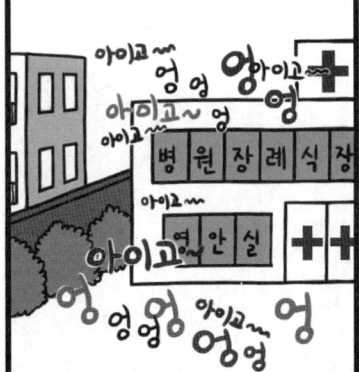

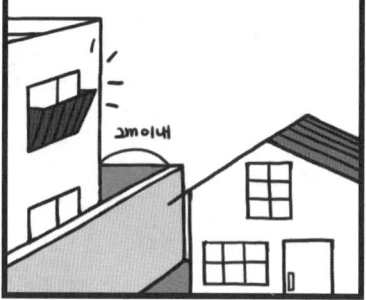

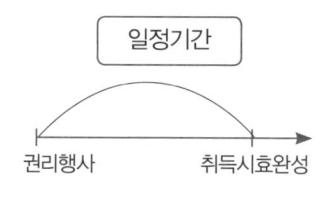

부동산 취득시효는 점유취득시효와 등기부취득시효로 구분되는데... **점유취득시효** 평온·공연·자주점유 + 20년 + 등기 **등기부취득시효** 평온·공연·자주·선의·무과실점유 + 등기 + 10년	점유취득시효는 20년간 소유의 의사로 평온·공연하게 부동산을 점유할 것을 요건으로 해. 	등기를 해야 비로소 소유권을 취득한다는 점에서 제187조의 예외이기도 하지. 
점유취득시효는 자기 토지나 토지의 일부에 대해서도 인정돼. 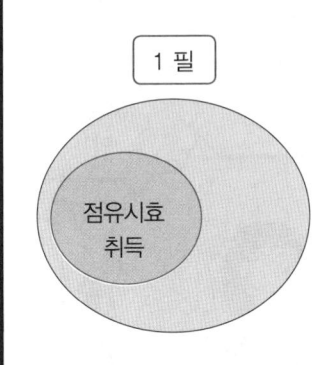	점유자는 소유의 의사로 선의, 평온, 공연하게 점유한 것으로 추정되기 때문에 입증책임은 취득시효를 부정하는 쪽에 있어. 	하지만 악의의 무단점유의 경우에는 자주점유의 추정이 깨져. 
점유기간 중 부동산 소유권자의 변동이 있는 경우 점유의 기산점을 임의로 선택할 수 없어. 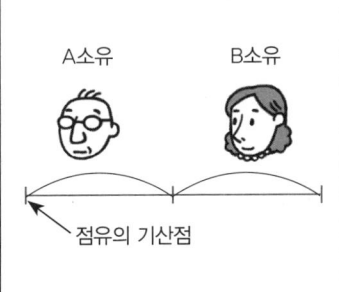	이런 경우 시효기간이 만료하면 후 소유자에게 직접 소유권이전등기를 청구할 수 있지. 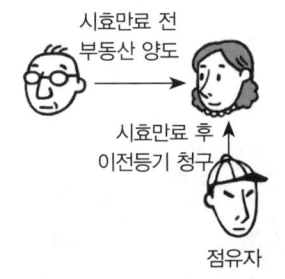	소유권자가 계속 동일했던 경우라면 임의시점을 기산점으로 선택할 수 있어. 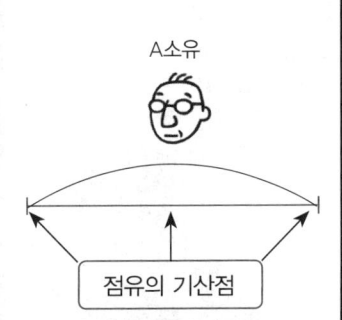

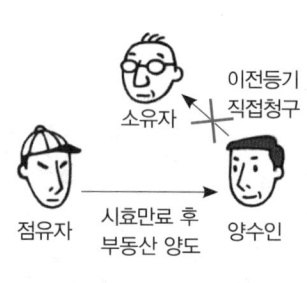

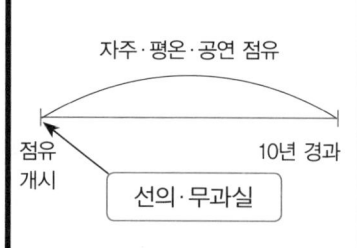

이때의 등기는 무효인 등기라도 무방하지만 이중보존등기에서 무효인 후보존등기를 근거로는 불가능해.

또한 등기의 승계도 인정되기 때문에 전 명의자의 등기기간까지 포함해서 10년이면 돼.

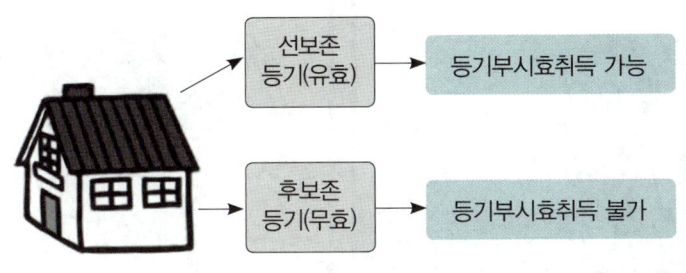

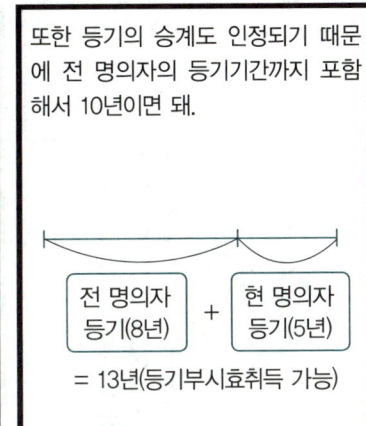

동산취득시효는 장기취득시효와 단기취득시효로 구분돼.

장기취득시효
평온 · 공연 · 자주점유 + 10년

단기취득시효
평온 · 공연 · 자주 · 선의 · 무과실점유 + 5년

장기취득시효는 평온·공연·자주점유를 10년간 계속할 것을 요하고 단기취득시효는 시효기간을 5년으로 단축한 대신 선의·무과실을 추가로 요하지.

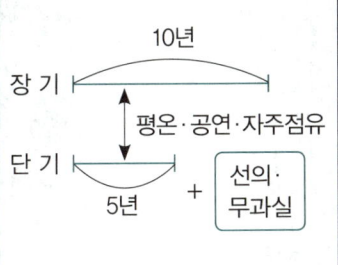

취득시효가 완성되면 점유자는 점유를 개시한 때에 소급해 소유권을 원시취득하게 되는 거야.

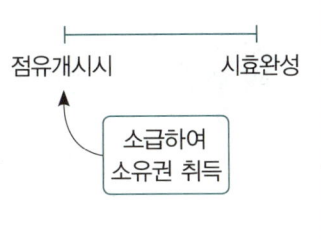

기출 OX

- 점유에 의한 시효취득자는 시효기간이 완성된 후에 등기명의를 취득한 자에 대해서도 시효취득을 주장할 수 있다. (×)
- 점유취득시효완성 후 제3자 명의로 소유권 이전등기가 마쳐진 경우, 점유자는 그 소유권 변동시를 새로운 기산점으로 하여 2차 취득시효의 완성을 주장할 수 있다. (○)

핵심 다잡기 취득시효의 요건

종류		요건	시효기간
부동산	점유취득시효	평온·공연한 자주점유	20년+등기
	등기부취득시효	평온·공연한 자주점유+선의 및 무과실	등기+10년
동산	장기취득시효	평온·공연한 자주점유	10년
	단기취득시효	평온·공연한 자주점유+선의 및 무과실	5년

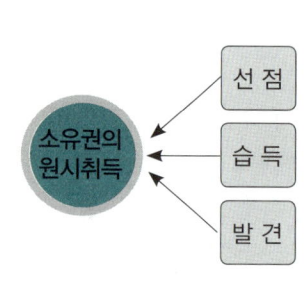

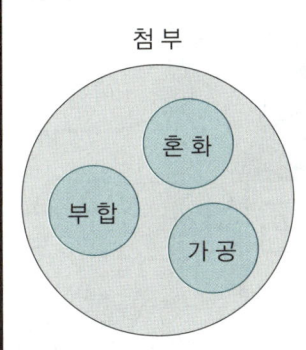
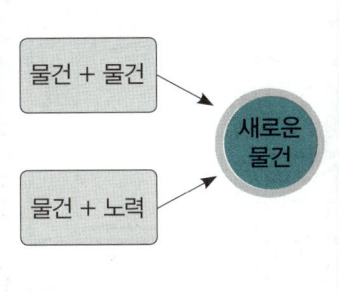

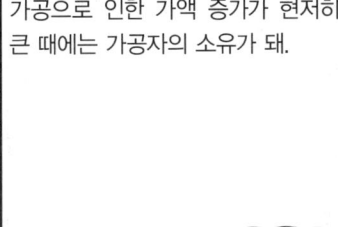

1개의 물건을 2인 이상의 다수인이 공동으로 소유하는 관계를 공동소유라 하고 이에는 공유, 합유, 총유가 있어.

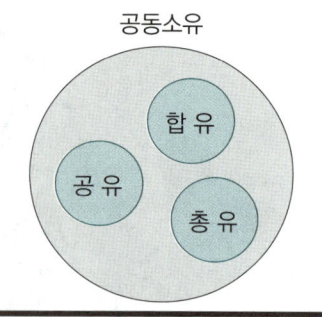

공유란 하나의 물건이 지분에 의해 분할되어 수인에게 속하는 것으로 가장 개인적인 공동소유형태야.

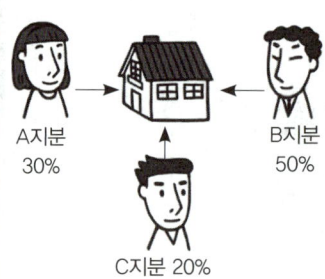

합유란 수인이 조합체로서 물건을 소유하는 관계로 역시 지분이 존재하지만 공유지분처럼 자유롭게 처분할 수는 없어.

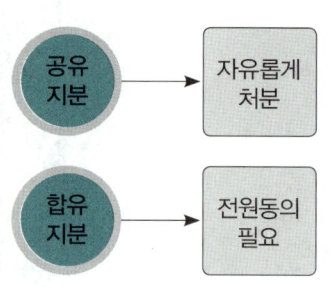

총유란 권리능력 없는 사단의 사원이 집합체로서 물건을 소유하는 관계를 말하는데 공유·합유와는 달리 지분이 존재하지 않아.

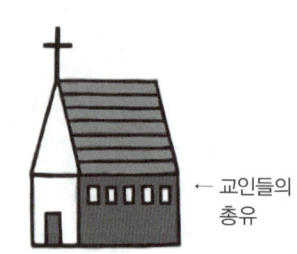

공유는 가장 개인적인 소유형태이므로 언제든지 공유물의 분할을 청구할 수 있지만 합유물과 총유물은 분할청구를 할 수 없어.

또한 공동소유물을 처분 혹은 변경하려면 공유·합유는 각각 공동소유자 전원의 동의가, 총유는 사원총회의 결의가 필요해.

공유물이든 합유물이든 공동소유물에 대한 보존행위는 공동소유자 각자 단독으로 할 수 있어.

공동소유물에 대한 이용개량행위는 공유의 경우 지분 과반수의 동의를 요하고 합유는 조합계약에 따라야 해.

총유의 경우는 단체성을 강조하는 소유형태이기 때문에 보존행위, 이용개량행위 모두 사원총회의 결의를 필요로 하지.

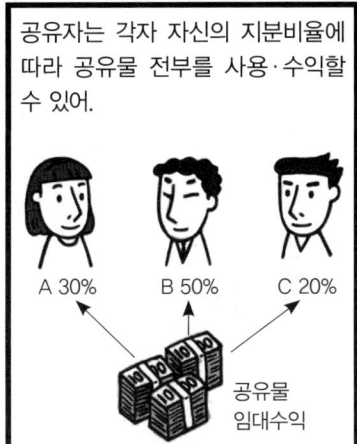

핵심 다잡기   공동소유의 태양

구 분	공 유	합 유	총 유
인적 결합형태	공동소유자 사이에 인적 결합관계가 매우 약한 극히 개인주의적인 소유형태 • 개인주의적인 소유형태(로마법) • 소유권 1개(일물일권주의에 반하지 않음) • 성립: 법률행위, 법률규정	조합체, 단체로서의 독립성보다는 구성원의 개별성 강조 • 공유와 총유의 중간형태 (게르만법의 상속 공동체) • 성립: 법률행위(조합계약), 법률규정(신탁법)	권리능력 없는 사단, 단체성 강조 • 단체주의적 색채(게르만 법의 촌락공동체)
지분권	○(공유지분)	○(합유지분)	×
지분의 처분	자 유	처분 제한	지분이 없음.
분할청구	각 공유자는 언제든지 분할을 청구, 단 5년 금지특약 가능	합유물의 분할청구 불가	할 수 없음.
공동소유물의 처분·변경	공유자 전원의 동의	합유자 전원의 동의	사원총회의 결의
보존행위	각자 단독으로	각자 단독으로	사원총회의 결의
이용개량행위	지분의 과반수의 동의	조합계약에 따라	사원총회의 결의
공동소유물의 사용 수익	지분의 비율로 사용	조합계약 기타 규약의 정함에 따름.	정관 기타 규약의 정함에 따름.

용익물권

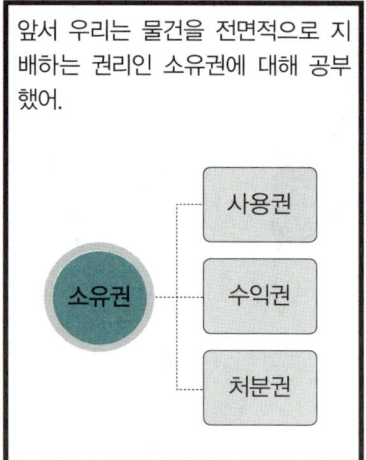

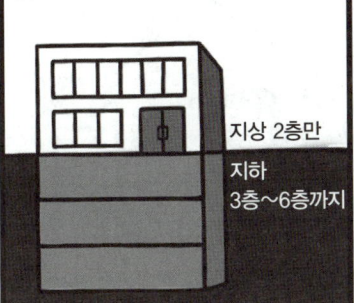

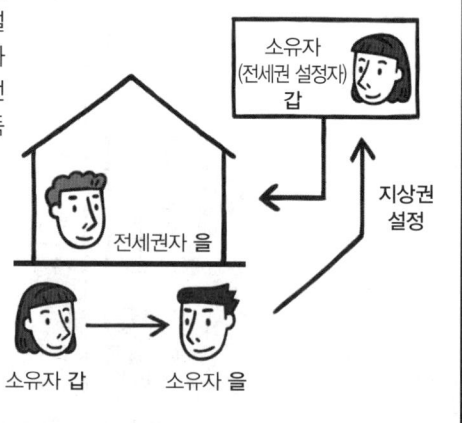
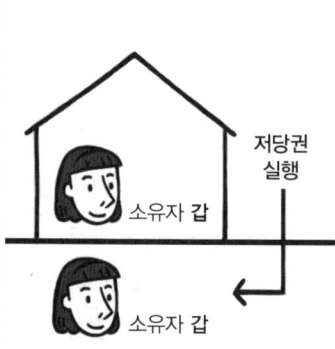

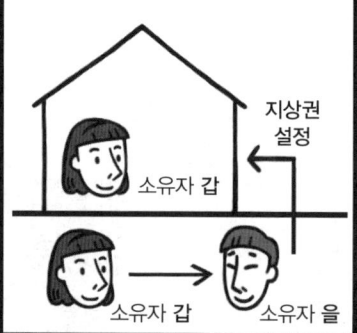

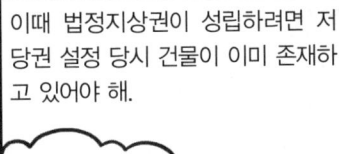

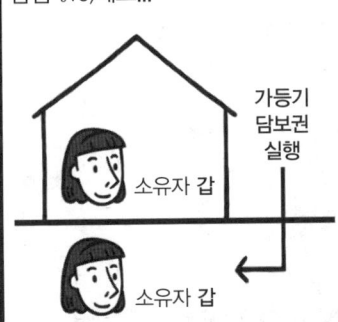
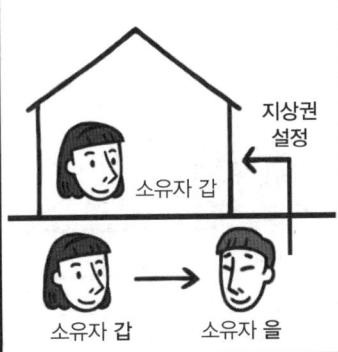
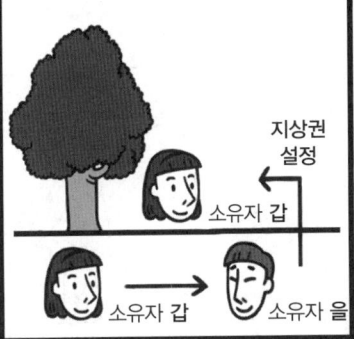
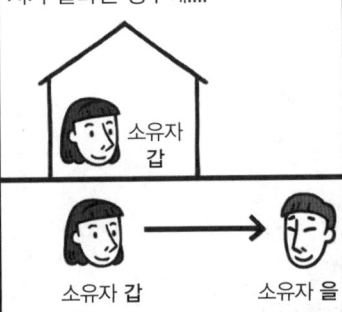

핵심 다잡기 — 법정지상권의 내용

건물에 전세권 설정 후 토지 소유자가 변경된 때(제305조)	대지와 건물이 동일한 소유자에 속한 경우에 건물에 전세권을 설정한 때에는 그 대지소유권의 특별승계인은 전세권설정자에 대하여 지상권을 설정한 것으로 본다.
저당권 실행으로 소유자가 달라진 때(제366조)	저당물의 경매로 인하여 토지와 그 지상건물이 다른 소유자에 속한 경우에는 토지소유자는 건물소유자에 대하여 지상권을 설정한 것으로 본다. ➕ 토지에 저당권이 설정된 이후에 그 토지에 축조된 건물에는 법정지상권의 성립을 인정하지 않음(통설·판례). 다만, 일괄경매권(제365조)은 인정
가등기담보권 등이 실행되어 소유자가 달라진 때 (가담법 제10조)	토지 및 그 지상의 건물이 동일한 소유자에게 속하는 경우에 그 토지 또는 건물에 대하여 가등기담보권 등이 실행되어 소유자가 달라진 때에는 그 건물의 소유자에게 지상권이 설정된 것으로 본다.
토지와 입목의 소유자가 달라진 때(입목법 제6조)	토지와 그 입목이 각각 다른 소유자에게 속하게 되는 경우에는 토지소유자는 입목 소유자에 대하여 지상권을 설정한 것으로 본다.

  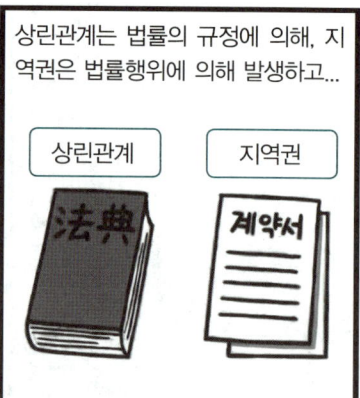

핵심 다잡기 | 지역권과 상린관계

구 분	지역권	상린관계
의 의	자기 토지(요역지)의 편익을 위하여 타인의 토지(승역지)를 이용하는 부동산용익물권의 일종, 소유권과는 별개의 물권	서로 인접하는 부동산소유권의 상호이용을 조절하는 것을 목적으로 하는 법률관계로서 소유권의 내용 그 자체임.
발생원인	설정계약과 등기에 의해서 발생	법률의 규정에 의해 당연히 발생
인접성	인접성이 요구되지 않음.	인접성이 요구됨.
소멸시효	일정기간의 불행사로 소멸시효에 걸림.	소멸시효에 걸리지 않음.
연 혁	로마법(개인주의)	게르만법(단체주의)
등 기	등기 요함.	등기 불요
규율내상	토지(요역지)와 토지(승역지) 간의 관계	부동산의 이용자와 이용자 간의 관계

핵심 다잡기 전세권, 채권적 전세, 주택임차권의 비교

전세권	채권적 전세권	주택임차권
물권적 합의 + 등기	물권적 합의만	임차권
물권	채권(임대차에 관한 규정이 적용)	채권(주택임대차보호법이 적용)
대항력 있음.	등기를 하면 대항력 있음.	주택인도와 주민등록을 하면 대항력 있음.
10년 최장기 제한	기간 제한 없음.	2년 최단기 제한
양도·임대·전전세·담보제공	소유자의 동의 없이는 양도·전대하지 못함.	
경매청구권과 우선변제권	없음.	우선변제권(대항력 + 확정일자 갖추면, 단 소액보증금은 요건 없이도 인정)
전세금(보증금)증감청구권, 부속물수거권·매수청구권		
법정갱신(건물전세권에 한해)	법정갱신	법정갱신

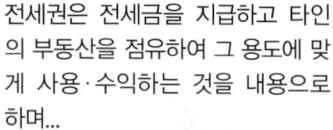
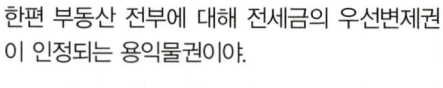

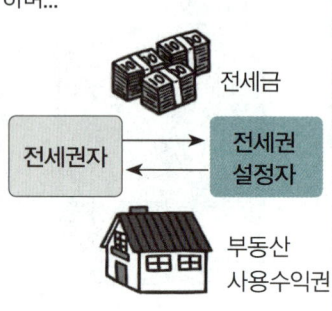

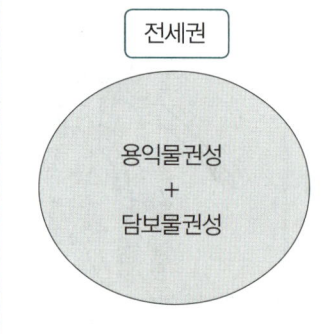

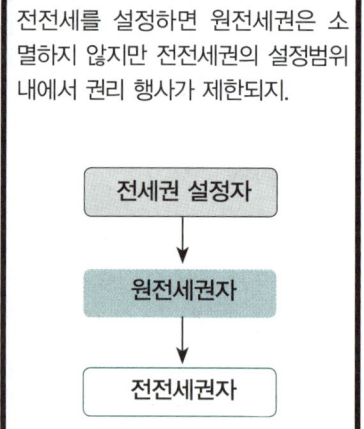
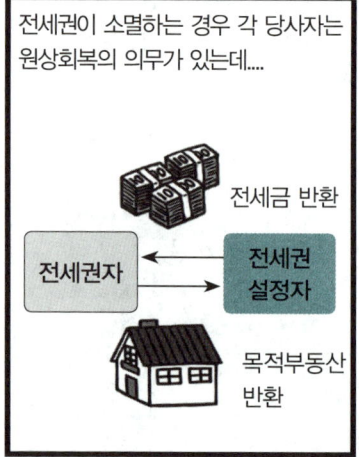

담보물권

1차 **민법·민사특별법**

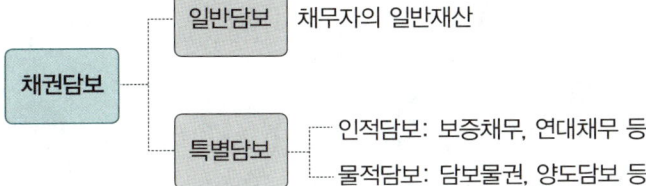

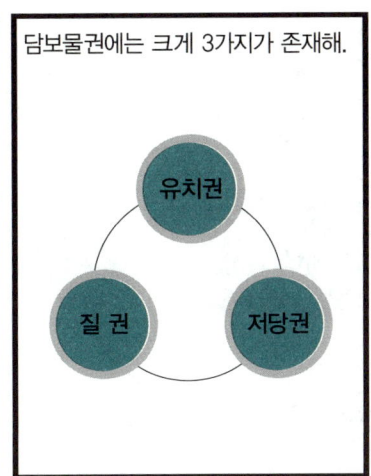

핵심 다잡기 　유치권·질권·저당권의 비교

구 분	유치권	질 권	저당권
성 립	일정한 요건을 갖춘 때 당연 성립(법정담보물권)	당사자 간의 설정행위와 인도(동산), 양도(권리)-약정담보물권	당사자간의 설정행위와 등기 (약정담보물권)
목적물	물건(동산, 부동산), 유가증권	동산, 재산권	부동산, 지상권, 전세권
본질적 효력	유치적 효력, 점유를 요건으로 함	유치적 효력과 우선변제적 효력, 점유를 요건으로 함.	우선변제적 효력, 점유를 요건으로 하지 않음.
경매권	○ (제322조)	○ (제338조)	○ (제363조)
간이변제 충당권	법원의 허가를 요함.	법원의 허가를 요함.	×
물상대위성	×	○ (제342조)	○ (제370조)
우선변제적 효력	×	○	○

담보물권의 공통된 특성에는 피담보채권이 불성립·소멸하면 담보물권도 소멸한다는 부종성과...

피담보채권이 이전되면 담보물권도 따라 이전하는 수반성.

피담보채권 전부가 변제될 때까지 목적물 전부에 영향을 미친다는 불가분성.

Theme 06 담보물권

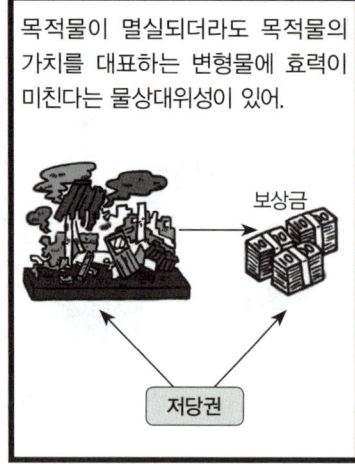

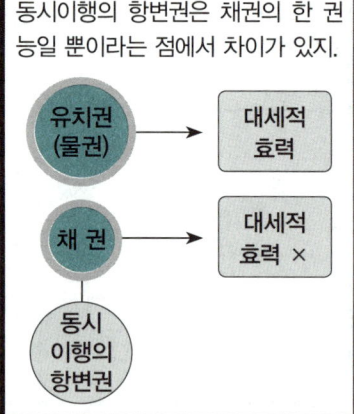

핵심 다잡기 | 유치권과 동시이행의 항변권의 비교

구 분	유치권	동시이행의 항변권
법적 성질	독립한 물권	채권의 한 권능에 불과
목 적	유치권자의 채권담보	선이행의 방지, 즉 상대방의 선이행의 거절
발생원인	법률의 규정에 의한 것이므로 계약, 사무관리, 부당이득 등을 불문	쌍무계약에 기한 채권에서 발생
효 력	• 목적물을 직접 점유하여 유치함이 본래 의미의 효력 • 유치권은 물권이므로 누구에게나 주장 • 경매권이 있음. • 거절할 수 있는 급부는 목적물의 인도에 한함.	• 상대방에 대한 항변으로서 자기채무이행을 거절하는 연기적 항변권의 효력 • 쌍무계약의 상대방에 대해서만 주장 • 경매권이 없음. • 거절할 수 있는 급부에는 제한이 없음.
소멸원인	점유의 상실, 타담보의 제공	이행의 제공을 통해 소멸

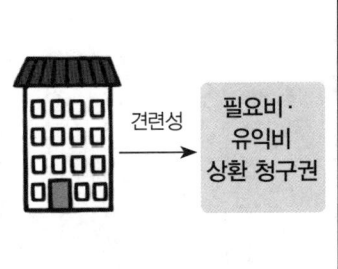

Theme 06 담보물권 199

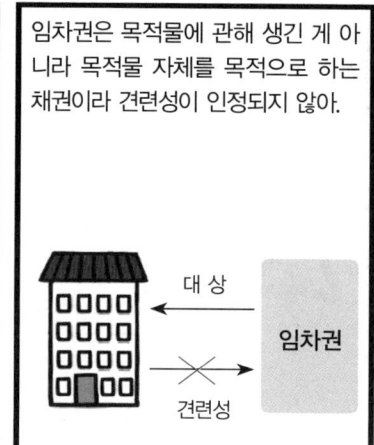

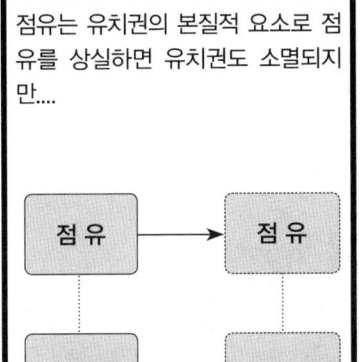
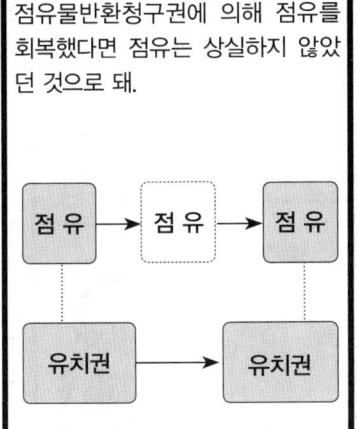

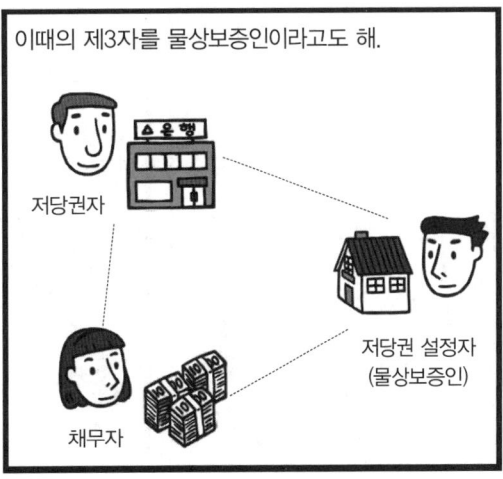

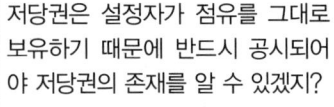

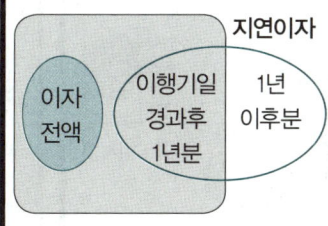

핵심 다잡기 | 피담보채권의 범위

원 본	① 원본채권의 전부 또는 일부를 등기하면 피담보채권이 된다. ② 다만 금전채권이 아닌 경우에는 가액으로 환산하여 등기해야 한다.
이 자	무제한 담보된다.
위약금	등기되지 않은 위약금은 피담보채권의 범위에 속하지 않는다.
지연이자	① 원본의 이행기일을 경과한 후 1년분에 한한다(후순위권리자 또는 저당부동산의 제3취득자의 보호를 위해서). ② 등기 없이도 피담보채권의 범위에 속한다. ③ 후순위저당권자가 있는 경우에 적용되며, 담보물권의 불가분성의 원칙상 채무자는 채권 전액을 변제해야 저당권 소멸을 청구할 수 있다.
저당권 실행비용	① 부동산감정비용, 경매신청등록세 등의 비용도 포함된다. ② 등기 없이도 피담보채권의 범위에 속한다.

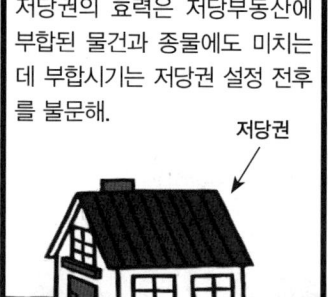
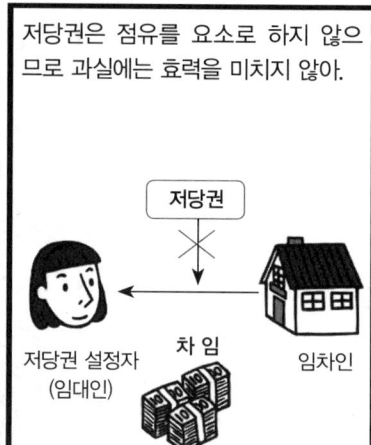
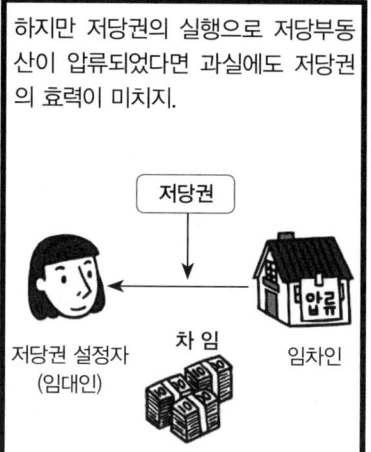

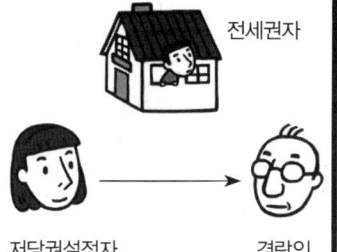
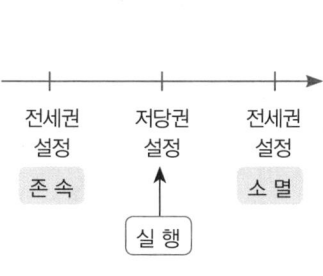
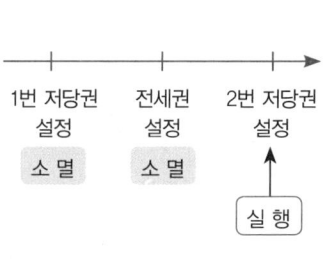

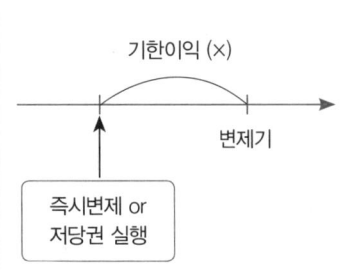

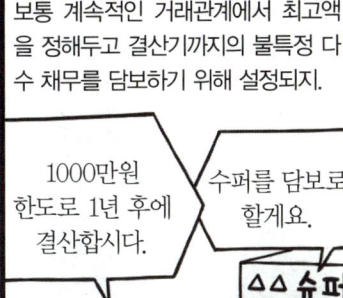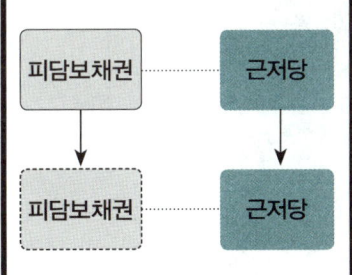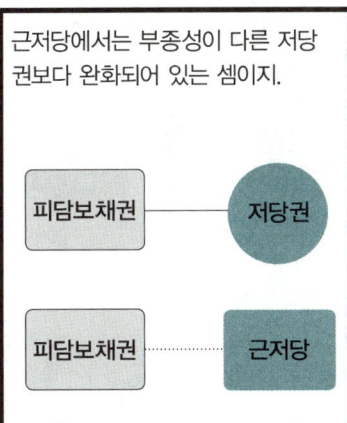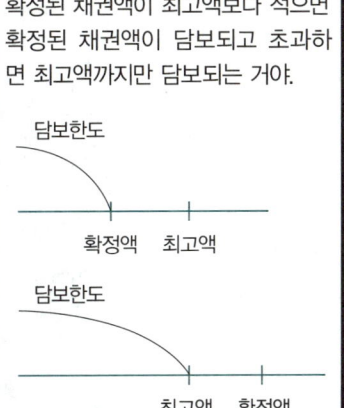

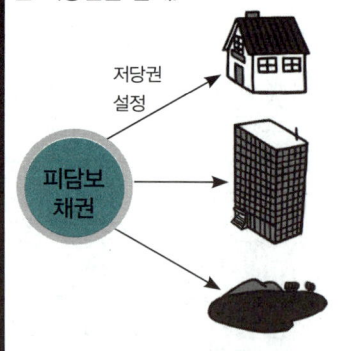
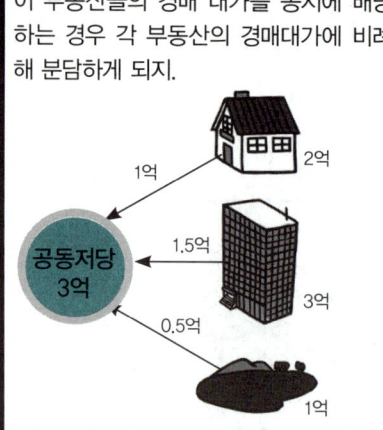
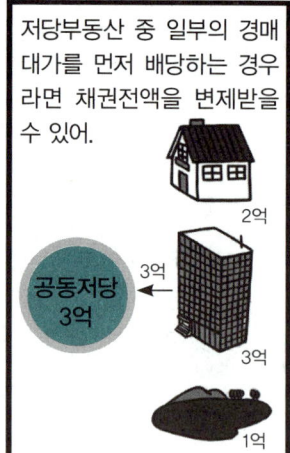

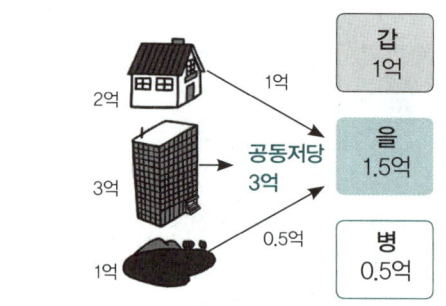
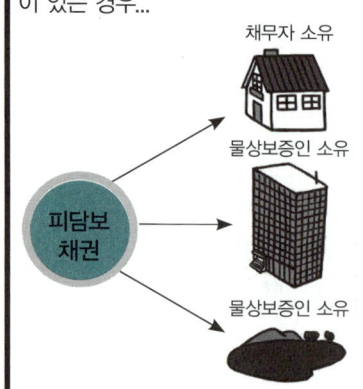
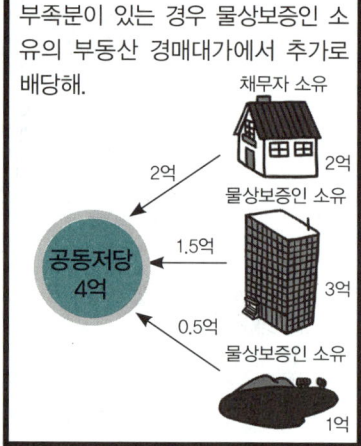

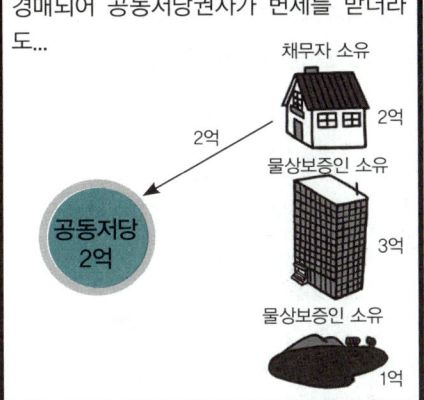
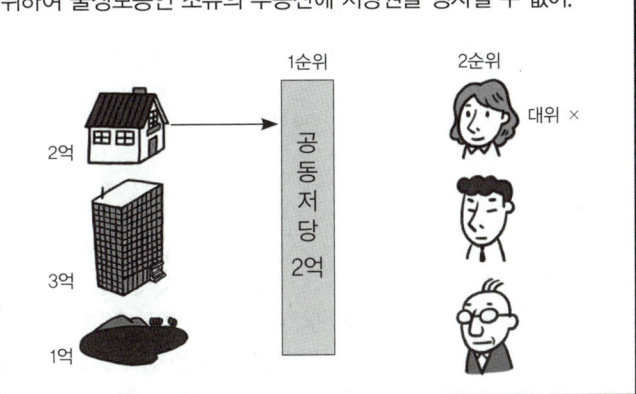

빈출 핵심용어

물권 (物權)
☑ 제25회~제34회

특정의 물건(또는 재산권)을 직접적으로 지배하여 그것으로부터 직접으로 이익을 향수할 수 있는 배타적 권리를 말한다. 물권은 소유권, 점유권, 지상권·지역권·전세권 등의 용익물권, 유치권·질권·저당권 등의 담보물권을 총칭한다.

물권적 청구권 (物權的 請求權)
☑ 제26회, 제29회~제34회

물권의 내용의 실현이 어떤 사정으로 인해 방해당하고 있거나 방해당할 염려가 있는 경우, 물권자가 방해자에 그 방해의 제거나 예방에 필요한 행위를 청구할 수 있는 권리를 말한다. 즉, 물권의 행사가 침해당하거나 또는 침해당할 염려가 있는 경우, 그 침해의 제거 또는 예방을 청구할 수 있는 물권자의 권리를 말하는 것으로 물상청구권이라고도 한다. 민법은 점유권과 소유권에 관하여 각각 규정을 두고 있으며, 소유권에 기한 물권적 청구권의 규정을 다른 물권에 준용함으로써 물권적 청구권을 물권의 일반적 효력으로서 인정하고 있다. 물권적 청구권은 그 기초되는 물권에 따라 점유권에 기한 물권적 청구권과 본권에 기한 물권적 청구권으로 나눌 수 있다. 물권적 청구권은 다시 물권의 객체인 목적물을 반환할 것을 청구할 수 있는 물권적 반환청구권과 방해제거를 요구할 수 있는 방해제거청구권 또한 물권을 방해받을 염려가 있는 경우 이를 예방하는 데 필요한 일체의 행위를 청구할 수 있는 방해예방청구권으로 나눌 수 있다.

물권적 반환청구권 (物權的 返還請求權)

타인의 목적물을 점유함으로써 물권의 내용이 완전한 실현을 방해받고 있는 자가 그 물권에 기하여 그 물권의 반환을 청구하는 권리를 말한다. 그 전형적인 것은 소유권에 기한 소유물반환청구권과 점유권에 기한 점유물반환청구권이다.

물권변동 (物權變動)
☑ 제28회, 제30회, 제35회

물권의 발생·변경·소멸이라는 효과를 가져오는 사실의 총체를 말한다. 오늘날의 물권변동은 그 대부분이 물권의 득실변경을 목적으로 하는 법률행위의 효과로서 일어나는데 이러한 물권변동을 목적으로 하는 의사표시를 요소로 하는 법률행위를 물권행위 또는 물권적 법률행위라고 한다.

물권법정주의 (物權法定主義)
☑ 제32회, 제35회

물권의 종류와 내용은 민법이나 기타 법률이 정하는 것에 한하여 인정되고 당사자가 자유로이 창설하는 것을 금하는 것을 말한다(제185조). 그러므로 물권법에서는 채권법과 같이 계약자유의 원칙이 적용되지 않는다.

> 판례 1 민법 제185조는, "물권은 법률 또는 관습법에 의하는 외에는 임의로 창설하지 못한다."고 규정하여 이른바 물권법정주의를 선언하고 있고, 물권법의 강행법규성은 이를 중핵으로 하고 있으므로, 법률(성문법과 관습법)이 인정하지 않는 새로운 종류의 물권을 창설하는 것은 허용되지 아니한다(대판 2001다64165).

등기 (登記) ☑ 제25회~제29회, 제33회, 제34회	일정한 법률관계를 널리 사회에 공시하기 위하여 일정한 공부, 즉 등기부에 기재하는 것을 말한다. 당사자의 신청에 의하여 등기공무원이 하는 것을 원칙으로 한다. 거래관계에 들어가는 제3자를 위하여 목적물의 권리내용을 명백히 하고 예측하지 못한 손해를 입히지 않도록 하기 위한 제도이며 거래의 안전을 도모한다. 우리나라에서는 부동산등기, 선박등기, 공장재단등기, 입목등기 등 권리의 등기, 부부재산계약등기 등 재산귀속의 등기, 법인등기와 상업등기 등 권리주체의 등기가 있다.
등기의 추정력 (登記의 推定力) ☑ 제25회, 제30회	어떤 등기가 있으면 그 등기에 부합하는 실체적 권리관계가 존재하는 것으로 추정되는 등기의 효력을 의미한다. 등기의 추정력은 절차의 적법뿐만 아니라 등기원인의 적법도 추정되며, 등기의 추정력의 효과는 명의인뿐만 아니라 제3자도 원용 가능하다.
가등기 (假登記) ☑ 제25회~제30회, 제32회	가등기란 본등기(종국등기)를 할 수 있을 만한 실체법·절차법적인 요건이 완비되지 못한 경우에도, 장래에 그 요건이 완비되면 행하여질 본등기를 위해 그 순위를 보전하여두는 효력을 가지게 하는 등기를 말한다. 이는 예고등기의 일종이며, 그 청구권이 시기부 또는 정지조건부인 때 또는 장래에 있어서 확정될 것인 때에도 가등기를 할 수 있다. 가등기가 행하여진 후에 본등기가 행하여지면 본등기의 순위는 가등기의 순위로 소급된다(순위보전의 효력). 그러나 물권변동의 시기가 가등기시까지 소급하는 것은 아니며, 언제까지나 본등기를 할 때 비로소 물권변동의 효력이 생기는 것이다.
중간생략등기 (中間省略登記) ☑ 제29회, 제31회, 제32회	부동산 물권이 최초의 양도인으로부터 중간취득자에게 다시 중간취득자로부터 최후의 양수인에게 전전이전되어야 할 경우에 중간취득자 명의의 등기(중간등기)를 생략한 채 최초의 양도인으로부터 최후의 양수인에게 직접 행하여진 등기를 말한다. **사례1** 甲과 乙 사이에 어떤 물권의 이전을 위한 물권적 합의가 있었으나 乙 앞으로 이전등기를 하지 않은 상태에서 乙이 다시 丙과 동일한 물권의 이전을 위한 물권적 합의를 한 경우에 마치 甲으로부터 丙에게 직접 물권이 이전되는 것과 같이 등기를 행하는 것을 말한다.
점유권 (占有權) ☑ 제26회, 제28회, 제32회	물건을 사실상 지배하고 있는 자에 대하여 그 물건을 지배할 정당한 권리가 있느냐 없느냐를 불문하고 점유라는 사실상태를 권리로써 보호하는 물권을 말한다. 사실상의 지배를 법적으로 정당화할 수 있는 권리를 본권이라고 하는 데 반하여 본권의 유무를 묻지 않고 물건에 대한 사실상의 지배에 대하여 인정되는 권리를 점유권이라고 한다. 점유권은 사실적 지배가 있는 한에서만 존속하므로 일시적·잠정적인 권리이다.

자주점유 타주점유 (自主占有· 他主占有) ☑ 제25회, 제26회, 제29회, 제35회	자주점유는 소유의 의사로써 하는 물건의 점유를 말하고, 타주점유는 물건을 타인을 위해 점유한다는 의사를 가지고 있는 점유를 말한다. 소유의 의사라 함은 소유자가 할 수 있는 것과 같은 배타적 지배를 사실상 행사하려고 하는 의사를 말한다. 법률상 그러한 지배를 할 수 있는 권한, 즉 소유권을 가지고 있거나 또는 소유권이 있다고 믿고 있어야 하는 것은 아니며, 사실상 소유할 의사가 있으면 된다. 예컨대, 무효인 매매에 있어서의 매수인이나 매도인도 자주점유자이다. 이에 대하여 타주점유는 타인이 소유권을 가지고 있다는 것을 전제로 하는 점유이다. 자주점유와 타주점유를 구별하는 실익은 취득시효와 무주물선점 및 점유자의 책임 등에 있다(제202조, 제245조, 제252조). 점유자는 자주점유를 하는 것으로 추정된다(제197조 제1항).
간접점유 (間接占有) ☑ 제26회, 제27회, 제29회, 제30회, 제33회	전세권, 임대차, 지상권, 사용대차, 질권 등과 같이 일정한 법률관계(점유매개관계)에 의하여 현재 물건의 점유와 소유가 다른 경우, 원래의 소유자가 갖는 점유를 간접점유라 한다. 간접점유도 점유이므로 원칙적으로 점유보호청구권 중 점유권의 효력이 인정된다. **사례 1** 甲이 乙에게 주택을 임대차한 경우, 임차인 乙이 직접점유자이고 乙의 점유를 매개하여 점유하고 있는 임대인 甲이 간접점유이다.
소유권 (所有權) ☑ 제25회~제34회	물건의 사용가치·교환가치를 모두 지배할 수 있는 권리를 말한다. 소유권은 물건에 대한 사실상의 지배로서의 점유권과는 달리 물건을 법률상 지배할 수 있는 관념적인 지배로 구성되어 있다.
명인방법 (明認方法) ☑ 제27회	지상물의 소유권이 누구에게 있다는 것을 명백히 인식시키는 적당한 방법을 말한다. 지상물을 토지로부터 분리하지 않은 채로 토지의 소유권으로부터 분리해서 그 자체를 독립해서 거래하는 데 이용하는 공시방법이다. 부동산등기법은 부동산으로서의 토지와 건물에 대해서만 등기할 수 있고 입목등기에 의하지 않은 수목의 집단, 입도, 미분리과실 등은 토지의 정착물로서 부동산이기는 하지만 부동산등기법에 의하여 등기할 수 없다. 이러한 수목 등을 토지와 분리하여 처분하고자 할 때 그 공시방법으로 관습법상 형성된 명인방법이 사용된다. **사례 1** 명인방법의 예로는 임야에 입산금지 소유자 甲과 같은 푯말을 세우거나 나무에 명찰을 세우는 방법 또는 소유자의 성명을 묵서(墨書)하는 방법을 사용한다.

취득시효 (取得時效)
☑ 제25회, 제28회, 제30회~제32회

권리를 취득하는 원인이 되는 시효를 말한다. 이 시효에 의하여 취득하는 권리는 전(前) 소유자의 권리를 계승한 승계취득이 아니라 원시취득이다.

구 분		요 건	시효기간
부동산	점유취득 시효	평온·공연한 자주점유	20년+등기
	등기부취득 시효	평온·공연한 자주점유+선의 및 무과실	등기+10년
동 산	장기취득 시효	평온·공연한 자주점유	10년
	단기취득 시효	평온·공연한 자주점유+선의 및 무과실	5년

구분소유권 (區分所有權)
☑ 제25회, 제27회, 제28회

1동의 건물에 구조상 구분되는 2개 이상의 부분이 있을 때 그것들이 독립해서 주거, 점포, 사무소 또는 창고 등으로 쓰이는 경우에 그 부분을 각각 다른 사람의 소유로 할 수 있는데 이 전용부분에 대한 권리를 구분소유권이라고 한다. 아파트의 구분소유권의 대상이 될 수 있는 것은 주거부분만이며 계단, 복도, 엘리베이터 등 공용부분은 구분소유권자 전체의 공유가 된다.

부합 (附合)
☑ 제28회~제30회

소유자를 각각 달리하는 2개 이상의 물건이 결합하여 1개의 물건으로 되는 것을 말한다. 부합의 결과 생기는 물건을 분리하는 데 생기는 경제적 손실을 방지하기 위하여 소유권 변동이 발생한다. 동산이 부동산에 결합된 경우 부동산의 소유자가 모든 소유권을 갖는다. 토지 위에 건물이 신축된 경우에는 건물을 독립된 부동산으로 하는 우리 법체계상 부합이 아니며, 건물에 건물이 증축 등을 이유로 덧붙여진 경우에는 그것이 권원에 의하고 독립된 것일 때에는 부합되지 않지만 그 외의 경우에는 부합된다. 동산 간의 부합에 있어서는 주된 동산의 소유자에게 소유권이 있고 만약 주종을 따지기 어려우면 각각의 가격비율로 공유한다.

상린관계 (相隣關係)
☑ 제25회, 제26회, 제28회, 제33회

인접하고 있는 부동산의 소유자나 이용자 상호간의 이용을 조절하기 위하여, 그 소유자나 이용자들이 상호 그 권리관계를 일정한 한도 양보·협력할 것으로 규정한 법률관계를 말한다(제216조, 제244조).

공유 (共有)
☑ 제25회~제30회, 제32회, 제34회, 제35회

몇 사람이 하나의 물건(단일 동산 또는 부동산)을 공동으로 소유하는 형태를 말한다. 이때에 각 소유자는 공유자라고 하며, 각 공유자는 각각 독립된 하나의 소유권을 갖지만 내용적으로는 다른 공유자의 소유권에 제한을 받게 된다.

합유 (合有)
☑ 제27회, 제29회, 제34회

공동소유의 한 형태로서 수인이 조합체로서 물건을 소유하는 형태를 말한다(제271조 제1항). 개인적 색채가 강한 공유(共有)와 단체적 색채가 강한 총유(總有)의 중간형태이며, 합유자 간의 단체적 구속력이 강한 점에서 총유와 비슷하고, 합유자가 지분(持分)을 가지는 점에서는 공유와 비슷하다. 그러나 합유자의 지분은 공동목적을 위하여 구속되어 있으므로 지분을 공유처럼 자유로이 처분하지 못하며, 분할의 청구도 할 수 없다.

총유 (總有) ☑ 제29회	법인이 아닌 사단의 사원이 집합체로서 하나의 물건을 소유하는 공동소유의 한 형태를 말한다. 다수인이 하나의 단체로서 결합되어 있고, 목적물의 관리·처분은 단체 자체의 권한으로 하지만, 단체의 구성원들은 일정한 범위 내에서 각각 사용·수익의 권한만을 가지는 공동소유형태이다. 예를 들어 동창회가 회관과 기타의 물건을 소유하고, 촌락이 산림을 소유하거나, 종중 또는 문중이 위토를 소유하는 경우 이러한 단체가 법인으로서의 실체는 가지고 있으나 법인격을 취득하지 못하였을 때에는 법인이 아닌 사단이라고 하며, 이때의 소유형태가 총유이다. 부동산의 총유는 이를 등기하여야 하며, 등기는 사단의 명의로 그 대표자 혹은 관리인이 이를 신청한다. 총유물의 관리·처분은 사원총회에 의해 결정된다.
준총유 (準總有)	준공동소유의 한 유형으로 법인 아닌 사단이 소유권 이외의 재산권을 소유하는 것을 말한다. 준총유에 관하여 다른 법률에 특별한 규정이 없으면 총유에 관한 규정을 준용한다(제278조). 준총유가 인정될 수 있는 소유권 이외의 재산권에는 지상권·전세권·지역권·저당권 등의 민법상의 물권과 주식·광업권·저작권·특허권·어업권 등이 있다.
공유물분할 (共有物分割) ☑ 제27회~제29회, 제35회	공유관계에 있는 각 공유자 중 하나가 당해 공유관계의 소멸을 희망하는 경우에 그 희망자의 분할청구에 의하여 공유의 대상이 되는 목적물을 각각의 지분에 따라 각 공유자에게 따로 귀속시키는 것을 말한다. 공유물분할은 각 공유자끼리의 협의에 의하는 것이 원칙이나 예외적으로 협의가 이루어지지 않는 경우에는 법원에 그 분할을 청구할 수도 있다.
지상권 (地上權) ☑ 제25회~제26회, 제28회~제34회	타인의 토지에 건물, 기타의 공작물이나 수목(樹木)을 소유하기 위하여 그 토지를 사용할 수 있는 물권(物權)을 말한다. 지상권은 지상물의 소유를 목적으로 하므로 타인의 토지 위에 물건을 보관하기 위해서 또는 타인의 토지상의 건물을 사용하기 위해서 지상권을 설정할 수는 없다. 또한 지상물은 '건물 기타 공작물·수목'에 한정된다. 공작물이란 지상공작물뿐만 아니라 지하공작물도 포함되고 수목은 식림(植林)의 대상이 되는 식물을 말하며, 경작의 대상이 되는 식물(예 벼·보리·야채·과수·뽕나무 등)은 포함하지 않는다. 관습법상의 지상권(예 분묘기지권 등) 또는 법정지상권(法定地上權)도 있으나, 보통은 당사자 간의 계약에 의하여 지상권이 설정된다. **사례1** 甲의 토지를 乙이 빌려서 집을 세우는 경우 乙은 그 토지에 대하여 지상권을 가진다.

법정지상권 (法定地上權) ☑ 제25회~제29회, 제33회	토지와 건물이 동일소유자에 속하고 있는 경우에 토지 또는 건물의 일방에만 제한물권(전세권 또는 저당권)이 설정되어 있다가 그 후에 어떠한 사정으로 토지와 건물이 소유자를 달리하게 된 때에는 건물 소유자를 위하여 법률상 지상권이 설정된 것을 말한다. 만일 이 경우에 지상권을 인정해 주지 않는다면 건물 소유자는 아무 권리 없이 타인의 토지를 사용하는 것이 되어 건물을 철거하지 않으면 안 되게 되므로 법은 이 경우 당연히 지상권이 설정된 것으로 만든 것이다. 법정지상권은 토지와 건물을 각각 별개의 부동산으로 취급함으로써 일어나는 우리 법제상의 결함을 보완해 주는 제도이다.
구분지상권 (區分地上權) ☑ 제25회	타인 토지의 지하 또는 지상의 공간에 대하여 건물이나 공작물을 소유하기 위해 상하의 범위를 정하여 그 공간을 사용하는 물권을 말한다. 제3자가 토지의 변경, 수익권을 가진 때에도 그 제3자와 제3자의 권리를 목적으로 하는 권리를 가진 자 전원의 승낙이 있으면 승낙할 수 있다.
지역권 (地役權) ☑ 제25회~제35회	설정행위에서 일정한 목적을 위하여 타인의 토지를 자기 토지의 편익(便益)에 이용하는 용익물권을 말한다. 이때 편익을 제공하는 토지를 요역지(要役地)라 하고 편익을 주는 토지를 승역지(承役地)라고 한다.
전세권 (傳貰權) ☑ 제25회~제35회	전세금을 지급하고 타인의 부동산을 점유하여 그 부동산의 용도에 좇아 사용·수익하면서 그 부동산 전부에 대하여 후순위 권리자 기타 채권자보다 전세금에 관하여 우선변제권이 인정되는 특수한 용익물권을 말한다.

담보물권 (擔保物權) ☑ 제27회, 제31회	채권의 담보를 목적으로 하는 물권을 말한다. 즉, 채권자가 채무자의 재산을 담보로 잡고 채무의 변제가 없을 때에는 일반채권자에 우선하여 그 담보물을 환가(換價)하여 채무의 변제에 충당함을 목적으로 하는 물권이다.
수반성 (隨伴性)	종된 권리가 주된 권리의 처분에 따라 이전하는 성질을 말한다. 담보물권(보증채무)은 피담보채권(주된 채무)에 의존하는 것이므로 그 채권이 이전하면 담보물권(주된 채무)도 같이 이전되는 것을 말한다.

불가분성 (不可分性)	담보물권자는 피담보채권의 전부를 변제받을 때까지 목적물의 전부에 관해 그 권리를 행사할 수 있는데 이를 담보물권의 불가분성이라고 한다. 피담보채권의 일부가 변제·상계·혼동·경개·면제 등을 이유로 소멸하더라도 잔액이 있는 한 담보물의 전부에 담보물권의 효력이 미친다는 원칙이다. 또한 담보물의 일부가 불가항력 기타의 사유로 멸실한 경우에도 그 잔존부분이 전 채권을 담보하고 멸실한 부분의 비율로 채권액의 일부가 감소되지 않으며, 담보물이 공유자 사이에서 분할된 경우에도 담보물권자는 분할된 각 부분 위에 채권액의 전부에 관하여 그 효력을 미칠 수 있게 된다.
물상대위 (物上代位) ☑ 제26회, 제27회, 제34회	목적물의 멸실·훼손·공용징수 등에 의하여 그 물건의 소지자(채무자)가 금전 기타의 물건을 받을 청구권(보험금·손해배상·보상금 등의 청구권)을 취득한 경우에 그 담보물권이 이 청구권 위에 효력이 미치는 것을 말한다. 이것을 물상대위라 한다. 담보물권은 목적물의 교환가치를 파악하는 가치권이므로 본래의 목적물이 변형되더라도 그 교환가치를 대표하는 것이 존속하는 한, 담보물권이 이러한 변형물 위에 그 효력을 미치는 것은 당연하며 이 효력은 질권과 저당권에만 인정되고 우선변제력이 없는 유치권에는 인정되지 아니한다.
유치권 (留置權) ☑ 제25회~제35회	타인의 물건 또는 유가증권을 점유한 자가 그 물건이나 유가증권에 관하여 생긴 채권을 가지는 경우에 그 채권을 변제받을 때까지 그 물건이나 유가증권을 유치할 수 있는 권리를 말한다. 유치권은 법정담보물권이기는 하나 다른 담보물권, 즉 질권이나 저당권처럼 우선변제권이 명문으로 규정되어 있지 않다 (예) 甲은 乙의 양복을 수선한 후 乙이 수선비를 지급할 때까지 甲이 양복의 인도를 거절할 수 있는 권리).

◆참고 유치권과 동시이행의 항변권 비교 구분

	유치권	동시이행의 항변권
법적 성질	독립한 물권(법정담보물권)	쌍무계약상 채권의 한 긴능에 불과
발생 원인	법률의 규정에 의한 것이므로 계약, 사무관리, 부당이득 등을 불문	쌍무계약에 기한 채권에서 발생
권리의 내용	채권변제를 받을 때까지 인도거절 긴능	상대방의 단순 청구에 대한 이행거절긴능 및 이행지체저지효과를 가져오는 긴능
효력	• 목적물을 직접 점유하여 유치함이 본래 의미의 효력 • 유치권은 물권이므로 누구에게나 주장 • 경매권이 있음. • 거절할 수 있는 급부는 목적물의 인도에 한함.	• 상대방에 대한 항변으로서 자기채무이행을 거절하는 연기적 항변권의 효력 • 쌍무계약의 상대방에 대해서만 주장 • 경매권이 없음. • 거절할 수 있는 급부에는 제한이 없음.
소 멸	점유의 상실, 대담보제공	이행제공을 통해 소멸

비용상환청구권 (費用償還請求權) ☑ 제25회	유치권자가 유치물에 관하여 필요비를 지출한 때에는 소유자에게 그 상환을 청구할 수 있다(제325조 제1항). 유치권자가 지출한 비용에 관하여 그의 손실로 소유자에게 부당한 이득을 줄 필요가 없기 때문에 유치권자의 권리로 인정된 것이다. 유치권자가 유치물에 관하여 유익비를 지출한 때에는 그 가액의 증가가 현존한 경우에 한하여, 소유자의 선택에 좇아 그 지출한 금액이나 증가액의 상환을 청구할 수 있다. 그러나 이 경우 법원은 소유자의 청구에 의하여 상당한 상환기간을 허여할 수 있다(제325조 제2항 본문).
질권 (質權)	채권자가 채무자 또는 제3자(담보제공자)가 채무의 담보로서 제공한 동산, 유가증권, 채권 등을 점유함으로써 채무의 변제를 간접적으로 강제하고, 채무를 이행하지 않을 경우에는 그 물건을 처분하거나 권리를 실행하여 그 대금으로 우선변제를 받을 수 있는 권리를 말한다. 저당권은 부동산에 설정되나, 질권은 동산, 유가증권 또는 권리에 설정된다는 점에서 구별되며 저당권은 등기를 함으로써 효력이 발생하고 목적물의 인도와 점유를 요하지 않으나, 질권은 원칙적으로 목적물을 인도함으로써 효력이 발생하므로 담보권이 존속하는 동안 계속 목적물을 점유한다.
저당권 (抵當權) ☑ 제25회~제30회, 제32회~제34회	채권자가 물건을 점유하지 아니하고 이를 채권과 담보로 하여 채무자가 변제를 하지 않는 때에는 그 물건에서 우선적으로 변제를 받을 권리를 말한다. 저당권은 목적물의 이용가치를 소유자에게 남겨두어 매매·교환·이용을 자유롭게 하면서 교환가치만을 파악하는 가장 순수한 담보물권으로 타인의 점유는 건드리지 않고 물건을 관념적으로만 지배하는 물권이라고 할 수 있다. 담보물권의 일반적 성질인 부종성·수반성·불가분성·물상대위성을 모두 가지고 있으며, 특수한 저당권에서는 일반적 성질이 일부 완화되는 경우가 있다.
근저당권 (根抵當權) ☑ 제25회~제29회, 제31회, 제33회, 제34회, 제35회	특정의 채권자와 채무자 사이의 일정한 계속적 거래관계로부터 발생하는 불특정 채권을 장래의 결산기에 있어서 일정한 한도액(채권최고액)까지 담보할 것을 내용으로 하는 저당권을 말한다. 저당실무에서는 특정의 채권을 담보하기 위하여서 보통의 저당권을 설정하는 것이 아니라, 일반적으로는 근저당권을 설정한다.
법정저당권 (法定抵當權)	법률의 규정에 의하여 성립하는 저당권으로서 토지임대인의 일정 범위의 차임채권을 보호하기 위하여 법률의 규정에 의해 당연히 성립되는 저당권을 말한다(제649조). 법정저당권이 성립되는 토지임대인의 채권은 변제기를 경과한 최후 2년의 차임채권에 한하며 법정저당권의 목적은 임대차의 목적이 된 토지 위에 있는 임차인 소유의 건물이다. 법정저당권의 효력발생을 위해서는 토지임대인이 그 목적물인 건물을 압류하여야 한다.

핵심 기출문제

Theme 01 물권법 총설

01 물권에 관한 설명으로 옳은 것은? (다툼이 있으면 판례에 따름) ▶제35회

① 관습법에 의한 물권은 인정되지 않는다.
② 저당권은 법률규정에 의해 성립할 수 없다.
③ 부동산 물권변동에 관해서 공신의 원칙이 인정된다.
④ 1필 토지의 일부에 대해서는 저당권이 성립할 수 없다.
⑤ 물건의 집단에 대해서는 하나의 물권이 성립하는 경우가 없다.

> **해설** ④ 1필 토지의 일부에 대해서는 저당권을 설정할 수 없고, 1동 건물의 일부에 대해서도 구분소유권의 객체로 되는 경우를 제외하고는 저당권을 설정할 수 없다.

02 물권에 관한 설명으로 옳은 것은? (다툼이 있으면 판례에 따름) ▶제34회

① 물건 이외의 재산권은 물권의 객체가 될 수 없다.
② 물권은 부동산등기규칙에 의해 창설될 수 있다.
③ 구분소유의 목적이 되는 건물의 등기부상 표시에서 전유부분의 면적 표시가 잘못된 경우, 그 잘못 표시된 면적만큼의 소유권보존등기를 말소할 수 없다.
④ 1필의 토지의 일부를 객체로 하여 지상권을 설정할 수 없다.
⑤ 기술적인 착오로 지적도의 경계선이 실제 경계선과 다르게 작성된 경우, 토지의 경계는 지적도의 경계선에 의해 확정된다.

> **해설** ③ 구분소유의 목적이 되는 하나의 부동산에 대한 등기부상 표시 중 전유부분의 면적 표시가 잘못된 경우, 이는 경정등기의 방법으로 바로 잡아야 하는 것이고 그 잘못 표시된 면적 만큼의 소유권보존등기의 말소를 구하는 소는 법률상 허용되지 아니하여 부적법하다(대판 2000다39582).
> ① 물권의 객체는 원칙적으로 물건, 즉 유체물 및 전기 기타 관리할 수 있는 자연력이다. 예외적으로 권리가 물권의 객체가 될 수도 있는데, 재산권의 준점유(제210조), 권리질권(제345조), 지상권·전세권을 목적으로 하는 저당권 등의 경우가 그러하다.

Answers 01. ④ 02. ③

> ② 물권은 법률 또는 관습법에 의하는 외에는 임의로 창설하지 못한다. 법률은 국회가 제정하는 형식적 의미의 법률을 의미하고, 명령·규칙은 제외된다.
> ④ 물권변동에 관해 성립요건주의(형식주의)를 취하는 현행민법하에서는 분필절차를 밟기 전에는 1필의 토지의 일부를 양도·시효취득·담보제공할 수 없지만(토지의 일부에 대한 소유권·담보물권 등기 불가능), 분필절차를 밟지 않더라도 토지의 일부에 지상권·지역권·전세권 등 용익물권을 설정할 수는 있다(부동산등기법 제136조·제137조·제139조).
> ⑤ 지적도를 작성함에 있어서 기점을 잘못 선택하는 등 기술적인 착오로 말미암아 지적도상의 경계선이 진실한 경계선과 다르게 작성되었다는 등과 같은 특별한 사정이 있는 경우에는 그 토지의 경계는 실제의 경계에 의하여야 한다(대판 94다57879).

03 물권에 관한 설명으로 틀린 것은? (다툼이 있으면 판례에 따름) ▶제32회

① 민법 제185조에서의 '법률'은 국회가 제정한 형식적 의미의 법률을 의미한다.
② 사용·수익 권능을 대세적·영구적으로 포기한 소유권도 존재한다.
③ 처분권능이 없는 소유권은 인정되지 않는다.
④ 근린공원을 자유롭게 이용한 사정만으로 공원이용권이라는 배타적 권리를 취득하였다고 볼 수는 없다.
⑤ 온천에 관한 권리를 관습법상의 물권이라고 볼 수는 없다.

> **해설** ② 소유권의 사용·수익 권능을 대세적·영구적으로 포기하는 것은 허용되지 않는다(대판 2012다54133).

Answers 03. ②

04 토지를 점유할 수 있는 물권을 모두 고른 것은? ▶제33회

┌─────────────────────┐
│ ㉠ 전세권   │
│ ㉡ 지상권   │
│ ㉢ 저당권   │
│ ㉣ 임차권   │
└─────────────────────┘

① ㉠
② ㉠, ㉡
③ ㉠, ㉣
④ ㉢, ㉣
⑤ ㉠, ㉡, ㉢

해설 ㉢ 저당권은 토지를 점유할 수 없는 물권이다.
㉣ 임차권은 채권이다.

05 물권적 청구권에 관한 설명으로 틀린 것은? (다툼이 있으면 판례에 따름) ▶제34회

① 저당권자는 목적물에서 임의로 분리, 반출된 물건을 자신에게 반환할 것을 청구할 수 있다.
② 진정명의회복을 원인으로 한 소유권이전등기청구권의 법적 성질은 소유권에 기한 방해배제청구권이다.
③ 소유자는 소유권을 방해하는 자에 대해 민법 제214조에 기해 방해배제비용을 청구할 수 없다.
④ 미등기 무허가건물의 양수인은 소유권에 기한 방해배제청구권을 행사할 수 없다.
⑤ 소유권에 기한 방해배제청구권은 현재 계속되고 있는 방해원인의 제거를 내용으로 한다.

해설 ① 공장저당권의 목적동산이 저당권자의 동의를 얻지 않고 설치된 공장으로부터 반출된 경우에는 저당권자는 점유권이 없기 때문에 설정자로부터 일탈한 저당목적물을 자신에게 반환할 것을 청구할 수는 없지만, 저당목적물이 제3자에게 선의취득되지 않는 한 원래의 설치장소에 원상복귀할 것을 청구함은 저당권의 성질에 반하지 않음은 물론, 저당권자가 가지는 방해배제권의 당연한 행사에 해당한다(대판 95다55184).

Answers 04. ② 05. ①

06 물권적 청구권에 관한 설명으로 옳은 것을 모두 고른 것은? (다툼이 있으면 판례에 따름) ▶제33회

> ㉠ 지상권을 설정한 토지의 소유자는 그 토지 일부의 불법점유자에 대하여 소유권에 기한 방해배제를 청구할 수 없다.
> ㉡ 토지의 소유권을 양도하여 소유권을 상실한 전(前)소유자도 그 토지 일부의 불법점유자에 대하여 소유권에 기한 방해배제를 청구할 수 있다.
> ㉢ 소유자는 자신의 소유권을 방해할 염려 있는 행위를 하는 자에 대하여 그 예방이나 손해배상의 담보를 청구할 수 있다.

① ㉠
② ㉢
③ ㉠, ㉡
④ ㉡, ㉢
⑤ ㉠, ㉡, ㉢

해설 ㉠ 소유권에 기한 방해배제를 청구할 수 있다.
㉡ 현재 소유권이 없으므로 소유권에 기한 방해배제를 청구할 수 없다.
㉢ 제214조

07 물권적 청구권에 관한 설명으로 옳은 것은? (다툼이 있으면 판례에 따름) ▶제31회

① 소유권에 기한 물권적 청구권은 소멸시효의 대상이다.
② 타인 토지에 무단으로 신축된 미등기건물을 매수하여 대금을 지급하고 점유하는 자는 건물철거청구의 상대방이 될 수 있다.
③ 소유자는 허무인(虛無人) 명의로 등기한 행위자를 상대로 그 등기의 말소를 구할 수 없다.
④ 저당권자는 목적물에서 임의로 분리, 반출된 물건을 자신에게 반환할 것을 청구할 수 있다.
⑤ 소유자가 말소등기의무자에 의해 소유권을 상실하여 소유권에 기한 등기말소를 구할 수 없는 경우, 그 의무자에게 이행불능에 의한 전보배상청구권을 가진다.

해설 ② 미등기매수인은 사실상 처분권한을 지니고 있으므로 철거청구의 상대방이 될 수 있다.
① 소유권에 기한 물권적 청구권은 소멸시효의 대상이 아니다.
③ 등기부상 진실한 소유자의 소유권에 방해가 되는 불실등기가 존재하는 경우에 그 등기명의인이 허무인인 때에는 소유자는 그와 같은 허무인 명의로 등기행위를 한 자에 대하여 소유권에 기한 방해배제로서 등기행위자를 표상하는 허무인 명의등기의 말소를 구할 수 있다(대판 90다684).
④ 저당권자에겐 반환청구권이 인정되지 않는다.
⑤ 소유권을 상실하였다면 소유권에 기한 이행불능을 이유로 하는 책임을 물을 수 없다(대판 2010다28604).

Answers 06. ② 07. ②

Theme 02 물권의 변동

08 부동산 소유권이전등기청구권에 관한 설명으로 옳은 것은? (다툼이 있으면 판례에 따름) ▶제34회

① 교환으로 인한 이전등기청구권은 물권적 청구권이다.
② 점유취득시효 완성으로 인한 이전등기청구권의 양도는 특별한 사정이 없는 한 양도인의 채무자에 대한 통지만으로는 대항력이 생기지 않는다.
③ 매수인이 부동산을 인도받아 사용·수익하고 있는 이상 매수인의 이전등기청구권은 시효로 소멸하지 않는다.
④ 점유취득시효 완성으로 인한 이전등기청구권은 점유가 계속되더라도 시효로 소멸한다.
⑤ 매매로 인한 이전등기청구권의 양도는 특별한 사정이 없는 한 양도인의 채무자에 대한 통지만으로 대항력이 생긴다.

> **해설** ③ 부동산에 관하여 인도, 등기 등의 어느 한 쪽만에 대하여서라도 권리를 행사하는 자는 전체적으로 보아 그 부동산에 관하여 권리 위에 잠자는 자라고 할 수 없다 할 것이므로, 매수인이 목적 부동산을 인도받아 계속 점유하는 경우에는 그 소유권이전등기청구권의 소멸시효가 진행하지 않는다(대판 98다32175 전원합의체).
> ① 매매, 교환, 증여와 같이 법률행위에 의한 등기청구권은 채권적청구권으로서 원칙적으로 소멸시효의 대상이 된다. 다만 매수인이 목적 부동산을 인도받아 계속 점유하는 경우에는 그 소유권이전등기청구권의 소멸시효가 진행하지 않는다(대판 98다32175 전원합의체).
> ②, ⑤ 매매로 인한 소유권이전등기청구권의 양도는 특별한 사정이 없는 이상 통상의 채권양도와 달리 양도인의 채무자에 대한 통지만으로는 채무자에 대한 대항력이 생기지 않으며 반드시 채무자의 동의나 승낙을 받아야 대항력이 생긴다. 그러나 취득시효완성으로 인한 소유권이전등기청구권의 양도의 경우에는 매매로 인한 소유권이전등기청구권에 관한 양도제한의 법리가 적용되지 않는다(대판 2015다36167). 즉, 채무자의 동의없이 양도인의 채무자에 대한 통지만으로도 효력이 생긴다.
> ④ 토지 취득시효 완성으로 인한 소유권이전등기청구권은 그 토지에 대한 점유가 계속되는 한 시효로 소멸하지 아니하고, 여기서 말하는 점유에는 직접점유뿐만 아니라 간접점유도 포함한다(대판 94다28468).

Answers 08. ③

09 등기청구권에 관한 설명으로 옳은 것을 모두 고른 것은? (다툼이 있으면 판례에 따름) ▶제32회

> ㉠ 등기청구권이란 등기권리자와 등기의무자가 함께 국가에 등기를 신청하는 공법상의 권리이다.
> ㉡ 부동산 매수인이 그 목적물을 인도받아 이를 사용수익하고 있는 이상 그 매수인의 등기청구권은 시효로 소멸하지 않는다.
> ㉢ 취득시효 완성으로 인한 소유권이전등기청구권은 시효 완성 당시의 등기명의인이 동의해야만 양도할 수 있다.

① ㉠　　　　　　　　　② ㉡　　　　　　　　　③ ㉢
④ ㉠, ㉡　　　　　　　⑤ ㉡, ㉢

해설　㉠ 등기신청권에 대한 설명이다.
　　　㉢ 등기명의인의 동의 없이도 양도할 수 있다.

10 청구권보전을 위한 가등기에 관한 설명으로 틀린 것은? (다툼이 있으면 판례에 따름) ▶제32회

① 가등기된 소유권이전청구권은 가등기에 대한 부기등기의 방법으로 타인에게 양도될 수 있다.
② 정지조건부 청구권을 보전하기 위한 가등기도 허용된다.
③ 가등기에 기한 본등기 절차에 의하지 않고 별도의 본등기를 경료받은 경우, 제3자 명의로 중간처분의 등기가 있어도 가등기에 기한 본등기 절차의 이행을 구할 수 없다.
④ 가등기는 물권적 청구권을 보전하기 위해서는 할 수 없다.
⑤ 소유권이전청구권을 보전하기 위한 가등기에 기한 본등기를 청구하는 경우, 가등기 후 소유자가 변경되더라도 가등기 당시의 등기명의인을 상대로 하여야 한다.

해설　③ 가등기권자가 본등기 절차에 의하지 아니하고 가등기설정자로부터 별도의 소유권이전등기를 경료받은 경우, 가등기권자의 본등기청구권은 소멸하지 않으므로, 가등기의무자에 대하여 그 가등기에 기한 본등기절차의 이행을 구할 수 있다(대판 2004다59546).

Answers　09. ②　10. ③

11 법률행위에 의하지 않은 부동산물권의 변동에 관한 설명으로 틀린 것은? (다툼이 있으면 판례에 따름) ▶제31회

① 관습상 법정지상권은 설정등기 없이 취득한다.
② 이행판결에 기한 부동산물권의 변동시기는 확정판결시이다.
③ 상속인은 등기 없이 상속받은 부동산의 소유권을 취득한다.
④ 경매로 인한 부동산소유권의 취득시기는 매각대금을 완납한 때이다.
⑤ 건물의 신축에 의한 소유권취득은 소유권보존등기를 필요로 하지 않는다.

> **해설** ② 형성판결에 의하여 물권변동이 일어나는 시기가 판결이 확정되는 때이다. 이행판결이나 확인판결은 권리변동을 발생시키지 않으므로 등기를 마친 때에 물권변동이 일어난다.

12 X토지는 甲 → 乙 → 丙으로 순차 매도되고, 3자간에 중간생략등기의 합의를 하였다. 이에 대한 설명으로 틀린 것은? (다툼이 있으면 판례에 따름) ▶제31회

① 丙은 甲에게 직접 소유권이전등기를 청구할 수 있다.
② 乙의 甲에 대한 소유권이전등기청구권은 소멸하지 않는다.
③ 甲의 乙에 대한 매매대금채권의 행사는 제한받지 않는다.
④ 만약 X토지가 토지거래허가구역에 소재한다면, 丙은 직접 甲에게 허가신청절차의 협력을 구할 수 없다.
⑤ 만약 중간생략등기의 합의가 없다면, 丙은 甲의 동의나 승낙 없이 乙의 소유권이전등기청구권을 양도받아 甲에게 소유권이전등기를 청구할 수 있다.

> **해설** ⑤ 매매로 인한 소유권이전등기청구권은 그 이행과정에 신뢰관계가 따른다는 것을 이유로 특별한 사정이 없는 한 권리의 성질상 양도가 제한되어 채무자에게 통지만으로는 채무자에 대한 대항력이 생기지 않고, 반드시 채무자의 동의나 승낙을 받아야 대항력이 생긴다(대판 2015다36167).
> ① 합의가 있었으므로 직접 등기를 청구할 수 있다.
> ② 중간매수인의 등기청구권은 소멸하지 않는다.
> ③ 3자 합의가 있다고 해서 최초매수인의 대금채권의 행사가 제한되는 것은 아니다.
> ④ 허가구역이므로 각각의 계약이 다 허가를 받아야 한다.

Answers 11. ② 12. ⑤

13 민법 제187조(등기를 요하지 아니하는 부동산물권취득)에 관한 설명으로 틀린 것은? (다툼이 있으면 판례에 따름) ▶제34회

① 상속인은 상속 부동산의 소유권을 등기 없이 취득한다.
② 민법 제187조 소정의 판결은 형성판결을 의미한다.
③ 부동산 강제경매에서 매수인이 매각 목적인 권리를 취득하는 시기는 매각대금 완납시이다.
④ 부동산소유권이전을 내용으로 하는 화해조서에 기한 소유권취득에는 등기를 요하지 않는다.
⑤ 신축에 의한 건물소유권취득에는 소유권보존등기를 요하지 않는다.

> 해설 ④ 민법 제187조의 판결은 판결 자체에 의하여 부동산 물권 취득의 효력이 발생하는 경우를 말하는 것이고, 당사자 사이의 법률행위를 원인으로 하여 부동산 소유권이전등기절차의 이행을 명하는 것과 같은 판결은 이에 포함되지 아니하므로, 인낙조서(화해조서)가 확정판결과 동일한 효력이 있다고 하더라도 증여를 원인으로 한 소유권이전등기절차의 이행청구에 대하여 인낙(재판상 화해)한 것이라면 그 부동산의 취득에는 등기를 요한다(대판 96다50025).

14 등기 없이도 부동산 물권취득의 효력이 있는 경우를 모두 고른 것은? (다툼이 있으면 판례에 따름) ▶제35회

┌─────────────────────────┐
│ ㉠ 매매
│ ㉡ 건물신축
│ ㉢ 점유시효취득
│ ㉣ 공유물의 현물분할판결
└─────────────────────────┘

① ㉠, ㉡   ② ㉡, ㉢   ③ ㉡, ㉣
④ ㉢, ㉣   ⑤ ㉠, ㉢, ㉣

> 해설 ㉡ 등기 없이 부동산 물권을 취득하는 경우 – 관습법상 법정지상권, 상속, 경매 및 강제경매, 건물신축, 판결에 의한 취득, 건물 전세권의 법정갱신, 구분소유권
> ㉣ 형성판결로 등기 없어도 물권취득의 효력이 발생한다.

Answers 13. ④ 14. ③

15 부동산 물권변동에 관한 설명으로 틀린 것은? (다툼이 있으면 판례에 따름) ▶제30회

① 부동산 물권변동 후 그 등기가 원인 없이 말소되었더라도 그 물권변동의 효력에는 영향이 없다.
② 등기를 요하지 않는 물권취득의 원인인 판결이란 이행판결을 의미한다.
③ 소유권이전등기청구권의 보전을 위한 가등기에 기하여 본등기가 행해지면 물권변동의 효력은 본등기가 행해진 때 발생한다.
④ 매수한 토지를 인도받아 점유하고 있는 미등기 매수인으로부터 그 토지를 다시 매수한 자는 특별한 사정이 없는 한 최초 매도인에 대하여 직접 자신에게로의 소유권이전등기를 청구할 수 없다.
⑤ 강제경매로 인해 성립한 관습상 법정지상권을 법률행위에 의해 양도하기 위해서는 등기가 필요하다.

해설 ② 이행판결이 아니라 형성판결을 의미한다.

16 등기에 관한 설명으로 틀린 것은? (다툼이 있으면 판례에 따름) ▶제29회

① 중간생략등기의 합의는 적법한 등기원인이 될 수 없다.
② 종전건물의 등기를 신축건물의 등기로 유용하지 못한다.
③ 전세권 존속기간이 시작되기 전에 마친 전세권 설정등기는 원칙적으로 무효이다.
④ 미등기 건물의 양수인이 그 건물을 신축한 양도인의 동의를 얻어 직접 자기명의로 보존등기를 한 경우, 그 등기는 유효하다.
⑤ 중간생략등기를 합의한 최초매도인은 그와 거래한 매수인의 대금미지급을 들어 최종매수인 명의로의 소유권이전등기의무의 이행을 거절할 수 있다.

해설 ③ 실체적 권리관계에 부합하므로 적법한 등기이다.

Answers 15. ② 16. ③

17 등기의 추정력에 관한 설명으로 옳은 것을 모두 고른 것은? (다툼이 있으면 판례에 따름) ▶제30회

> ㉠ 사망자 명의로 신청하여 이루어진 이전등기에는 특별한 사정이 없는 한 추정력이 인정되지 않는다.
> ㉡ 대리에 의한 매매계약을 원인으로 소유권이전등기가 이루어진 경우, 대리권의 존재는 추정된다.
> ㉢ 근저당권등기가 행해지면 피담보채권뿐만 아니라 그 피담보채권을 성립시키는 기본계약의 존재도 추정된다.
> ㉣ 건물 소유권보존등기 명의자가 전(前) 소유자로부터 그 건물을 양수하였다고 주장하는 경우, 전(前) 소유자가 양도사실을 부인하더라도 그 보존등기의 추정력은 깨어지지 않는다.

① ㉠, ㉡ ② ㉠, ㉢ ③ ㉡, ㉢
④ ㉡, ㉣ ⑤ ㉢, ㉣

해설 ㉢ 근저당권등기가 행해지면 피담보채권의 존재는 추정되나 그 피담보채권을 성립시키는 기본계약의 존재는 추정되지 않는다.
㉣ 건물 소유권보존등기 명의자가 전(前) 소유자로부터 그 건물을 양수하였다고 주장하는 경우, 전(前) 소유자가 양도사실을 부인하는 경우 그 보존등기의 추정력은 깨어진다.

Answers 17. ①

Theme 03 점유권

18 점유자와 회복자의 관계에 관한 설명으로 옳은 것은? (다툼이 있으면 판례에 따름) ▶제34회

① 점유물이 점유자의 책임 있는 사유로 멸실된 경우, 선의의 타주점유자는 이익이 현존하는 한도에서 배상해야 한다.
② 악의의 점유자는 특별한 사정이 없는 한 통상의 필요비를 청구할 수 있다.
③ 점유자의 필요비상환청구에 대해 법원은 회복자의 청구에 의해 상당한 상환기간을 허여할 수 있다.
④ 이행지체로 인해 매매계약이 해제된 경우, 선의의 점유자인 매수인에게 과실취득권이 인정된다.
⑤ 은비(隱秘)에 의한 점유자는 점유물의 과실을 취득한다.

> **해설** ② 악의의 점유자는 과실수취권이 없으므로 원칙적으로 통상의 필요비와 특별필요비 전부의 상환을 청구할 수 있다.
> ① 선의인 타주점유자는 악의점유자처럼 손해 전부를 배상해야 한다(제202조 후문). 계약에 의해 전세권·질권·임차권 등을 설정받은 점유자가 유책사유로 점유물을 멸실·훼손하였는데 그 계약이 무효이거나 취소된 경우가 이에 해당한다.
> ③ 유익비의 경우 법원은 회복자의 청구에 의하여 상당한 상환기간을 허여할 수 있다(제203조 제3항).
> ④ 계약해제의 경우 매수인은 선의, 악의를 불문하고 과실이나 이자 모두를 반환할 의무가 있다.
> ⑤ 폭력 또는 은비에 의한 점유자는 과실반환에 관해 악의의 점유자와 동일하게 취급된다(제201조 제3항). 따라서 과실수취권이 없고, 수취한 과실을 반환해야 하며, 소비하였거나 과실로 인해 훼손하거나 수취하지 못한 경우에는 그 과실의 대가를 보상해야 한다(제201조 제2항).

Answers 18. ②

19 점유자와 회복자의 관계에 관한 설명으로 옳은 것은? (다툼이 있으면 판례에 따름) ▶제33회

① 악의의 점유자가 점유물의 과실을 수취하여 소비한 경우, 특별한 사정이 없는 한 그 점유자는 그 과실의 대가를 보상하여야 한다.
② 은비(隱祕)에 의한 점유자는 점유물의 과실을 수취할 권리가 있다.
③ 점유물의 전부가 점유자의 책임 있는 사유로 멸실된 경우, 선의의 자주점유자는 특별한 사정이 없는 한 그 멸실로 인한 손해의 전부를 배상해야 한다.
④ 점유자는 특별한 사정이 없는 한 회복자가 점유물의 반환을 청구하기 전에도 그 점유물의 반환 없이 그 회복자에게 유익비상환청구권을 행사할 수 있다.
⑤ 악의의 점유자는 특별한 사정이 없는 한 점유물에 지출한 통상의 필요비의 상환을 청구할 수 없다.

> **해설** ① 제201조 제2항
> ② 은비(隱祕)에 의한 점유자는 수취한 과실을 반환하여야 한다(제201조 제3항).
> ③ 현존이익의 한도 내에서 배상하여야 한다(제202조).
> ④ 점유물의 반환을 청구할 때 유익비상환청구권을 행사할 수 있다(제203조).
> ⑤ 악의의 점유자도 점유물에 지출한 통상의 필요비의 상환을 청구할 수 있다.

20 점유자와 회복자의 관계에 관한 설명으로 옳은 것은? (다툼이 있으면 판례에 따름) ▶제31회

① 선의의 점유자는 과실을 취득하더라도 통상의 필요비의 상환을 청구할 수 있다.
② 이행지체로 인해 매매계약이 해제된 경우, 선의의 점유자인 매수인에게 과실취득권이 인정된다.
③ 악의의 점유자가 책임 있는 사유로 점유물을 훼손한 경우, 이익이 현존하는 한도에서 배상해야 한다.
④ 점유자가 유익비를 지출한 경우, 점유자의 선택에 좇아 그 지출금액이나 증가액의 상환을 청구할 수 있다.
⑤ 무효인 매매계약의 매수인이 점유목적물에 필요비 등을 지출한 후 매도인이 그 목적물을 제3자에게 양도한 경우, 점유자인 매수인은 양수인에게 비용상환을 청구할 수 있다.

> **해설** ① 선의의 점유자가 과실을 취득하였다면 통상의 필요비 상환은 청구할 수 없다.
> ② 해제된 경우엔 원상회복이 원칙이다. 따라서 해지시엔 과실취득권이 인정되지 않는다.
> ③ 악의의 점유자가 책임 있는 사유로 점유물을 훼손한 경우엔 그 손해의 전부를 배상하여야 한다.
> ④ 회복자의 선택에 의한다.

Answers 19. ① 20. ⑤

21 등기와 점유의 추정력에 관한 설명으로 틀린 것은? (다툼이 있으면 판례에 따름) ▶제31회

① 등기부상 권리변동의 당사자 사이에서는 등기의 추정력을 원용할 수 없다.
② 전·후 양시(兩時)에 점유한 사실이 있는 때에는 그 점유는 계속한 것으로 추정한다.
③ 원인 없이 부적법하게 등기가 말소된 경우, 권리소멸의 추정력은 인정되지 않는다.
④ 점유자의 권리추정 규정은 특별한 사정이 없는 한 부동산물권에는 적용되지 않는다.
⑤ 소유권이전등기의 원인으로 주장된 계약서가 진정하지 않은 것으로 증명되면 등기의 적법추정은 깨진다.

해설 ① 소유권이전등기가 된 경우, 그 등기명의인은 전 소유자에 대하여도 적법한 등기원인에 기해 소유권을 취득한 것으로 추정된다. 등기부상 권리변동의 당사자 사이에서도 등기의 추정력은 원용될 수 있다.

22 점유에 관한 설명으로 옳은 것은? (다툼이 있으면 판례에 따름) ▶제33회

① 제3자가 직접점유자의 점유를 방해한 경우, 특별한 사정이 없는 한 간접점유자에게는 점유권에 기한 방해배제청구권이 인정되지 않는다.
② 취득시효의 요건인 점유에는 간접점유가 포함되지 않는다.
③ 소유권의 시효취득을 주장하는 점유자는 특별한 사정이 없는 한 자신의 점유가 자주점유에 해당함을 증명하여야 한다.
④ 선의의 점유자가 본권에 관한 소에 패소한 경우, 그 자는 패소가 확정된 때부터 악의의 점유자로 본다.
⑤ 양도인이 등기부상의 명의인과 동일인이며 그 명의를 의심할 만한 특별한 사정이 없는 경우, 그 부동산을 양수하여 인도받은 자는 과실(過失) 없는 점유자에 해당한다.

해설 ① 간접점유자에게도 점유권에 기한 방해배제청구권이 인정된다(제207조).
② 간접점유가 포함된다.
③ 자주점유가 추정되므로(제197조 제1항) 상대방이 자주점유가 아님을 증명하여야 한다.
④ 소가 제기된 때부터 악의의 점유자로 본다(제197조 제2항).

Answers 21. ① 22. ⑤

23 점유에 관한 설명으로 옳은 것은? (다툼이 있으면 판례에 따름) ▶제29회

① 점유매개관계의 직접점유자는 타주점유자이다.
② 점유자는 소유의 의사로 과실 없이 점유한 것으로 추정한다.
③ 甲이 乙로부터 임차한 건물을 乙의 동의 없이 丙에게 전대한 경우, 乙만이 간접점유자이다.
④ 甲이 乙과의 명의 신탁약정에 따라 자신의 부동산 소유권을 乙명의로 등기한 경우, 乙의 점유는 자주점유이다.
⑤ 실제 면적이 등기된 면적을 상당히 초과하는 토지를 매수하여 인도받은 때에는 특별한 사정이 없으면 초과부분의 점유는 자주점유이다.

> 해설 ② 무과실은 추정 ×
> ③ 甲과 乙 모두 간접점유
> ④ 명의신탁에서 수탁자의 점유는 타주점유
> ⑤ 상당히 초과했다면 타주점유(단, 일부만 초과했다면 자주점유)

24 점유자와 회복자 관계에 관한 설명으로 틀린 것은? (다툼이 있으면 판례에 따름) ▶제29회

① 점유물의 과실을 취득한 선의의 점유자는 통상의 필요비의 상환을 청구하지 못한다.
② 악의의 점유자가 책임 있는 사유로 점유물을 멸실한 때에는 그는 현존이익의 범위 내에서 배상하여야 한다.
③ 악의의 점유자는 받은 이익에 이자를 붙여 반환하고 그 이자의 이행지체로 인한 지연손해금까지 지급하여야 한다.
④ 유익비는 점유물의 가액 증가가 현존한 때에 한하여 상환을 청구할 수 있다.
⑤ 법원이 유익비의 상환을 위하여 상당한 기간을 허여한 경우, 유치권은 성립하지 않는다.

> 해설 ② 전부를 반환해야 한다(소유의 의사가 있는 선의의 점유자만 현존이익 배상).

Answers 23. ① 24. ②

25 점유권에 관한 설명으로 틀린 것은? (다툼이 있으면 판례에 따름) ▶제32회

① 특별한 사정이 없는 한, 건물의 부지가 된 토지는 그 건물의 소유자가 점유하는 것으로 보아야 한다.
② 전후 양 시점의 점유자가 다른 경우 점유승계가 증명되면 점유계속은 추정된다.
③ 적법하게 과실을 취득한 선의의 점유자는 회복자에게 통상의 필요비의 상환을 청구하지 못한다.
④ 점유자가 상대방의 사기에 의해 물건을 인도한 경우 점유침탈을 이유로 한 점유물반환청구권은 발생하지 않는다.
⑤ 선의의 점유자가 본권의 소에서 패소하면 패소 확정시부터 악의의 점유자로 본다.

> [해설] ⑤ 소가 제기된 때로부터 악의의 점유자로 본다(제197조 제2항).

26 간접점유에 관한 설명으로 틀린 것은? (다툼이 있으면 판례에 따름) ▶제30회

① 주택임대차보호법상의 대항요건인 인도(引渡)는 임차인이 주택의 간접점유를 취득하는 경우에도 인정될 수 있다.
② 점유취득시효의 기초인 점유에는 간접점유도 포함된다.
③ 직접점유자가 그 점유를 임의로 양도한 경우, 그 점유 이전이 간접점유자의 의사에 반하더라도 간접점유가 침탈된 것은 아니다.
④ 간접점유자에게는 점유보호청구권이 인정되지 않는다.
⑤ 점유매개관계를 발생시키는 법률행위가 무효라 하더라도 간접점유는 인정될 수 있다.

> [해설] ④ 간접점유자에게는 점유보호청구권이 인정된다(제207조 제1항).

Answers 25. ⑤ 26. ④

27 점유보호청구권에 관한 설명으로 틀린 것은? (다툼이 있으면 판례에 따름) ▶제35회

① 점유권에 기인한 소는 본권에 관한 이유로 재판하지 못한다.
② 과실 없이 점유를 방해하는 자에 대해서도 방해배제를 청구할 수 있다.
③ 점유자가 사기를 당해 점유를 이전한 경우, 점유물반환을 청구할 수 없다.
④ 공사로 인하여 점유의 방해를 받은 경우, 그 공사가 완성한 때에는 방해의 제거를 청구하지 못한다.
⑤ 타인의 점유를 침탈한 뒤 제3자에 의해 점유를 침탈당한 자는 점유물반환청구권의 상대방이 될 수 있다.

해설 ⑤ 반환의 상대방은 현실적으로 점유하고 있는 침탈자와 그의 포괄승계인이다.

Answers 27. ⑤

Theme 04 소유권

28 소유권의 취득에 관한 설명으로 옳은 것은? (다툼이 있으면 판례에 따름) ▶제33회

① 저당권 실행을 위한 경매절차에서 매수인이 된 자가 매각부동산의 소유권을 취득하기 위해서는 소유권이전등기를 완료하여야 한다.
② 무주(無主)의 부동산을 점유한 자연인은 그 부동산의 소유권을 즉시 취득한다.
③ 점유취득시효에 따른 부동산소유권 취득의 효력은 시효취득자가 이전등기를 한 이후부터 발생한다.
④ 타인의 토지에서 발견된 매장물은 특별한 사정이 없는 한 발견자가 단독으로 그 소유권을 취득한다.
⑤ 타주점유자는 자신이 점유하는 부동산에 대한 소유권을 시효취득할 수 없다.

> 해설 ③ 점유취득시효에 따른 부동산소유권의 취득은 등기를 함으로써 이뤄지는데(제245조), 그 소유권 취득의 효력은 점유를 개시한 때에 소급한다(제247조 제1항). 논란이 있을 수 있는 지문으로 복수정답 처리되었다.
> ⑤ 자주점유자만이 부동산을 점유시효취득할 수 있다.
> ① 매각대금 완납시에 소유권을 취득한다.
> ② 무주의 부동산은 국유로 무주물 선점할 수 없다.
> ④ 토지소유자와 발견자가 절반하여 취득한다(제254조).

29 부동산 공유에 관한 설명으로 틀린 것은? (다툼이 있으면 판례에 따름) ▶제35회

① 공유물의 보존행위는 공유자 각자가 할 수 있다.
② 공유자는 공유물 전부를 지분의 비율로 사용·수익할 수 있다.
③ 공유자는 다른 공유자의 동의 없이 공유물을 처분하거나 변경하지 못한다.
④ 공유자는 자신의 지분에 관하여 단독으로 제3자의 취득시효를 중단시킬 수 없다.
⑤ 공유물 무단점유자에 대한 차임 상당 부당이득반환청구권은 특별한 사정이 없는 한 각 공유자에게 지분 비율만큼 귀속된다.

> 해설 ④ 공유물에 관한 보존행위로서 자신의 지분에 관하여 단독으로 제3자의 취득시효를 중단시킬 수 있다.

Answers 28. ③,⑤ 29. ④

30 甲, 乙, 丙은 X토지를 각 1/2, 1/4, 1/4의 지분으로 공유하고 있다. 이에 관한 설명으로 옳은 것은? (단, 구분소유적 공유관계는 아니며, 다툼이 있으면 판례에 따름) ▶제32회

① 乙이 X토지에 대한 자신의 지분을 포기한 경우, 乙의 지분은 甲, 丙에게 균등한 비율로 귀속된다.
② 당사자간의 특약이 없는 경우, 甲은 단독으로 X토지를 제3자에게 임대할 수 있다.
③ 甲, 乙은 X토지에 대한 관리방법으로 X토지에 건물을 신축할 수 있다.
④ 甲, 乙, 丙이 X토지의 관리에 관한 특약을 한 경우, 그 특약은 특별한 사정이 없는 한 그들의 특정승계인에게도 효력이 미친다.
⑤ 丙이 甲, 乙과의 협의없이 X토지를 배타적·독점적으로 점유하고 있는 경우, 乙은 공유물에 대한 보존행위로 X토지의 인도를 청구할 수 있다.

> **해설** ④ 지분과반수의 합의가 있으므로 효력이 미친다.
> ① 지분 비율로 귀속된다.
> ② 임대는 관리행위이므로 지분의 과반수를 요한다. 따라서 갑은 단독으로 임대할 수 없다.
> ③ 건물을 신축하는 것은 처분·변경행위이므로 전원의 합의를 요한다.
> ⑤ 공유물의 소수지분권자가 다른 공유자와 협의 없이 공유물의 전부 또는 일부를 독점적으로 점유·사용하고 있는 경우 다른 소수지분권자는 공유물의 보존행위로서 그 인도를 청구할 수는 없고, 다만 자신의 지분권에 기초하여 공유물에 대한 방해 상태를 제거하거나 공동 점유를 방해하는 행위의 금지 등을 청구할 수 있다(대판 전합 2018다287522).

31 甲소유 토지에 乙이 무단으로 건물을 신축한 뒤 丙에게 임대하여 丙이 현재 그 건물을 점유하고 있다. 다음 설명 중 틀린 것은? (다툼이 있으면 판례에 따름) ▶제35회

① 甲은 丙을 상대로 건물에서의 퇴거를 청구할 수 없다.
② 甲은 乙을 상대로 건물의 철거 및 토지의 인도를 청구할 수 있다.
③ 甲은 乙을 상대로 토지의 무단 사용을 이유로 부당이득반환청구권을 행사할 수 있다.
④ 만약 乙이 임대하지 않고 스스로 점유하고 있다면, 甲은 乙을 상대로 건물에서의 퇴거를 청구할 수 없다.
⑤ 만약 丙이 무단으로 건물을 점유하고 있다면, 乙은 丙을 상대로 건물의 인도를 청구할 수 있다.

> **해설** ① 甲은 丙을 상대로 건물철거 청구는 할 수 없지만(乙에게 청구할 것) 퇴거 청구는 할 수 있다.

Answers 30. ④ 31. ①

32 부동산 점유취득시효에 관한 설명으로 옳은 것은? (다툼이 있으면 판례에 따름) ▶제34회

① 국유재산 중 일반재산이 시효완성 후 행정재산으로 되더라도 시효완성을 원인으로 한 소유권이전등기를 청구할 수 있다.
② 시효완성 당시의 소유권보존등기가 무효라면 그 등기명의인은 원칙적으로 시효완성을 원인으로 한 소유권이전등기청구의 상대방이 될 수 없다.
③ 시효완성 후 점유자 명의로 소유권이전등기가 경료되기 전에 부동산 소유명의자는 점유자에 대해 점유로 인한 부당이득반환청구를 할 수 있다.
④ 미등기부동산에 대한 시효가 완성된 경우, 점유자는 등기 없이도 소유권을 취득한다.
⑤ 시효완성 전에 부동산이 압류되면 시효는 중단된다.

> **해설** ② 점유취득시효완성을 원인으로 한 소유권이전등기청구는 시효완성 당시의 소유자를 상대로 하여야 하므로 시효완성 당시의 소유권보존등기 또는 이전등기가 무효라면 원칙적으로 그 등기명의인은 시효취득을 원인으로 한 소유권이전등기청구의 상대방이 될 수 없고, 이 경우 시효취득자는 소유자를 대위하여 위 무효등기의 말소를 구하고 다시 위 소유자를 상대로 취득시효완성을 이유로 한 소유권이전등기를 구하여야 한다(대판 2002다43417).
> ① 원래 일반재산이던 것이 행정재산으로 된 경우 일반재산일 당시에 취득시효가 완성되었다고 하더라도 행정재산으로 된 이상 이를 원인으로 하는 소유권이전등기를 청구할 수 없다(대판 96다10782).
> ③ 소유명의자는 점유자에 대하여 점유로 인한 부당이득반환청구를 할 수 없다(대판 92다51280).
> ④ 민법 제245조 제1항의 취득시효기간의 완성만으로는 소유권취득의 효력이 바로 생기는 것이 아니라, 다만 이를 원인으로 하여 소유권취득을 위한 등기청구권이 발생할 뿐이고, 미등기 부동산의 경우라 하여 취득시효기간의 완성만으로 등기 없이도 점유자가 소유권을 취득한다고 볼 수 없다(대판 2012다5834).
> ⑤ 점유로 인한 부동산소유권의 시효취득에 있어 취득시효의 중단사유는 종래의 점유상태의 계속을 파괴하는 것으로 인정될 수 있는 사유이어야 하는데, 민법 제168조 제2호에서 정하는 '압류 또는 가압류'는 금전채권의 강제집행을 위한 수단이거나 그 보전수단에 불과하여 종래의 점유상태의 계속이 파괴되었다고 할 수 없으므로 이는 취득시효의 중단사유가 될 수 없다(대판 2018다296878).

Answers 32. ②

33
부동산의 점유취득시효에 관한 설명으로 틀린 것은? (다툼이 있으면 판례에 따름) ▶제32회

① 성명불상자(姓名不詳者)의 소유물에 대하여 시효취득을 인정할 수 있다.
② 국유재산도 취득시효기간 동안 계속하여 일반재산인 경우 취득시효의 대상이 된다.
③ 점유자가 자주점유의 권원을 주장하였으나 이것이 인정되지 않는 경우, 특별한 사정이 없는 한 자주점유의 추정은 번복된다.
④ 점유의 승계가 있는 경우 시효이익을 받으려는 자는 자기 또는 전(前)점유자의 점유개시일 중 임의로 점유기산점을 선택할 수 있다.
⑤ 취득시효완성 후 소유권이전등기를 마치지 않은 시효완성자는 소유자에 대하여 취득시효 기간 중의 점유로 발생한 부당이득의 반환의무가 없다.

해설 ③ 점유자가 자주점유의 권원을 주장하였으나 이것이 인정되지 않는 경우에도 그 점유권원이 인정되지 않는다는 사유만으로 자주점유의 추정이 번복된다거나 또는 점유권원의 성질상 타주점유라고 볼 수 없다(대판 94다53341).

34
甲, 乙, 丙은 각 1/3 지분으로 나대지인 X토지를 공유하고 있다. 이에 관한 설명으로 틀린 것은? (다툼이 있으면 판례에 따름) ▶제31회

① 甲은 단독으로 자신의 지분에 관한 제3자의 취득시효를 중단시킬 수 없다.
② 甲과 乙이 X토지에 건물을 신축하기로 한 것은 공유물 관리방법으로 부적법하다.
③ 甲이 공유지분을 포기한 경우, 등기를 하여야 포기에 따른 물권변동의 효력이 발생한다.
④ 甲이 단독으로 丁에게 X토지를 임대한 경우, 乙은 丁에게 부당이득반환을 청구할 수 있다.
⑤ 甲은 특별한 사정이 없는 한 X토지를 배타적으로 점유하는 丙에게 보존행위로서 X토지의 인도를 청구할 수 없다.

해설 ① 보존행위로 자신의 지분에 근거하여 제3자의 취득시효를 중단시킬 수 있다. 이 경우 자신의 지분에 대해서만 취득시효가 중단된다.

Answers 33. ③ 34. ①

35 취득시효에 관한 설명으로 틀린 것은? (다툼이 있으면 판례에 따름) ▶제31회

① 국유재산 중 일반재산은 취득시효의 대상이 된다.
② 중복등기로 인해 무효인 소유권보존등기에 기한 등기부 취득시효는 부정된다.
③ 취득시효완성으로 인한 소유권이전등기청구권은 원소유자의 동의가 없어도 제3자에게 양도할 수 있다.
④ 취득시효완성 후 등기 전에 원소유자가 시효완성된 토지에 저당권을 설정하였고, 등기를 마친 시효취득자가 피담보채무를 변제한 경우, 원소유자에게 부당이득반환을 청구할 수 있다.
⑤ 취득시효완성 후 명의신탁 해지를 원인으로 명의수탁자에서 명의신탁자로 소유권이전등기가 된 경우, 시효완성자는 특별한 사정이 없는 한 명의신탁자에게 시효완성을 주장할 수 없다.

> [해설] ④ 취득시효완성 후 등기 전에 저당권을 설정하고 피담보채무를 변제한 자는 자기채무를 변제한 것이지 원소유자의 채무를 변제한 것이 아니므로 원소유자에게 부당이득반환을 청구할 수 없다.

36 부합에 관한 설명으로 옳은 것을 모두 고른 것은? (다툼이 있으면 판례에 따름) ▶제28회

> ㉠ 지상권자가 지상권에 기하여 토지에 부속시킨 물건은 지상권자의 소유로 된다.
> ㉡ 적법한 권원 없이 타인의 토지에 경작한 성숙한 배추의 소유권은 경작자에게 속한다.
> ㉢ 적법한 권원 없이 타인의 토지에 식재한 수목의 소유권은 토지소유자에게 속한다.
> ㉣ 건물임차인이 권원에 기하여 증축한 부분은 구조상·이용상 독립성이 없더라도 임차인의 소유에 속한다.

① ㉠　　　　　　　② ㉡, ㉣　　　　　　　③ ㉠, ㉡, ㉢
④ ㉡, ㉢, ㉣　　　⑤ ㉠, ㉡, ㉢, ㉣

> [해설] ㉣ 구조상·이용상 독립성이 없다면 증축된 부분은 부합되어 임대인의 소유가 된다. 임차인은 증축부분의 소유권을 주장할 수 없고 비용상환청구권을 행사할 수 있을 뿐이다.

Answers　35. ④　36. ③

37 상린관계에 관한 설명으로 틀린 것은? (다툼이 있으면 판례에 따름) ▶제28회

① 인접지의 수목뿌리가 경계를 넘은 때에는 임의로 제거할 수 있다.
② 주위토지통행권자는 통행에 필요한 통로를 개설한 경우 그 통로개설이나 유지비용을 부담해야 한다.
③ 통행지 소유자가 주위토지통행권에 기한 통행에 방해가 되는 담장을 설치한 경우, 통행지 소유자가 그 철거의무를 부담한다.
④ 경계에 설치된 담이 상린자의 공유인 경우, 상린자는 공유를 이유로 공유물분할을 청구하지 못한다.
⑤ 경계선 부근의 건축 시 경계로부터 반미터 이상의 거리를 두어야 하는데 이를 위반한 경우, 건물이 완성된 후에도 건물의 철거를 청구할 수 있다.

> **해설** ⑤ 이격거리를 위반한 경우라도 건축에 착수한 후 1년을 경과하거나 건물이 완성된 후에는 손해배상만을 청구할 수 있을 뿐 그 건물의 변경이나 철거를 청구할 수 없다(대판 2010다108883).

38 甲은 자신의 토지를 乙에게 매도하여 인도하였고, 乙은 그 토지를 점유·사용하다가 다시 丙에게 매도하여 인도하였다. 甲과 乙은 모두 대금 전부를 수령하였고, 甲·乙·丙 사이에 중간생략등기의 합의가 있었다. 다음 설명 중 옳은 것은? (다툼이 있으면 판례에 따름) ▶제35회

① 甲은 丙을 상대로 소유물반환을 청구할 수 있다.
② 甲은 乙을 상대로 소유물반환을 청구할 수 없다.
③ 丙은 직접 甲을 상대로 소유권이전등기를 청구할 수 없다.
④ 丙은 乙을 대위하여 甲을 상대로 소유권이전등기를 청구할 수 없다.
⑤ 만약 乙이 인도받은 후 현재 10년이 지났다면, 乙은 甲에 대해 소유권이전등기를 청구할 수 없다.

> **해설** ①② 甲은 乙이나 丙을 상대로 소유물반환을 청구할 수 없다. 乙과 丙 모두 해당 토지를 매수 취득하였으므로 정당한 권원이 있다.

Answers 37. ⑤ 38. ②

39 민법상 공동소유에 관한 설명으로 옳은 것은? (다툼이 있으면 판례에 따름) ▶제33회

① 공유자끼리 그 지분을 교환하는 것은 지분권의 처분이므로 이를 위해서는 교환당사자가 아닌 다른 공유자의 동의가 필요하다.
② 부동산 공유자 중 일부가 자신의 공유지분을 포기한 경우, 등기를 하지 않아도 공유지분 포기에 따른 물권변동의 효력이 발생한다.
③ 합유자 중 1인은 다른 합유자의 동의 없이 자신의 지분을 단독으로 제3자에게 유효하게 매도할 수 있다.
④ 합유물에 관하여 경료된 원인 무효의 소유권이전등기의 말소를 구하는 소는 합유자 각자가 제기할 수 있다.
⑤ 법인 아닌 종중이 그 소유 토지의 매매를 중개한 중개업자에게 중개수수료를 지급하기로 하는 약정을 체결하는 것은 총유물의 관리·처분행위에 해당한다.

> **해설** ④ 보존행위는 합유자 각자 단독으로 할 수 있다.
> ① 지분의 처분에는 다른 공유자의 동의가 필요하지 않다(제263조).
> ② 공유지분의 포기는 법률행위이고 부동산에 관한 법률행위로 인한 물권의 득실변경은 등기를 하여야 효력이 발생한다(제186조).
> ③ 합유자 전원의 동의를 얻어야만 지분을 처분할 수 있다(제273조 제1항).
> ⑤ 법인 아닌 종중이 그 소유 토지의 매매를 중개한 중개업자에게 중개수수료를 지급하기로 하는 약정을 체결하는 것은 총유물의 관리·처분행위에 해당하지 않는다(대판 2011다107900).

Answers 39. ④

40 甲은 자신의 X토지 중 일부를 특정(Y부분)하여 乙에게 매도하면서 토지를 분할하는 등의 절차를 피하기 위하여 편의상 乙에게 Y부분의 면적 비율에 상응하는 공유지분등기를 마쳤다. 다음 설명 중 옳은 것은? (다툼이 있으면 판례에 의함) ▶제29회

① 乙은 甲에 대하여 공유물분할을 청구할 수 없다.
② 乙은 甲의 동의 없이 Y부분을 제3자에게 처분할 수 없다.
③ 乙이 Y부분을 점유하는 것은 권원의 성질상 타주점유이다.
④ 乙이 Y부분이 아닌 甲소유의 부분에 건물을 신축한 경우에 법정지상권이 성립한다.
⑤ 乙은 Y부분을 불법점유하는 丙에 대하여 공유물의 보존행위로 그 배제를 구할 수 없다.

> **해설** ① 지분이전등기를 청구해야 한다.
> ② 구분소유이므로 Y부분은 乙이 제3자에 처분할 수 있다.
> ③ 자주점유이다.
> ④ 대지의 소유자(甲)와 건물의 소유자(乙)가 동일하지 않으므로 법정지상권의 요건을 충족하지 못한다.
> ⑤ 제3자와의 관계에서는 甲과 乙은 공유자이므로 각자가 보존행위를 할 수 있다.

41 공유물 분할에 관한 설명으로 옳은 것을 모두 고른 것은? (다툼이 있으면 판례에 따름)

> ㉠ 재판상 분할에서 분할을 원하는 공유자의 지분만큼은 현물분할하고, 분할을 원하지 않는 공유자는 계속 공유로 남게 할 수 있다.
> ㉡ 토지의 협의분할은 등기를 마치면 그 등기가 접수된 때 물권변동의 효력이 있다.
> ㉢ 공유자는 다른 공유자가 분할로 인하여 취득한 물건에 대하여 그 지분의 비율로 매도인과 동일한 담보책임이 있다.
> ㉣ 공유자 사이에 이미 분할협의가 성립하였는데 일부 공유자가 분할에 따른 이전등기에 협조하지 않은 경우, 공유물분할소송을 제기할 수 없다.

① ㉠
② ㉡, ㉢
③ ㉢, ㉣
④ ㉠, ㉡, ㉣
⑤ ㉠, ㉡, ㉢, ㉣

> **해설** ㉠ 여러 사람이 공유하는 물건을 현물분할하는 경우에는 분할청구자의 지분한도 안에서 현물분할을 하고 분할을 원하지 않는 나머지 공유자는 공유로 남는 방법도 허용된다(대판 2014다233428).

Answers 40. ① 41. ⑤

42 공유에 관한 설명으로 옳은 것은? (다툼이 있으면 판례에 따름) ▶제30회

① 공유자 전원이 임대인으로 되어 공유물을 임대한 경우, 그 임대차계약을 해지하는 것은 특별한 사정이 없는 한 공유물의 보존행위이다.
② 개별 채권자들이 같은 기회에 특정 부동산에 관하여 하나의 근저당권을 설정받은 경우, 그들은 해당 근저당권을 준공유한다.
③ 공유부동산에 대해 공유자 중 1인의 단독 명의로 원인무효의 소유권이전등기가 행해졌다면 다른 공유자는 등기명의인인 공유자를 상대로 등기 전부의 말소를 청구할 수 있다.
④ 과반수지분권자가 단독으로 공유토지를 임대한 경우, 소수지분권자는 과반수지분권자에게 부당이득반환을 청구할 수 없다.
⑤ 부동산 공유자 중 1인의 공유지분 포기에 따른 물권변동은 그 포기의 의사표시가 다른 공유자에게 도달함으로써 효력이 발생하며 등기를 요하지 않는다.

> 해설 ② 준공유자는 각기 그 채권액의 비율에 따라 변제받는 것이 원칙이다(대판 2006다31887).

43 민법상 합유에 관한 설명으로 틀린 것은? (특약은 없으며, 다툼이 있으면 판례에 따름) ▶제34회

① 합유자의 권리는 합유물 전부에 미친다.
② 합유자는 합유물의 분할을 청구하지 못한다.
③ 합유자 중 1인이 사망하면 그의 상속인이 합유자의 지위를 승계한다.
④ 합유물의 보존행위는 합유자 각자가 할 수 있다.
⑤ 합유자는 그 전원의 동의 없이 합유지분을 처분하지 못한다.

> 해설 ③ 조합원의 지위는 일신전속적이어서 특별한 약정이 없으면 상속이 허용되지 않는다.

Answers 42. ② 43. ③

44 부합에 관한 설명으로 틀린 것은? (다툼이 있으면 판례에 따름) ▶제30회

① 부동산 간에도 부합이 인정될 수 있다.
② 부동산에 부합된 동산의 가격이 부동산의 가격을 초과하더라도 동산의 소유권은 원칙적으로 부동산의 소유자에게 귀속된다.
③ 부합으로 인하여 소유권을 상실한 자는 부당이득의 요건이 충족되는 경우에 보상을 청구할 수 있다.
④ 토지소유자와 사용대차계약을 맺은 사용차주가 자신 소유의 수목을 그 토지에 식재한 경우, 그 수목의 소유권자는 여전히 사용차주이다.
⑤ 매도인에게 소유권이 유보된 시멘트를 매수인이 제3자 소유의 건물 건축공사에 사용한 경우, 그 제3자가 매도인의 소유권 유보에 대해 악의라면 특별한 사정이 없는 한 시멘트는 건물에 부합하지 않는다.

해설 ⑤ 시멘트는 제3자의 건축공사에서 건물의 구성부분이 되어 건물의 부합물이 된다. 따라서 건물소유자가 시멘트의 소유권을 취득하게 된다.

Answers 44. ⑤

Theme 05 용익물권

45 乙은 甲과의 지상권설정계약으로 甲소유의 X토지에 지상권을 취득한 후, 그 지상에 Y건물을 완성하여 소유권을 취득하였다. 다음 설명 중 옳은 것을 모두 고른 것은? (다툼이 있으면 판례에 따름) ▶제34회

> ㉠ 乙은 지상권을 유보한 채 Y건물 소유권만을 제3자에게 양도할 수 있다.
> ㉡ 乙은 Y건물 소유권을 유보한 채 지상권만을 제3자에게 양도할 수 있다.
> ㉢ 지료지급약정이 있음에도 乙이 3년분의 지료를 미지급한 경우, 甲은 지상권 소멸을 청구할 수 있다.

① ㉠ ② ㉢ ③ ㉠, ㉡
④ ㉡, ㉢ ⑤ ㉠, ㉡, ㉢

> 해설 ㉠, ㉡ 지상권자는 지상권을 유보한 채 지상물 소유권만을 양도할 수도 있고 지상물 소유권을 유보한 채 지상권만을 양도할 수도 있는 것이어서 지상권자와 그 지상물의 소유권자가 반드시 일치하여야 하는 것은 아니다(대판 2006다6126).
> ㉢ 지상권자가 2년 이상의 지료를 지급하지 아니한 때에는 지상권설정자는 지상권의 소멸을 청구할 수 있다(제287조).

46 지상권에 관한 설명으로 옳은 것을 모두 고른 것은? (다툼이 있으면 판례에 따름) ▶제31회

> ㉠ 지료의 지급은 지상권의 성립요소이다.
> ㉡ 기간만료로 지상권이 소멸하면 지상권자는 갱신청구권을 행사할 수 있다.
> ㉢ 지료체납 중 토지소유권이 양도된 경우, 양도 전·후를 통산하여 2년에 이르면 지상권 소멸청구를 할 수 있다.
> ㉣ 채권담보를 위하여 토지에 저당권과 함께 무상의 담보지상권을 취득한 채권자는 특별한 사정이 없는 한 제3자가 토지를 불법점유하더라도 임료상당의 손해배상청구를 할 수 없다.

① ㉡ ② ㉠, ㉢ ③ ㉡, ㉣
④ ㉢, ㉣ ⑤ ㉠, ㉢, ㉣

> 해설 ㉠ 지료의 지급은 지상권의 성립요소가 아니다. 무상의 지상권도 가능하다.
> ㉢ 토지양수인에 대한 연체기간이 통산하여 2년 이상이어야 한다.

Answers 45. ⑤ 46. ③

47 甲은 자신의 X건물에 관하여 乙과 전세금 1억원으로 하는 전세권설정계약을 체결하고 乙명의로 전세권설정등기를 마쳐주었다. 이에 관한 설명으로 틀린 것은? (다툼이 있으면 판례에 따름)

▶제31회

① 전세권존속기간을 15년으로 정하더라도 그 기간은 10년으로 단축된다.
② 乙이 甲에게 전세금으로 지급하기로 한 1억원은 현실적으로 수수될 필요 없이 乙의 甲에 대한 기존의 채권으로 전세금에 갈음할 수도 있다.
③ 甲이 X건물의 소유를 위해 그 대지에 지상권을 취득하였다면, 乙의 전세권의 효력은 그 지상권에 미친다.
④ 乙의 전세권이 법정갱신된 경우, 乙은 전세권갱신에 관한 등기 없이도 甲에 대하여 갱신된 전세권을 주장할 수 있다.
⑤ 합의한 전세권 존속기간이 시작되기 전에 乙 앞으로 전세권설정등기가 마쳐진 경우, 그 등기는 특별한 사정이 없는 한 무효로 추정된다.

해설 ⑤ 전세권이 용익물권적인 성격과 담보물권적인 성격을 모두 갖추고 있는 점에 비추어 전세권 존속기간이 시작되기 전에 마친 전세권설정등기도 특별한 사정이 없는 한 유효한 것으로 추정된다(대판 2017마1093).

Answers 47. ⑤

48 분묘기지권에 관한 설명으로 옳은 것을 모두 고른 것은? (다툼이 있으면 판례에 따름) ▶제35회

㉠ 분묘기지권은 봉분 등 외부에서 분묘의 존재를 인식할 수 있는 형태를 갖추고 등기하여야 성립한다.
㉡ 토지소유자의 승낙을 얻어 분묘를 설치함으로써 분묘기지권을 취득한 경우, 설치할 당시 토지소유자와의 합의에 의하여 정한 지료지급의무의 존부나 범위의 효력은 그 토지의 승계인에게는 미치지 않는다.
㉢ 자기 소유 토지에 분묘를 설치한 사람이 그 토지를 양도하면서 분묘를 이장하겠다는 특약을 하지 않음으로써 분묘기지권을 취득한 경우, 분묘기지권자는 특별한 사정이 없는 한 분묘기지권이 성립한 때부터 지료를 지급할 의무가 있다.

① ㉠
② ㉢
③ ㉠, ㉡
④ ㉡, ㉢
⑤ ㉠, ㉡, ㉢

해설 ㉠ 관습법상 분묘기지권은 타인 소유의 토지에 소유자의 승낙 없이 분묘를 설치한 경우 20년간 평온·공연하게 그 분묘의 기지를 점유하면 지상권과 유사한 관습상의 물권인 분묘기지권을 시효로 취득하고, 이를 등기 없이 제3자에게 대항할 수 있다.
㉢ 자기 소유 토지에 분묘를 설치한 사람이 그 토지를 양도하면서 분묘를 이장하겠다는 특약을 하지 않음으로써 분묘기지권을 취득한 경우, 특별한 사정이 없는 한 분묘기지권자는 분묘기지권이 성립한 때부터 토지 소유자에게 그 분묘의 기지에 대한 토지사용의 대가로서 지료를 지급할 의무가 있다(대판 2017다271834).

49 지상권에 관한 설명으로 틀린 것은? (다툼이 있으면 판례에 따름) ▶제28회

① 지상권설정계약 당시 건물 기타 공작물이 없더라도 지상권은 유효하게 성립할 수 있다.
② 지상권자는 토지소유자의 의사에 반하여도 자유롭게 타인에게 지상권을 양도할 수 있다.
③ 지상의 공간은 상하의 범위를 정하여 공작물을 소유하기 위한 지상권의 목적으로 할 수 있다.
④ 지상권이 저당권의 목적인 경우 지료연체를 이유로 한 지상권소멸청구는 저당권자에게 통지하면 즉시 그 효력이 생긴다.
⑤ 지상권의 소멸 시 지상권설정자가 상당한 가액을 제공하여 공작물 등의 매수를 청구한 때에는 지상권자는 정당한 이유 없이 이를 거절하지 못한다.

해설 ④ 지상권이 저당권의 목적으로 되어 있는 경우 또는 그 토지에 있는 건물·수목이 저당권의 목적으로 되어 있는 경우에는 지상권자의 소멸청구는 저당권자에게 그것을 통지한 후 상당한 기간이 경과함으로써 비로소 그 효력이 생긴다(제288조).

Answers   48. ②   49. ④

50 甲에게 법정지상권 또는 관습법상 법정지상권이 인정되는 경우를 모두 고른 것은? (다툼이 있으면 판례에 따른) ▶제33회

> ㉠ 乙 소유의 토지 위에 乙의 승낙을 얻어 신축한 丙 소유의 건물을 甲이 매수한 경우
> ㉡ 乙 소유의 토지 위에 甲과 乙이 건물을 공유하면서 토지에만 저당권을 설정하였다가, 그 실행을 위한 경매로 丙이 토지소유권을 취득한 경우
> ㉢ 甲이 乙로부터 乙 소유의 미등기건물과 그 대지를 함께 매수하고 대지에 관해서만 소유권이전등기를 한 후, 건물에 대한 등기 전 설정된 저당권에 의해 대지가 경매되어 丙이 토지소유권을 취득한 경우

① ㉠ ② ㉡ ③ ㉠, ㉢
④ ㉡, ㉢ ⑤ ㉠, ㉡, ㉢

해설 ㉠ 토지와 건물이 동일인 소유가 아니었다면 법정지상권이 인정되지 않는다.
㉢ 미등기건물과 대지를 함께 매수한 경우 법정지상권이 성립하지 않는다.

51 법정지상권에 관한 설명으로 옳은 것은? (다툼이 있으면 판례에 따른) ▶제29회

① 저당목적물인 토지에 대하여 법정지상권을 배제하는 저당권설정 당사자 사이의 약정은 효력이 없다.
② 법정지상권자 지상건물을 제3자에게 양도한 경우, 제3자는 그 건물과 함께 법정지상권을 당연히 취득한다.
③ 법정지상권이 있는 건물을 양수한 사람은 지상권등기를 마쳐야 양도인의 지상권갱신청구권을 대위행사할 수 있다.
④ 토지 또는 그 지상건물이 경매된 경우, 매각대금 완납 시를 기준으로 토지와 건물의 동일인 소유 여부를 판단한다.
⑤ 건물을 위한 법정지상권이 성립한 경우, 그 건물에 대한 저당권이 실행되면 경락인은 등기하여야 법정지상권을 취득한다.

해설 ① 법정지상권은 강행규정이므로 당사자 약정으로 배제할 수 없다.
② 법정지상권자가 자기 앞으로 지상권 등기를 하고 이를 제3자에 이전등기를 해야 법정지상권을 취득한다.
③ 지상권등기를 마치지 않아도 대위행사가 가능하다.
④ 저당권설정 시를 기준으로 한다.
⑤ 법정지상권은 법률의 규정에 의한 물권이므로 취득에 등기가 필요하지 않다(민법 제187조).

Answers 50. ② 51. ①

52 甲은 乙은행에 대한 채무의 이행을 담보하고자 그 소유 토지(X)에 乙명의의 저당권과 함께 X의 담보가치 유지만을 위한 乙명의의 지상권을 설정하였다. 이후 甲과 丙은 X에 건축물(Y)을 축조하였다. 다음 설명 중 옳은 것은? (다툼이 있으면 판례에 따름) ▶제30회

① 乙의 甲에 대한 위 채권이 시효소멸하여도 乙명의의 지상권은 존속한다.
② 乙이 지상권 침해를 이유로 丙에 대하여 Y의 철거를 청구할 경우, 특별한 사정이 없는 한 丙은 甲에 대한 채권을 이유로 乙에게 대항할 수 있다.
③ 乙은 丙에게 X의 사용·수익을 이유로 부당이득의 반환을 청구할 수 있다.
④ Y의 축조로 X의 교환가치가 피담보채권액 미만으로 하락하면 乙은 甲에게 저당권침해를 이유로 손해배상을 청구할 수 있다.
⑤ 乙의 지상권은 담보물권이므로 그 피담보채무의 범위 확인을 구하는 청구는 적법하다.

> **해설** ④ 甲의 고의, 과실로 인한 건물의 축조로 X토지의 교환가치가 피담보채권액 미만으로 하락하면 乙은 甲에게 저당권침해를 이유로 손해배상을 청구할 수 있다.
> ① 지상권은 피담보채권에 부종하여 소멸한다(대판 2011다6342).
> ② 이러한 사정만으로 지상권자에 대항할 수는 없다(대판 2005다47205).
> ③ 어떠한 손해가 발생하였다고 볼 수 없다(대판 2006다586).
> ⑤ 지상권은 용익물권으로서 담보물권이 아니므로 피담보채무라는 것이 존재할 수 없다. 따라서 지상권설정등기에 관한 피담보채무의 범위 확인을 구하는 청구는 확인의 이익이 없어 부적법하다(대판 2015다65042).

53 지역권에 관한 설명으로 틀린 것은? ▶제35회

① 지역권은 요역지와 분리하여 양도할 수 없다.
② 지역권은 표현된 것이 아니더라도 시효취득할 수 있다.
③ 요역지의 소유권이 이전되면 다른 약정이 없는 한 지역권도 이전된다.
④ 요역지의 공유자 1인은 그 토지 지분에 관한 지역권을 소멸시킬 수 없다.
⑤ 공유자의 1인이 지역권을 취득한 때에는 다른 공유자도 지역권을 취득한다.

> **해설** ② 지역권은 계속되고 표현된 것에 한하여 같은 법 제245조의 규정을 준용한다고 규정하고 있으므로 점유로 인한 지역권 취득기간의 만료로 통행지역권을 시효취득하려면 요역지의 소유자가 타인의 소유인 승역지 위에 통로를 개설하여 그 통로를 사용하는 상태가 위 제245조에 규정된 기간 동안 계속되어야 한다(대판 90다16283).

Answers 52. ④ 53. ②

54 지역권에 관한 설명으로 틀린 것은? (다툼이 있으면 판례에 따름) ▶제34회

① 지역권은 요역지와 분리하여 양도할 수 없다.
② 공유자 중 1인이 지역권을 취득한 때에는 다른 공유자도 이를 취득한다.
③ 통행지역권을 주장하는 자는 통행으로 편익을 얻는 요역지가 있음을 주장·증명해야 한다.
④ 요역지의 불법점유자도 통행지역권을 시효취득할 수 있다.
⑤ 지역권은 계속되고 표현된 것에 한하여 시효취득할 수 있다.

> **해설** ④ 위요지 통행권이나 통행지역권은 모두 인접한 토지의 상호이용의 조절에 기한 권리로서 토지의 소유자 또는 지상권자·전세권자 등 토지사용권을 가진 자에게 인정되는 권리라 할 것이므로 위와 같은 권리자가 아닌 토지의 불법점유자는 토지소유권의 상린관계로서 위요지 통행권의 주장이나 통행지역권의 시효취득 주장을 할 수 없다(대판 76다1694).

55 지역권에 관한 설명으로 옳은 것은? (다툼이 있으면 판례에 따름) ▶제33회

① 요역지는 1필의 토지 일부라도 무방하다.
② 요역지의 소유권이 이전되어도 특별한 사정이 없는 한 지역권은 이전되지 않는다.
③ 지역권의 존속기간을 영구무한으로 약정할 수는 없다.
④ 지역권자는 승역지를 권원 없이 점유한 자에게 그 반환을 청구할 수 있다.
⑤ 요역지공유자의 1인은 지분에 관하여 그 토지를 위한 지역권을 소멸하게 하지 못한다.

> **해설** ⑤ 토지공유자의 1인은 지분에 관하여 그 토지를 위한 지역권 또는 그 토지가 부담한 지역권을 소멸하게 하지 못한다(제293조 제1항).
> ① 요역지는 반드시 1필의 토지이어야 한다.
> ② 요역지의 소유권이 이전되면 지역권도 함께 이전된다(제292조 제1항).
> ③ 지역권의 존속기간을 영구무한으로 약정할 수 있다.
> ④ 지역권자에게는 승역지에 대한 물권적반환청구권이 인정되지 않는다.

Answers 54. ④ 55. ⑤

56 지역권에 관한 설명으로 틀린 것은? (다툼이 있으면 판례에 따름) ▶제31회

① 요역지의 소유권이 양도되면 지역권은 원칙적으로 이전되지 않는다.
② 공유자의 1인이 지역권을 취득한 때에는 다른 공유자도 이를 취득한다.
③ 점유로 인한 지역권취득기간의 중단은 지역권을 행사하는 모든 공유자에 대한 사유가 아니면 그 효력이 없다.
④ 어느 토지에 대하여 통행지역권을 주장하려면 그 토지의 통행으로 편익을 얻는 요역지가 있음을 주장·증명해야 한다.
⑤ 승역지에 관하여 통행지역권을 시효취득한 경우, 특별한 사정이 없는 한 요역지 소유자는 승역지 소유자에게 승역지의 사용으로 입은 손해를 보상해야 한다.

> **해설** ① 지역권은 요역지소유권에 부종하여 이전하며 또는 요역지에 대한 소유권 이외의 권리의 목적이 된다(제292조 제1항).

57 지역권에 관한 설명으로 틀린 것은? (다툼이 있으면 판례에 따름) ▶제30회

① 요역지는 1필의 토지여야 한다.
② 요역지의 지상권자는 자신의 용익권 범위 내에서 지역권을 행사할 수 있다.
③ 공유자 중 1인이 지역권을 취득한 때에는 다른 공유자도 지역권을 취득한다.
④ 요역지의 불법점유자는 통행지역권을 시효취득할 수 없다.
⑤ 통행지역권을 시효취득하였다면, 특별한 사정이 없는 한 요역지 소유자는 도로설치로 인해 승역지 소유자가 입은 손실을 보상하지 않아도 된다.

> **해설** ⑤ 통행지역권을 취득시효한 경우에도 주위토지통행권의 경우와 마찬가지로 요역지 소유자는 승역지에 대한 도로 설치 및 사용에 의하여 승역지 소유자가 입은 '손해를 보상'하여야 한다(대판 2012다17479).

Answers 56. ① 57. ⑤

58 전세권에 관한 설명으로 틀린 것은? ▶제35회

① 전세금의 반환은 전세권말소등기에 필요한 서류를 교부하기 전에 이루어져야 한다.
② 전세권자는 전세권설정자에 대하여 통상의 수선에 필요한 비용의 상환을 청구할 수 없다.
③ 전전세한 목적물에 불가항력으로 인한 손해가 발생한 경우, 그 손해가 전전세하지 않았으면 면할 수 있는 것이었던 때에는 전세권자는 그 책임을 부담한다.
④ 대지와 건물을 소유한 자가 건물에 대해서만 전세권을 설정한 후 대지를 제3자에게 양도한 경우, 제3자는 전세권설정자에 대하여 대지에 대한 지상권을 설정한 것으로 본다.
⑤ 타인의 토지에 지상권을 설정한 자가 그 위에 건물을 신축하여 그 건물에 전세권을 설정한 경우, 그 건물소유자는 전세권자의 동의 없이 지상권을 소멸하게 하는 행위를 할 수 없다.

> **해설** ① 전세권이 소멸한 때에는 전세권설정자는 전세권자로부터 그 목적물의 인도 및 전세권설정등기의 말소등기에 필요한 서류의 교부를 받는 동시에 전세금을 반환하여야 한다.

59 토지전세권에 관한 설명으로 옳은 것은? (다툼이 있으면 판례에 따름) ▶제33회

① 토지전세권을 처음 설정할 때에는 존속기간에 제한이 없다.
② 토지전세권의 존속기간을 1년 미만으로 정한 때에는 1년으로 한다.
③ 토지전세권의 설정은 갱신할 수 있으나 그 기간은 갱신한 날로부터 10년을 넘지 못한다.
④ 토지전세권자에게는 토지임차인과 달리 지상물매수청구권이 인정될 수 없다.
⑤ 토지전세권설정자가 존속기간 만료 전 6월부터 1월 사이에 갱신거절의 통지를 하지 않은 경우, 특별한 사정이 없는 한 동일한 조건으로 다시 전세권을 설정한 것으로 본다.

> **해설** ③ 제312조 제3항
> ① 토지전세권의 존속기간은 10년의 제한이 있다.
> ② 토지전세권의 존속기간은 최단기간 제한이 없다.
> ④ 토지전세권자에게도 토지임차인의 지상물매수청구권에 관한 규정을 유추적용하여 지상물매수청구권이 인정될 수 있다(대판 2005다41740).
> ⑤ 전세권의 법정갱신은 건물의 전세권에 대하여 인정된다(제312조 4항).

Answers 58. ① 59. ③

60 甲은 그 소유 X건물의 일부에 관하여 乙명의의 전세권을 설정하였다. 다음 설명 중 틀린 것은? (다툼이 있으면 판례에 따름) ▶제30회

① 乙의 전세권이 법정갱신되는 경우, 그 존속기간은 1년이다.
② 존속기간 만료시 乙이 전세금을 반환받지 못하더라도 乙은 전세권에 기하여 X건물 전체에 대한 경매를 신청할 수는 없다.
③ 존속기간 만료 시 乙은 특별한 사정이 없는 한 전세금반환채권을 타인에게 양도할 수 있다.
④ 甲이 X건물의 소유권을 丙에게 양도한 후 존속기간이 만료되면 乙은 甲에 대하여 전세금반환을 청구할 수 없다.
⑤ 乙은 특별한 사정이 없는 한 전세목적물의 현상유지를 위해 지출한 통상필요비의 상환을 甲에게 청구할 수 없다.

> **해설** ① 乙의 전세권이 법정갱신되는 경우, 그 존속기간은 1년이 아니라 기간의 정함이 없는 전세권으로 된다.

61 전세권에 관한 설명으로 옳은 것은? (다툼이 있으면 판례에 따름) ▶제34회

① 전세권설정자의 목적물 인도는 전세권의 성립요건이다.
② 타인의 토지에 있는 건물에 전세권을 설정한 경우, 전세권의 효력은 그 건물의 소유를 목적으로 한 지상권에 미친다.
③ 전세권의 사용·수익 권능을 배제하고 채권담보만을 위해 전세권을 설정하는 것은 허용된다.
④ 전세권설정자는 특별한 사정이 없는 한 목적물의 현상을 유지하고 그 통상의 관리에 속한 수선을 해야 한다.
⑤ 건물전세권이 법정갱신된 경우, 전세권자는 이를 등기해야 제3자에게 대항할 수 있다.

> **해설** ② 제304조 제1항
> ① 전세권이 용익물권적 성격과 담보물권적 성격을 겸비하고 있다는 점 및 목적물의 인도는 전세권의 성립요건이 아닌 점 등에 비추어 볼 때, 당사자가 주로 채권담보의 목적으로 전세권을 설정하였고, 그 설정과 동시에 목적물을 인도하지 아니한 경우라 하더라도, 장차 전세권자가 목적물을 사용·수익하는 것을 완전히 배제하는 것이 아니라면, 그 전세권의 효력을 부인할 수는 없다(대판 94다18508).

Answers 60. ① 61. ②

③ 전세권설정계약의 당사자가 전세권의 핵심인 사용·수익 권능을 배제하고 채권담보만을 위해 전세권을 설정하였다면, 법률이 정하지 않은 새로운 내용의 전세권을 창설하는 것으로서 물권법정주의에 반하여 허용되지 않고 이러한 전세권설정등기는 무효라고 보아야 한다(대판 2018다40235).
④ 전세권자는 목적물의 현상을 유지하고 그 통상의 관리에 속한 수선을 해야 한다(제309조).
⑤ 전세권의 법정갱신은 법률의 규정에 의한 부동산에 관한 물권의 변동이므로 전세권갱신에 관한 등기를 필요로 하지 아니하고 전세권자는 그 등기없이도 전세권설정자나 그 목적물을 취득한 제3자에 대하여 그 권리를 주장할 수 있다(대판 88다카21029).

62 전세권에 관한 설명으로 틀린 것은? (다툼이 있으면 판례에 따름) ▶제32회

① 전세금의 지급은 전세권 성립의 요소이다.
② 당사자가 주로 채권담보의 목적을 갖는 전세권을 설정하였더라도 장차 전세권자의 목적물에 대한 사용수익권을 완전히 배제하는 것이 아니라면 그 효력은 인정된다.
③ 건물전세권이 법정갱신된 경우 전세권자는 전세권갱신에 관한 등기없이도 제3자에게 전세권을 주장할 수 있다.
④ 전세권의 존속기간 중 전세목적물의 소유권이 양도되면, 그 양수인이 전세권설정자의 지위를 승계한다.
⑤ 건물의 일부에 대한 전세에서 전세권설정자가 전세금의 반환을 지체하는 경우, 전세권자는 전세권에 기하여 건물 전부에 대해서 경매청구할 수 있다.

해설 ⑤ 전세권자는 전세권의 목적이 된 부분을 초과하여 건물 전부의 경매를 청구할 수 없다(대결 2001마212).

Answers   62. ⑤

Theme 06 담보물권

63 민법상 유치권에 관한 설명으로 틀린 것은? (다툼이 있으면 판례에 따름) ▶제35회

① 권리금반환청구권은 유치권의 피담보채권이 될 수 없다.
② 유치권의 행사는 피담보채권 소멸시효의 진행에 영향을 미치지 않는다.
③ 공사대금채권에 기하여 유치권을 행사하는 자가 스스로 유치물인 주택에 거주하며 사용하는 것은 특별한 사정이 없는 한 유치물의 보존에 필요한 사용에 해당한다.
④ 유치권에 의한 경매가 목적부동산 위의 부담을 소멸시키는 법정매각조건으로 실시된 경우, 그 경매에서 유치권자는 일반채권자보다 우선하여 배당을 받을 수 있다.
⑤ 건물신축공사를 도급받은 수급인이 사회통념상 독립한 건물이 되지 못한 정착물을 토지에 설치한 상태에서 공사가 중단된 경우, 수급인은 그 정착물에 대하여 유치권을 행사할 수 없다.

> **해설** ④ 유치권자는 당해 경매절차에 일반채권자로 참여하여 배당을 받을 수는 있지만 이 경우에도 일반채권자로 배당을 받을 요건을 충족하여야 한다. 유치권에 의한 경매는 유치물을 현금화하는 것이 목적이고 우선변제권의 실현이 목적이 아니기 때문에 유치권자에게 우선변제권은 인정되지 않는다.

64 민법상 유치권에 관한 설명으로 틀린 것은? (다툼이 있으면 판례에 따름) ▶제34회

① 유치권자는 유치물에 대한 경매권이 있다.
② 유치권 발생을 배제하는 특약은 무효이다.
③ 건물신축공사를 도급받은 수급인이 사회통념상 독립한 건물이 되지 못한 정착물을 토지에 설치한 상태에서 공사가 중단된 경우, 그 토지에 대해 유치권을 행사할 수 없다.
④ 유치권은 피담보채권의 변제기가 도래하지 않으면 성립할 수 없다.
⑤ 유치권자는 선량한 관리자의 주의로 유치물을 점유해야 한다.

> **해설** ② 유치권은 채권자의 이익을 보호하기 위한 법정담보물권으로서, 당사자는 미리 유치권의 발생을 막는 특약을 할 수 있고 이러한 특약은 유효하다. 유치권 배제 특약이 있는 경우 다른 법정요건이 모두 충족되더라도 유치권은 발생하지 않는데, 특약에 따른 효력은 특약의 상대방뿐 아니라 그 밖의 사람도 주장할 수 있다(대판 2016다234043).

Answers 63. ④ 64. ②

65 민법상 유치권에 관한 설명으로 옳은 것은? (다툼이 있으면 판례에 따름) ▶제33회

① 유치권자는 유치물에 대한 경매신청권이 없다.
② 유치권자는 유치물의 과실인 금전을 수취하여 다른 채권보다 먼저 피담보채권의 변제에 충당할 수 있다.
③ 유치권자는 채무자의 승낙 없이 유치물을 담보로 제공할 수 있다.
④ 채권자가 채무자를 직접점유자로 하여 간접점유하는 경우에도 유치권은 성립한다.
⑤ 유치권자는 유치물에 관해 지출한 필요비를 소유자에게 상환 청구할 수 없다.

해설 ① 유치권자는 유치물에 대한 경매신청권이 인정된다(제322조 제1항).
③ 유치권자는 채무자의 승낙 없이 유치물을 담보로 제공할 수 없다(제324조 제2항).
④ 유치권자의 점유는 간접점유라도 무방하나 채무자를 직접점유자로 하여 채권자가 간접점유하는 경우에는 유치권이 성립하지 않는다(대판 2007다27236).
⑤ 유치권자는 유치물에 관해 지출한 필요비를 소유자에게 상환 청구할 수 있다(제325조).

66 담보물권이 가지는 특성(통유성) 중에서 유치권에 인정되는 것을 모두 고른 것은? ▶제31회

| ㉠ 부종성 | ㉢ 불가분성 |
| ㉡ 수반성 | ㉣ 물상대위성 |

① ㉠, ㉡
② ㉠, ㉣
③ ㉢, ㉣
④ ㉠, ㉡, ㉢
⑤ ㉡, ㉢, ㉣

해설 ㉣ 유치권은 우선변제권이 인정되지 아니하기 때문에 물상대위성이 없다.

Answers 65. ② 66. ④

67 저당물의 경매로 토지와 건물의 소유자가 달라지는 경우에 성립하는 법정지상권에 관한 설명으로 옳은 것을 모두 고른 것은? (다툼이 있으면 판례에 따름) ▶제35회

> ㉠ 토지에 관한 저당권 설정 당시 해당 토지에 일시사용을 위한 가설건축물이 존재하였던 경우, 법정지상권은 성립하지 않는다.
> ㉡ 토지에 관한 저당권 설정 당시 존재하였던 건물이 무허가건물인 경우, 법정지상권은 성립하지 않는다.
> ㉢ 지상건물이 없는 토지에 저당권을 설정 받으면서 저당권자가 신축 개시 전에 건축을 동의한 경우, 법정지상권은 성립하지 않는다.

① ㉡　　　　　　② ㉢
③ ㉠, ㉡　　　　④ ㉠, ㉢
⑤ ㉠, ㉡, ㉢

해설　㉡ 저당권 설정 당시에 건물이 존재하기만 한다면 미등기, 무허가 건물도 법정지상권이 성립한다.

68 甲은 乙에게 1억원을 대여하면서 乙소유의 Y건물에 저당권을 취득하였다. 다음 설명 중 옳은 것을 모두 고른 것은? (다툼이 있으면 판례에 따름) ▶제34회

> ㉠ 乙이 甲에게 피담보채권 전부를 변제한 경우, 甲의 저당권은 말소등기를 하지 않아도 소멸한다.
> ㉡ 甲은 Y건물의 소실로 인하여 乙이 취득한 화재보험금청구권에 대하여 물상대위권을 행사할 수 있다.
> ㉢ 甲은 저당권을 피담보채권과 분리하여 제3자에게 양도하지 못한다.

① ㉠　　　　② ㉢　　　　③ ㉠, ㉡
④ ㉡, ㉢　　⑤ ㉠, ㉡, ㉢

해설　㉠ 피담보채권이 소멸하면 저당권은 그 부종성에 의하여 당연히 소멸한다(부종성).
㉡ 양도담보권자는 양도담보 목적물이 소실되어 양도담보 설정자가 보험회사에 대하여 화재보험계약에 따른 보험금청구권을 취득한 경우에도 담보물 가치의 변형물인 위 화재보험금청구권에 대하여 양도담보권에 기한 물상대위권을 행사할 수 있다(대판 2006다37106).
㉢ 저당권이나 근저당권은 그 담보한 채권과 분리하여 다른 사람에게 양도하거나 다른 채권의 담보로 할 수 없다.

Answers　67. ④　68. ⑤

69 甲은 2020. 1. 1. 乙에게 1억원을 대여하면서 변제기 2020. 12. 30., 이율 연 5%, 이자는 매달 말일 지급하기로 약정하였고, 그 담보로 당일 乙소유 토지에 저당권을 취득하였다. 乙이 차용일 이후부터 한 번도 이자를 지급하지 않았고, 甲은 2023. 7. 1. 저당권실행을 위한 경매를 신청하였다. 2023. 12. 31. 배당절차에서 배당재원 3억원으로 배당을 실시하게 되었는데, 甲은 총 1억 2,000만원의 채권신고서를 제출하였다. 甲의 배당금액은? (甲보다 우선하는 채권자는 없으나 2억원의 후순위저당권자가 있고, 공휴일 및 소멸시효와 이자에 대한 지연손해금 등은 고려하지 않음) ▶제35회

① 1억 500만원 ② 1억 1,000만원 ③ 1억 1,500만원
④ 1억 1,750만원 ⑤ 1억 2,000만원

해설 후순위 저당권자가 있다면 원금 1억원과 1년치 이자 500만원(1억원의 5%), 그리고 지연손해금 500만원을 배당받을 수 있다.

70 2019. 8. 1. 甲은 乙에게 2억 원(대여기간 1년, 이자 월 15%)을 대여하면서 乙 소유 X토지(가액 3억 원)에 근저당권(채권최고액 2억 5천만 원)을 취득하였고, 2020. 7. 1. 丙은 乙에게 1억 원(대여기간 1년, 이자 월 1%)을 대여하면서 X토지에 2번 근저당권(채권최고액 1억 5천만 원)을 취득하였다. 甲과 丙이 변제를 받지 못한 상황에서 丙이 2022. 6. 1. X토지에 관해 근저당권 실행을 위한 경매를 신청하면서 배당을 요구한 경우, 이에 관한 설명으로 옳은 것은? (다툼이 있으면 판례에 따름) ▶제33회

㉠ 2022. 6. 1. 甲의 근저당권의 피담보채권액은 확정되지 않는다.
㉡ 甲에게 2022. 6. 1. 이후에 발생한 지연이자는 채권최고액의 범위 내라도 근저당권에 의해 담보되지 않는다.
㉢ 甲이 한 번도 이자를 받은 바 없고 X토지가 3억 원에 경매되었다면 甲은 경매대가에서 3억 원을 변제받는다.

① ㉠ ② ㉡ ③ ㉠, ㉢
④ ㉡, ㉢ ⑤ ㉠, ㉡, ㉢

해설 ㉠ 후순위 채권자가 경매를 신청하면 매각대금 완납시에 갑의 피담보채권액이 확정되므로 갑의 피담보채권액은 6월 1일에는 아직 확정되지 않았다.
㉡ 근저당권이 담보하는 채권의 범위는 지연이자를 포함해 결산기에 현실적으로 존재하는 채권액 전부에 미친다.
㉢ 갑의 채권최고액은 2억 5천만 원이므로 2억 5천만 원을 변제받는다.

Answers 69. ② 70. ①

71 법률에 특별한 규정 또는 설정행위에 다른 약정이 없는 경우, 저당권의 우선변제적 효력이 미치는 것을 모두 고른 것은? (다툼이 있으면 판례에 따름) ▶제33회

> ㉠ 토지에 저당권이 설정된 후 그 토지 위에 완공된 건물
> ㉡ 토지에 저당권이 설정된 후 토지소유자가 그 토지에 매설한 유류저장탱크
> ㉢ 저당토지가 저당권 실행으로 압류된 후 그 토지에 관하여 발생한 저당권설정자의 차임채권
> ㉣ 토지에 저당권이 설정된 후 토지의 전세권자가 그 토지에 식재하고 등기한 입목

① ㉡　　　　　　② ㉠, ㉣　　　　　　③ ㉡, ㉢
④ ㉠, ㉢, ㉣　　　⑤ ㉡, ㉢, ㉣

해설 ㉡ 부합물은 저당권 설정 전후에 관계없이 저당권의 효력이 미친다.
㉢ 압류 후의 차임채권에는 저당권의 효력이 미친다.
㉠ 건물은 토지에 부합되지 않으므로 저당권의 효력이 미치지 않는다.
㉣ 정당한 권원을 가지고 토지에 식재한 입목은 부합이 되지 않으므로 저당권의 효력이 미치지 않는다.

72 甲은 乙소유의 X토지에 저당권을 취득하였다. X토지에 Y건물이 존재할 때, 甲이 X토지와 Y건물에 대해 일괄경매를 청구할 수 있는 경우를 모두 고른 것은? (다툼이 있으면 판례에 따름) ▶제31회

> ㉠ 甲이 저당권을 취득하기 전, 이미 X토지 위에 乙의 Y건물이 존재한 경우
> ㉡ 甲이 저당권을 취득한 후, 乙이 X토지 위에 Y건물을 축조하여 소유하고 있는 경우
> ㉢ 甲이 저당권을 취득한 후, 丙이 X토지에 지상권을 취득하여 Y건물을 축조하고 乙이 그 건물의 소유권을 취득한 경우

① ㉠　　　　　　② ㉡　　　　　　③ ㉠, ㉢
④ ㉡, ㉢　　　　⑤ ㉠, ㉡, ㉢

해설 ㉠㉡ 해당 건물이 토지에 대해 저당권이 설정된 후에 신축된 것이어야 한다. 토지의 저당권설정자가 그 지상에 건물을 축조하여 소유하고 있는 경우에 한한다.
㉢ 저당권설정자로부터 저당토지에 용익권을 설정 받은 자가 건물을 축조한 경우라도 그 후 저당권설정자가 그 건물의 소유권을 취득한 경우에는 일괄경매청구권이 인정된다.

Answers　71. ③　72. ④

73 근저당권에 관한 설명으로 옳은 것을 모두 고른 것은? (다툼이 있으면 판례에 따름) ▶제35회

> ㉠ 채무자가 아닌 제3자도 근저당권을 설정할 수 있다.
> ㉡ 피담보채무 확정 전에는 채무자를 변경할 수 있다.
> ㉢ 근저당권에 의해 담보될 채권최고액에 채무의 이자는 포함되지 않는다.

① ㉠ ② ㉢ ③ ㉠, ㉡
④ ㉡, ㉢ ⑤ ㉠, ㉡, ㉢

> **해설** ㉢ 확정 전에 발생한 원본채권에 관하여 확정 후에 발생하는 이자나 지연손해금채권은 채권최고액의 범위 내에서 근저당권에 의하여 여전히 담보된다(대판 2005다38300).

74 근저당권에 관한 설명으로 틀린 것은? (다툼이 있으면 판례에 따름) ▶제34회

① 채권최고액에는 피담보채무의 이자가 산입된다.
② 피담보채무 확정 전에는 채무자를 변경할 수 있다.
③ 근저당권자가 피담보채무의 불이행을 이유로 경매신청을 한 경우, 특별한 사정이 없는 한 피담보채무액은 그 신청시에 확정된다.
④ 물상보증인은 채권최고액을 초과하는 부분의 채권액까지 변제할 의무를 부담한다.
⑤ 특별한 사정이 없는 한, 존속기간이 있는 근저당권은 그 기간이 만료한 때 피담보채무가 확정된다.

> **해설** ④ 근저당권의 물상보증인은 민법 357조에서 말하는 채권의 최고액만을 변제하면 근저당권설정등기의 말소청구를 할 수 있고 채권최고액을 초과하는 부분의 채권액까지 변제할 의무가 있는 것이 아니다(대판 74다998).

Answers 73. ③ 74. ④

75 근저당권에 관한 설명으로 틀린 것은? (다툼이 있으면 판례에 따름) ▶제31회

① 채무자가 아닌 제3자도 근저당권을 설정할 수 있다.
② 채권자가 아닌 제3자 명의의 근저당권설정등기는 특별한 사정이 없는 한 무효이다.
③ 근저당권에 의해 담보될 채권최고액에 채무의 이자는 포함되지 않는다.
④ 근저당권설정자가 적법하게 기본계약을 해지하면 피담보채권은 확정된다.
⑤ 근저당권자가 피담보채무의 불이행을 이유로 경매신청을 한 경우에는 경매신청시에 피담보채권액이 확정된다.

해설 ③ 채권최고액 범위에서 모든 채권이 담보되므로 이자나 지연손해금까지 최고액에 포함된다.

76 X물건에 대한 甲의 유치권 성립에 영향을 미치지 않는 것은? (다툼이 있으면 판례에 따름) ▶제30회

① X의 소유권자가 甲인지 여부
② X에 관하여 생긴 채권의 변제기가 도래하였는지 여부
③ X에 대한 甲의 점유가 채무자를 매개로 한 간접점유가 아닌 한, 직접점유인지 간접점유인지 여부
④ X에 대한 甲의 점유가 불법행위에 의한 것인지 여부
⑤ X에 관하여 생긴 채권에 기한 유치권을 배제하기로 한 채무자와의 약정이 있었는지 여부

해설 ③ 채무자를 직접점유자로 하여 채권자가 간접점유하는 경우가 아니라면 간접점유로도 유치권은 성립할 수 있다.

Answers 75. ③ 76. ③

77 저당권에 관한 설명으로 옳은 것은? (다툼이 있으면 판례에 따름) ▶제34회

① 전세권은 저당권의 객체가 될 수 없다.
② 저당권 설정은 권리의 이전적 승계에 해당한다.
③ 민법 제365조에 따라 토지와 건물의 일괄경매를 청구한 토지 저당권자는 그 건물의 경매대가에서 우선변제를 받을 수 있다.
④ 건물 건축 개시 전의 나대지에 저당권이 설정될 당시 저당권자가 그 토지 소유자의 건물 건축에 동의한 경우, 저당토지의 임의경매로 인한 법정지상권은 성립하지 않는다.
⑤ 저당물의 소유권을 취득한 제3자는 그 저당물의 보존을 위해 필요비를 지출하더라도 특별한 사정이 없는 한 그 저당물의 경매대가에서 우선상환을 받을 수 없다.

> 해설 ④ 민법 제366조의 법정지상권은 저당권설정 당시부터 저당권의 목적되는 토지 위에 건물이 존재할 경우에 한하여 인정되며 건물 없는 토지에 대하여 저당권이 설정된 후 저당권설정자가 그 위에 건물을 건축하였다가 임의경매절차에서 경매로 인하여 대지와 그 지상건물이 소유자를 달리하였을 경우에는 저당권자의 동의여부를 불문하고, 위 법조 소정의 법정지상권이 인정되지 아니할 뿐만 아니라 관습상의 법정지상권도 인정되지 아니한다(대판 92다20330).
> ① 민법상 저당권의 객체로 인정되는 것들로는 부동산, 지상권, 전세권이 있다.
> ② 저당권 설정은 권리의 설정적 승계, 승계취득에 해당한다.
> ③ 토지를 목적으로 저당권을 설정한 후 그 설정자가 그 토지에 건물을 축조한 때에는 저당권자는 토지와 함께 그 건물에 대하여도 경매를 청구할 수 있으나, 그 건물의 경매대가에 대하여는 우선변제를 받을 권리가 없다(제365조).
> ⑤ 저당물의 제3취득자가 그 부동산의 보존·개량을 위해 필요비 또는 유익비를 지출한 때에는 제203조 제1항·제2항의 규정에 의해 저당물의 경매대가에서 우선상환을 받을 수 있다(제367조).

78 저당권의 피담보채권의 범위에 속하지 않는 것은? ▶제29회

① 원본
② 위약금
③ 저당권의 실행비용
④ 저당목적물의 하자로 인한 손해배상금
⑤ 원본의 이행기일을 경과한 후의 1년분의 지연배상금

> 해설 ④ 저당권은 원본, 이자, 위약금, 채무불이행으로 인한 손해배상 및 저당권의 실행비용을 담보한다. 그러나 지연배상에 대하여는 원본의 이행기일을 경과한 후 1년분에 한하여 저당권을 행사한다(제360조).

Answers 77. ④ 78. ④

79 저당권에 관한 설명으로 옳은 것은? (다툼이 있으면 판례에 따름) ▶제29회

① 저당권은 그 담보한 채권과 분리하여 타인에게 양도할 수 있다.
② 저당물의 소유권을 취득한 제3자는 그 저당물의 경매에서 경매인이 될 수 없다.
③ 건물저당권의 효력은 특별한 사정이 없는 한 그 건물의 소유를 목적으로 한 지상권에도 미친다.
④ 저당부동산에 대한 압류가 있으면 압류 이전의 저당권 설정자의 저당부동산에 관한 차임채권에도 저당권의 효력이 미친다.
⑤ 저당부동산의 제3취득자는 부동산의 보존·개량을 위해 지출한 비용을 그 부동산의 경매대가에서 우선 변제받을 수 없다.

> 해설 ① 분리양도 금지
> ② 경매인이 될 수 있다(제363조 제2항).
> ④ 압류 후의 과실(차임채권)에 미친다.
> ⑤ 우선상환이 가능하다(제367조).

80 甲은 그 소유 나대지(X)에 乙에 대한 채무담보를 위해 乙명의의 저당권을 설정하였다. 이후 丙은 X에 건물(Y)을 신축하여 소유하고자 甲으로부터 X를 임차하여 Y를 완성한 후, Y에 丁명의의 저당권을 설정하였다. 다음 설명 중 틀린 것은? (다툼이 있으면 판례에 따름) ▶제30회

① 乙은 甲에 대한 채권과 분리하여 자신의 저당권을 타인에게 양도할 수 없다.
② 乙이 X에 대한 저당권을 실행하는 경우, Y에 대해서도 일괄경매를 청구할 수 있다.
③ 丁의 Y에 대한 저당권 실행으로 戊가 경락을 받아 그 대금을 완납하면, 특별한 사정이 없는 한 丙의 X에 관한 임차권은 戊에게 이전된다.
④ 丁의 Y에 대한 저당권이 실행되더라도 乙의 저당권은 소멸하지 않는다.
⑤ 甲이 X를 매도하는 경우, 乙은 그 매매대금에 대해 물상대위권을 행사할 수 없다.

> 해설 ② 乙이 X토지에 대한 저당권을 실행하는 경우, 일괄경매를 청구하려면 토지와 건물이 동일한 소유자이어야 한다.

Answers 79. ③ 80. ②

81 법률상 특별한 규정이나 당사자 사이에 다른 약정이 없는 경우, 저당권의 효력이 미치는 것을 모두 고른 것은? (다툼이 있으면 판례에 따름) ▶제30회

> ㉠ 저당권 설정 이전의 저당부동산의 종물로서 분리·반출되지 않은 것
> ㉡ 저당권 설정 이후의 저당부동산의 부합물로서 분리·반출되지 않은 것
> ㉢ 저당부동산에 대한 압류 이전에 저당부동산으로부터 발생한 저당권설정자의 차임채권

① ㉡
② ㉠, ㉡
③ ㉠, ㉢
④ ㉡, ㉢
⑤ ㉠, ㉡, ㉢

해설 ㉠, ㉡ 저당권의 효력은 분리·반출되지 아니한 부합물과 종물에 미친다.
㉢ 저당권의 효력은 저당부동산에 대한 압류가 있은 후에 저당권설정자가 그 부동산으로부터 수취한 과실 또는 수취할 수 있는 과실에 미친다.

82 甲은 乙에게 1억원을 대출해 주고, 乙소유의 X토지와 Y토지에 관하여 채권최고액 1억 2,000만원으로 하는 1순위 공동근저당권을 취득하였다. 그 후 甲은 丙이 신청한 X토지의 경매절차에서 8,000만원을 우선 변제받았다. 이후 丁이 신청한 경매절차에서 Y토지가 2억원에 매각되었고, 甲의 채권은 원리금과 지연이자 등을 포함하여 경매신청 당시는 5,000만원, 매각대금 완납시는 5,500만원이다. 甲이 Y토지의 매각대금에서 우선 배당받을 수 있는 금액은? (다툼이 있으면 판례에 따름) ▶제29회

① 2,000만원
② 4,000만원
③ 5,000만원
④ 5,500만원
⑤ 6,000만원

해설 채권자 甲 → 채무자 乙
– 대출원금: 1억
– 채권최고액: 1억 2천
– X토지 경매 우선변제: 8천
– Y토지 경매 우선변제액: 1억 2천 – 8천 = 4천

Answers 81. ② 82. ②

만화로 배우는
박문각 공인중개사
1차 민법·민사특별법

Part

03

계약법

Theme 01 계약총론
Theme 02 계약각론

+ 빈출 핵심용어
+ 핵심 기출문제

01 계약총론

채권법

- 제1장 — 총칙
- 제2장 — 계약 — 법률행위에 의한 채권발생원인
  - 증여, 매매, 교환, 소비대차, 사용대차, 임대차, 고용, 도급, 현상광고, 위임, 임치, 조합, 종신정기금, 화해
- 제3장 — 사무관리 ┐
- 제4장 — 부당이득 ├ 법률의 규정에 의한 채권발생원인
- 제5장 — 불법행위 ┘

먼저 계약법이 민법에서 차지하는 위치를 살펴볼까?

채권법에 포함되는구나.

계약이란 2인 이상의 당사자의 서로 대립하는 의사표시의 합치에 의해 성립하는 법률행위야.

계약

누구나 자유롭게 계약을 체결할 수 있는 '계약자유의 원칙'이 인정되는데…

또 이상한 거 사 모으네.

이거 얼마예요?

우왕~ 넘 귀여워

계약자유의 원칙은 다음과 같은 내용으로 구성되지.

계약자유의 원칙
- 계약체결의 자유
- 계약내용결정의 자유
- 계약체결방식의 자유
- 계약상대방선택의 자유

이는 3대 민법의 원칙 중 하나인 사적자치의 원칙에서 파생된 거야.

사적자치의 원칙
└ 법률행위 자유의 원칙
　└ 계약자유의 원칙

266 Part 03 계약법

> **참고** 물권의 변동 태양

구 분	제 한
체결의 자유	체약강제에 의한 제한(공익적 독점기업의 체약의무, 공공적·공익적 직무담당자의 체약의무, 통제 경제하의 양곡·비료 등의 체약강제)
상대방선택의 자유	
내용결정의 자유	강행법규에 의한 제한, 사회질서에 의한 제한, 규제된 계약에 의한 제한, 보통거래약관에 의한 제한 - 부합(부종)계약(각종의 보험계약, 전기·수도·가스 등의 공급계약, 철도·전차·버스·선박·항공기 등의 운송계약, 은행과의 계약, 통신·전화 등의 이용계약, 병원과 환자와의 계약)
방식의 자유	증여계약, 농지의 임대차·사용대차계약, 부동산의 소유권이전계약, 건설공사도급계약, 할부계약

Theme 01 계약총론

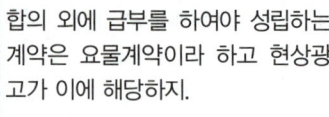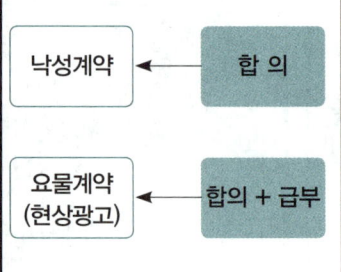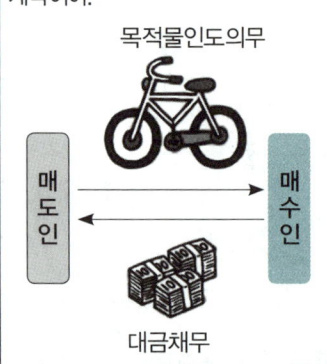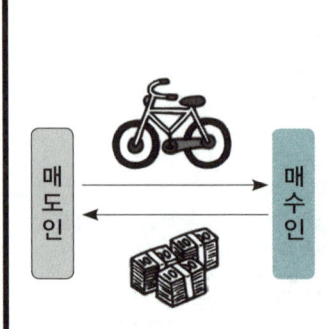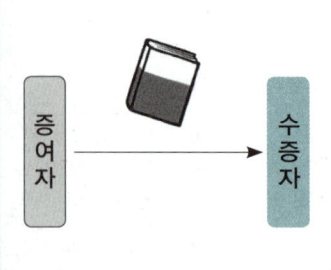

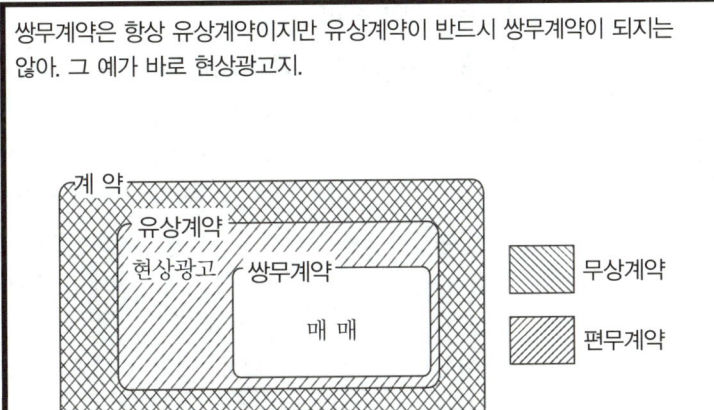

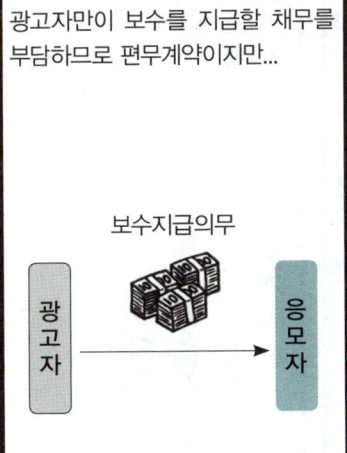
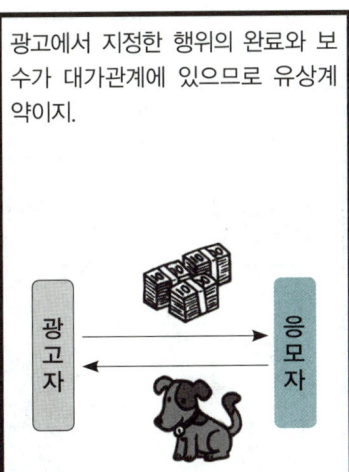
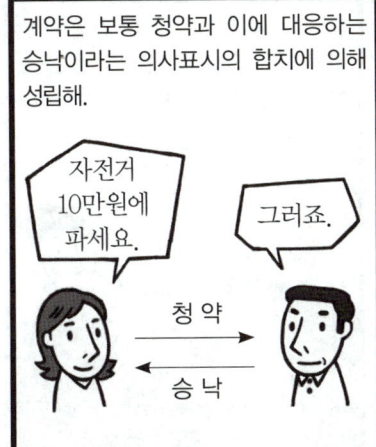

핵심 다잡기 — 청약의 유인, 청약, 승낙의 비교

구 분	계약 성립 요건	예
청약의 유인	청약과 승낙이 필요	상품목록의 배부, 분양공고, 불특정 다수인에 대한 구인광고, 상품판매광고, 버스·기차·기선 등의 시간표 게시, 입찰광고, 최저가격 표시를 하지 않은 경매에 붙인다는 표시, 상품진열 등
청 약	승낙만 필요	자판기의 설치, 정류장에서 버스의 정차, 분양신청, 무인신문판매대의 설치, 구체적 판매조건을 제시한 신문광고, 가격을 표시한 상품진열, 슈퍼마켓 등 셀프서비스 가게의 상품진열 등
승 낙	계약의 성립	시내버스에의 승차, 자판기에 동전의 투입 등

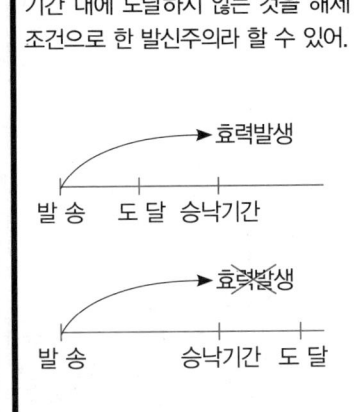

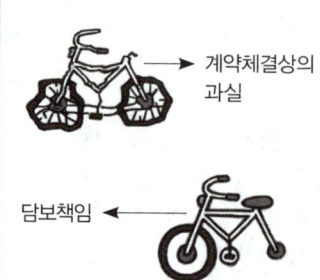

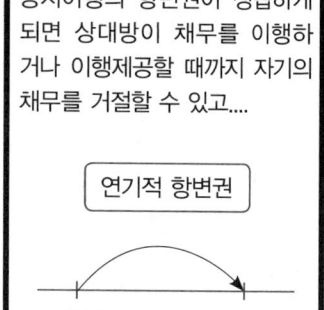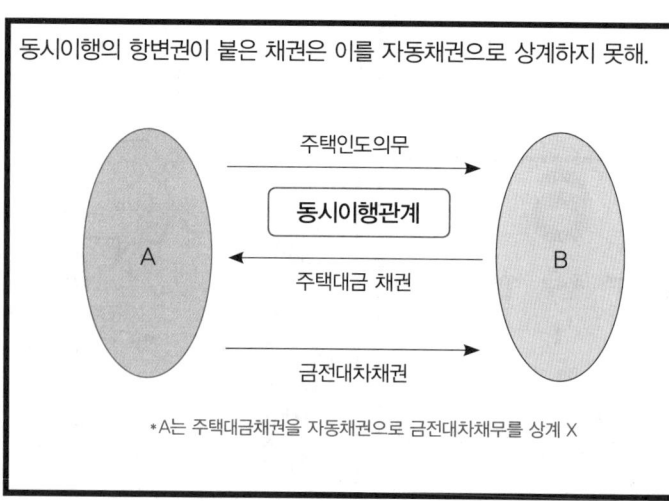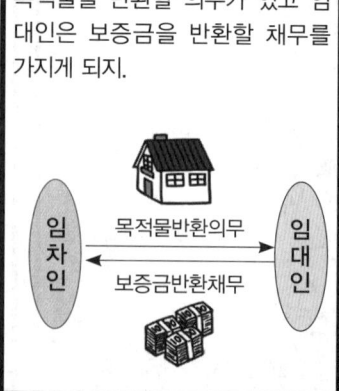

핵심 다잡기 동시이행의 항변권 인정범위의 확대

법률에서 준용하는 경우	해석상(통설과 판례) 인정되는 경우
• 전세권 소멸시 전세권자의 목적물 인도 및 전세권설정등기말소의무와 전세권설정자의 전세금반환의무(제317조) • 계약해제로 인한 쌍방의 원상회복의무(제549조) • 부담부 증여에서 쌍방의 의무(제561조) • 매도인의 담보책임을 물어 계약을 해제한 경우 쌍방의 원상회복의무(제583조) • 가등기담보에서 채권자의 청산금지급의무와 채무자의 목적부동산에 대한 본등기 및 인도의무(가담법 제4조 제3항)	• 계약이 무효 또는 취소된 경우에 당사자 상호 간의 반환의무 • 변제와 영수증의 교부 • 채무변제와 채무이행확보를 위해 교부한 어음·수표의 반환 • 임대차계약이 만료된 경우에 임차인이 임차물을 인도할 의무와 임대인의 보증금반환채무

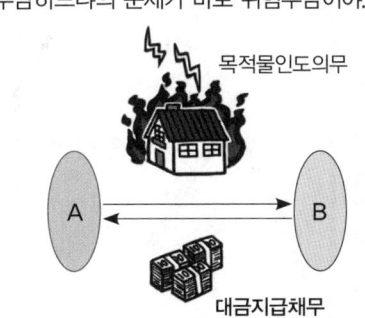
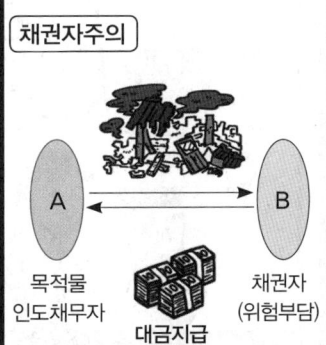
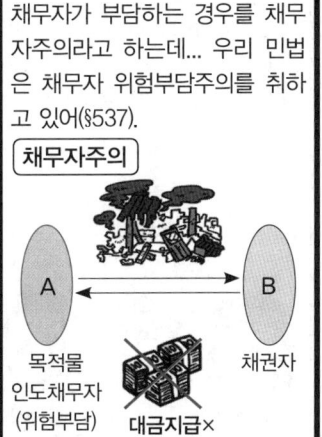

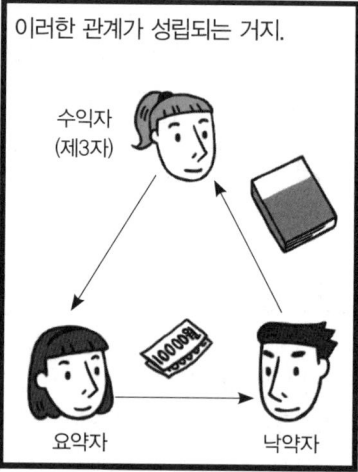
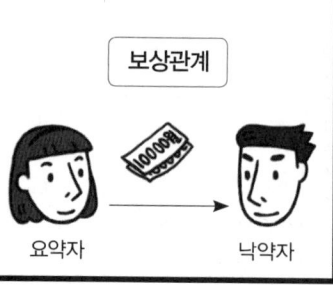

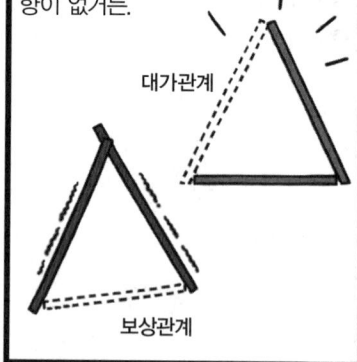

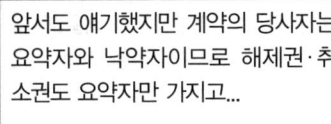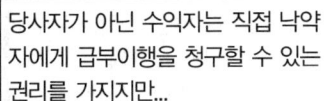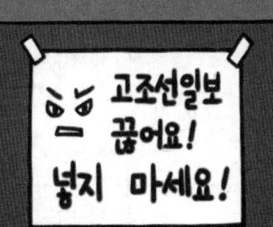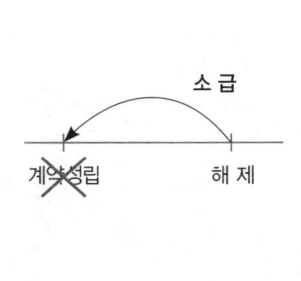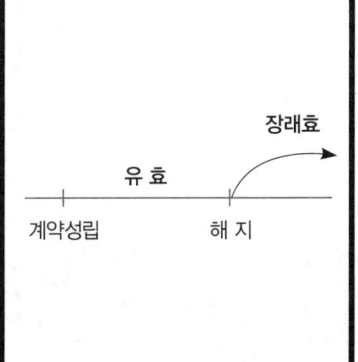

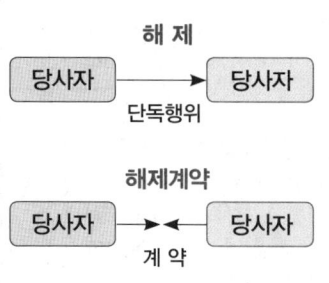

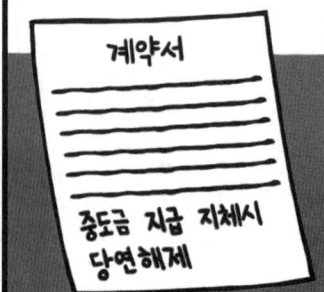
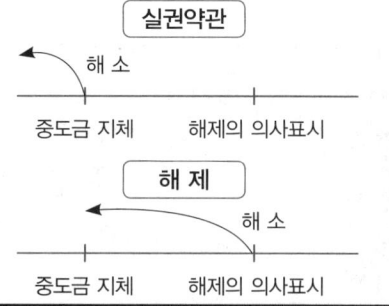

만화로 배우는 공인중개사

기출 OX

- 계약이 합의해제된 경우에도 채무불이행으로 인한 손해배상을 청구할 수 있다. (×)
- 계약의 합의해제에 있어서도 민법 제548조의 계약해제와 같이 이로써 제3자의 권리를 해할 수 없다. (O)
- 합의해제로 인하여 당사자 일방이 원상회복을 위하여 수령한 금전을 반환하는 경우 그 받은 날부터 법정이자가 부가된다. (×)

핵심 다잡기 | 해제와 취소의 비교

구 분	해 제	취 소
대 상	계약에 한정	모든 법률행위(단독행위, 계약, 합동행위)
발생원인	채무불이행·하자담보책임(법정해제권), 당사자의 약정(약정해제권)	제한능력, 착오, 의사표시의 하자 등 법률의 규정
효 과	계약관계의 소급적 소멸(직접효과설), 원상회복, 손해배상	법률행위의 소급적 무효, 부당이득반환
권리의 소멸	상대방의 최고, 목적물의 훼손·반환불능·변경, 행사기간 경과(제척기간 10년)	추인 또는 법정추인, 법률행위를 할 수 있는 날로부터 3년 경과, 법률행위를 한 날로부터 10년 경과
사 유	후발적인 사유	원시적인 사유
반환범위	언제나 전부반환	• 선의·제한능력자: 현존이익의 반환 • 악의: 전부반환
공통점	• 일반적 의사표시(형성권, 단독행위) • 소급효가 있음.	

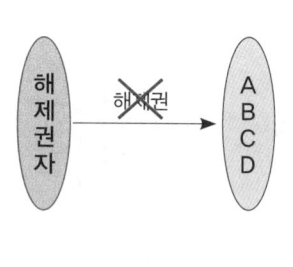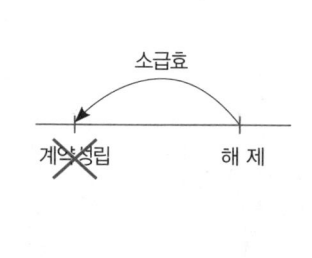

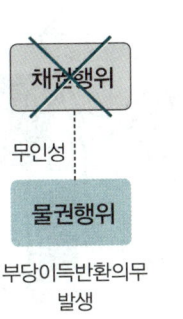
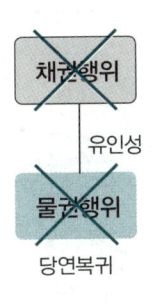

핵심 다잡기 | 해제의 효과

채권적 효과설(통설)	무인성	물권이 당연히 복귀하지는 않음. 단, 수령자는 부당이득반환의무를 부담	제548조 제1항 단서는 주의규정
물권적 효과설(판례)	유인성	당연히 계약이 없었던 상태로 복귀함.	제548조 제1항 단서는 특별규정

✚ 甲이 乙에게 매매를 이유로 등기를 한 후에 甲이 매매를 해제한 경우, 채권적 효과설에 따르면 그 명의의 등기를 말소하여야 소유권이 甲에게 복귀하는 반면 물권적 효과설에 따르면 乙 명의의 등기를 말소하지 않아도 해제와 동시에 소유권은 소급하여 甲에게 복귀한다.

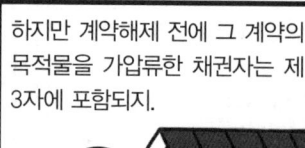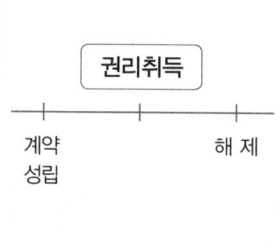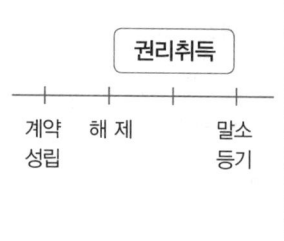

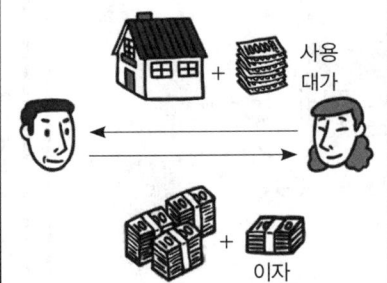

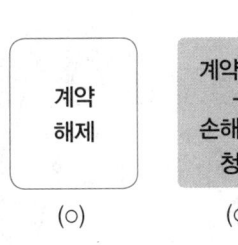

계약각론

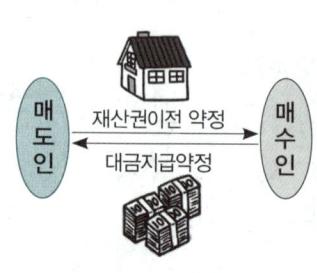

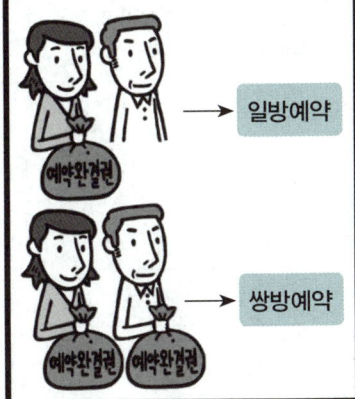

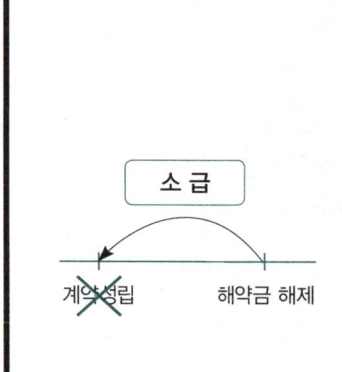

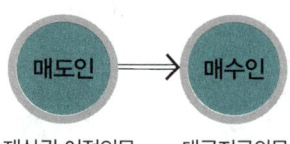

따라서 담보책임은 권리의 하자와 물건의 하자로 구분되게 돼.

권리의 하자
- 권리전부
- 권리일부
- 수량부족 · 일부멸실
- 용익권에 의한 제한
- 저당권 · 전세권에 의한 제한

물건의 하자
특정물, 불특정물

권리에 하자가 있는 경우는 먼저 권리 전부가 타인에 속하는 경우를 생각할 수 있어.

매도인이 권리를 취득해 이전할 수 없게 되었다면 매수인은 선의인 경우 계약을 해제하고 손해배상도 청구할 수 있지만...

"소유권 취득을 못했네요."
"믿고 샀으니 손해배상 해주세요."

악의인 경우는 계약은 해제할 수 있지만 손해배상청구는 인정되지 않아.

"소유권취득을 못했네요."
"할 수 없죠. 계약해제 할게요."

만약 매도인이 선의였다면 매도인은 손해를 배상하고 계약을 해제할 수 있어.

"제 소유 줄 알았는데 아니더라구요. 손해배상 해드릴게요."

하지만 이 경우 매수인이 악의라면 권리이전불능을 통지하고 계약을 해제할 수 있지.

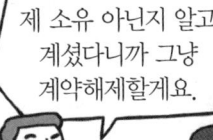

"제 소유 아닌지 알고 계셨다니까 그냥 계약해제할게요."

"1층 소유권 취득을 못했네요."
"그럼 1층 대금 빼주세요."

권리의 일부가 타인에게 속하는 경우 선의 매수인은 원칙적으로 대금감액 청구권과 손해배상청구권을 함께 가지고 악의의 매수인은 대금감액청구권만을 가져.

잔존부분이라면 매수하지 않았을 사정이 있는 경우 선의의 매수인은 해제권과 손해배상청구권을 함께 가지지.

"1층에 가게 낼려고 했는데... 계약해제해야지."

핵심 다잡기 | 권리의 하자에 대한 담보책임

책임원인	매수인	대금감액 청구권	계약해제권	손해배상 청구권	제척기간
권리의 전부가 타인에게 속하는 경우	선의		○	○	규정 ×
	악의		○	×	
권리의 일부가 타인에게 속하는 경우	선의	○	○(일정)	○	사실을 안 날로부터 1년 계약한 때로부터 1년
	악의	○	×	×	
수량부족·일부멸실	선의	○	○(일정)	○	사실을 안 날로부터 1년
	악의	×	×	×	
용익적 권리에 의해 제한	선의		○(목적달성×)	○	사실을 안 날로부터 1년
	악의		×	×	
저당권·전세권 행사에 의해 제한	선의		○(일정)	○(일정)	규정 ×
	악의				

> **참고** 타인의 권리를 매매하였으나 이행불능이 된 경우에 매수인이 받을 손해배상의 범위
>
> 타인의 권리를 매매한 자가 권리이전을 할 수 없게 된 때에는 매도인은 선의의 매수인에 대하여 불능 당시의 시가를 표준으로 그 계약이 완전히 이행된 것과 동일한 경제적 이익(이행이익)을 배상할 의무가 있다(대판 전합 66다2618).

기출 OX

- 매매목적 토지에 하자가 존재하는지 여부는 언제나 목적물의 인도시를 기준으로 판단하여야 한다. (×)
  - 매매계약성립시 기준
- 매도인의 하자담보책임에 관한 매수인의 권리행사기간은 재판상 청구를 위한 출소기간이다. (×)

핵심 다잡기 | 물건의 하자에 대한 담보책임

책임원인	대금감액청구권	계약해제권	손해배상청구권	제척기간
특정물 선의 특정물 악의	×	○(목적달성×) ×	○ ×	사실을 안 날로부터 6월
불특정물 선의 불특정물 악의	×	○(목적달성×) ×	○ 또는 완전물급부청구권 ×	사실을 안 날로부터 6월

Theme 02 계약각론   293

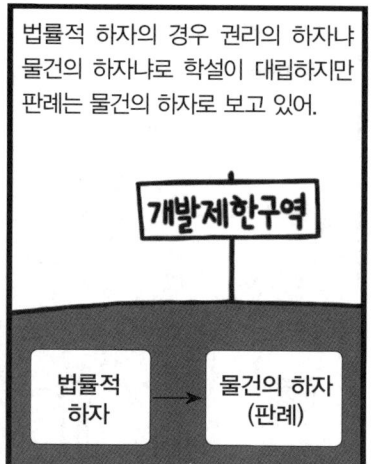

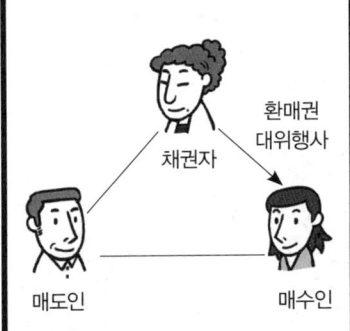

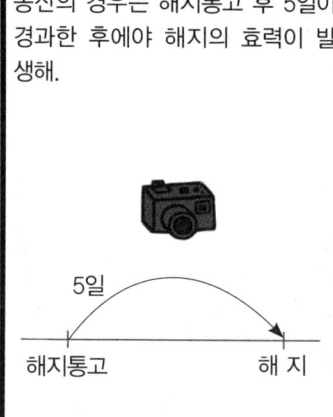

핵심 다잡기 | 임대차의 존속기간

1. 존속기간을 약정한 경우
 ① 최장기의 제한: 없음.
 ② 최단기의 제한: 없음. 단 주택임대차보호법은 2년, 상가임대차보호법은 1년임.

2. 존속기간을 약정하지 않은 경우: 당사자의 해지통고
 ① 부동산임대차 ┌ 임대인의 경우: 6월 경과 후 해지효력 발생
           └ 임차인의 경우: 1월 경과 후 해지효력 발생
 ② 동산임대차: 양 당사자 불문 5일 경과 후 해지효력 발생

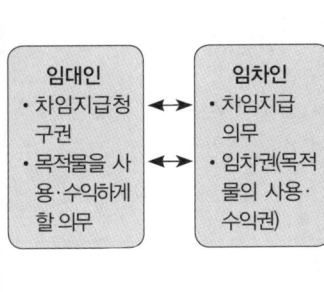

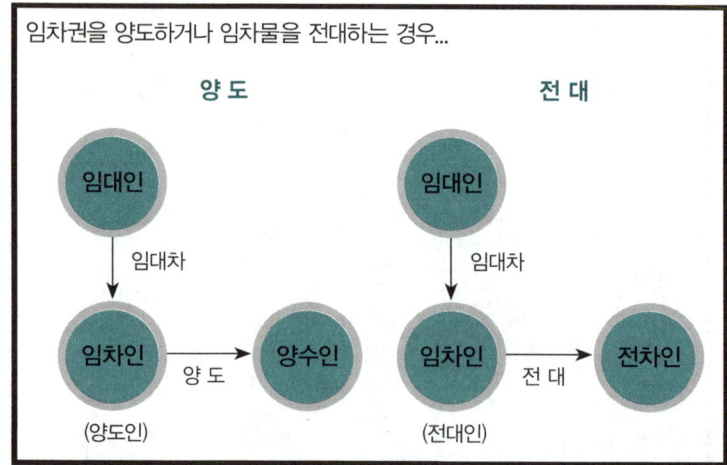

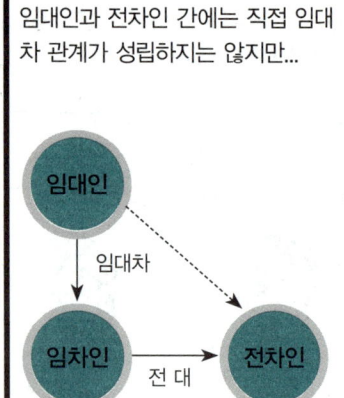
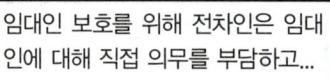

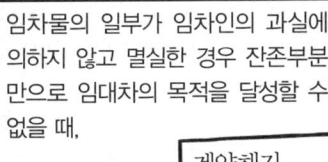

03 빈출 핵심용어

쌍무계약 (雙務契約)
☑ 제26회, 제28회, 제31회, 제33회

쌍무계약이란 당사자 양쪽이 서로 대가적 의미를 가지는 채무를 부담하는 계약을 말하며, 편무계약과 대응되는 개념이다. 상호의 채무가 대가적 의미를 가지고 있다는 것은 그 채무의 객체인 이행이 객관적·경제적으로 서로 균형이 되는 가치를 가지고 있는 것이 아니고, 상호적으로 이행해야 할 일이 의존관계를 가지고 채무의 부담이 교환적인 원인관계에 서는 것을 뜻한다.

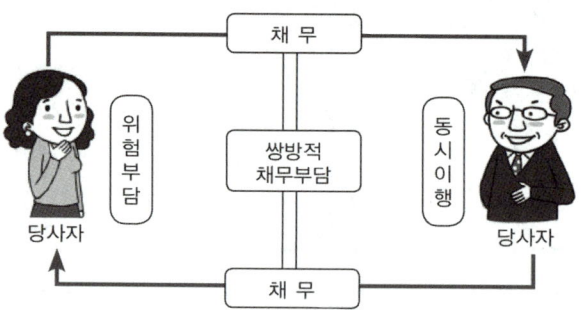

편무계약 (片務契約)
☑ 제28회

당사자 일방만이 급부를 하고, 상대방은 이에 대응하는 반대급부를 하지 않는 계약을 말한다. 편무계약은 쌍무계약과 달리 동시이행의 항변권이나 위험부담 등의 문제가 발생하지 않는다. 우리 민법상 전형계약 중 증여·사용대차·현상광고가 이에 해당하며, 무상소비대차·무상위임 및 무상임치도 이에 속한다.

낙성계약 (諾成契約)
☑ 제25회, 제33회

낙성계약은 당사자의 합의만으로 성립하는 계약이며, 민법상의 전형계약인 현상광고를 제외하고는 모두 이에 속한다. 계약자유의 원칙에서는 낙성계약이 원칙이다. 민법상의 전형계약 중 현상광고를 제외하고는 모두 낙성계약이다.

> **참고** 요물계약(要物契約) ☑ 제26회
>
> 요물계약은 당사자의 합의 외에 당사자 일방이 물건의 인도 기타의 급부를 하여야만 성립하는 계약을 말한다. 천성계약·실천계약이라고도 부른다. 구 민법에서는 요물계약으로서 소비대차·사용대차·임치(任置)가 있었으나, 그 요물성을 점차 물적으로 고려하지 않고 경제가치적으로 고려하게 되자 요물계약의 존재가치가 희박해짐으로써 이러한 요물계약이 민법에서는 모두 낙성계약으로 바뀌었다.

요물계약 (要物契約)
☑ 제26회, 제28회

당사자의 합의 외에 당사자의 일방이 물건의 인도나 기타의 급부를 하여야만 성립되는 계약을 말한다. 즉, 계약이 성립함에는 양 당사자의 의사의 합치만이 있으면 족한 것이나, 일정한 계약의 경우에는 계약의 목적인 물건의 수수가 있어야만 계약이 성립하는 경우가 있다. 이를 요물계약이라고 한다. 법의 계약법에 규정된 전형계약 중에는 현상광고가 유일한 요물계약이지만, 그 외에 대물변제·매매 등의 계약금계약, 임대차의 보증금계약 등이 요물계약의 성질을 갖는다.

청약 (請約) ☑ 제25회~제33회	일정한 내용의 계약을 체결하려고 신청하는 상대방 있는 의사표시를 말한다. 청약은 상대방이 승낙하여야 법률행위로서의 계약이 성립하므로 청약은 법률행위가 아니라 하나의 법률사실이다. 청약에 대해 상대방이 수정된 승낙을 하는 경우에는 상대방의 새로운 청약으로 보아서 최초 청약자가 다시 승낙을 하여야 계약이 성립된다.
청약의 유인 (請約의 誘引) ☑ 제28회	계약을 체결할 용의가 있음을 표시하여 상대방으로 하여금 청약하게 하려는 행위로서 의사의 통지에 해당한다. 청약의 유인에서는 유인을 받은 자가 한 의사표시가 되고 이에 대해 청약을 유인한 자가 승낙을 하여야만 계약이 성립된다. **사례 1** 신문에 구인광고, 식당 안의 음식 메뉴, 상품목록의 배부, 기차 등의 시간표의 게시
승낙 (承諾) ☑ 제26회~제29회	청약에 대하여 계약을 성립시킬 목적으로 청약자에게 응낙하는 의사표시를 말한다. 청약과 승낙이 합치할 때에 계약이 성립한다.
동시이행항변권 (同時履行抗辯權) ☑ 제25회~제27회, 제35회	쌍무계약의 상대방이 그 채무의 이행을 제공할 때까지는 자기채무의 이행을 거절할 수 있는 제도를 말한다. 일종의 연기적 항변권이다. 쌍무계약에 의하여 각 당사자가 부담하는 채무는 서로 대가적(對價的) 의미를 가지고 서로 관련되어 있으므로, 그 채무의 실행인 이행에 있어서 자기의 채무는 이행하지 않고 상대방의 이행만을 청구하는 것은 공평의 원칙에 반하는 것이다. 따라서 동시이행의 항변권은 유치권과 같이 공평의 원칙에 입각하고 있는 제도이다.
해제 (解除) ☑ 제25회~제34회	유효하게 성립한 법률관계를 당사자 일방의 의사표시에 의하여 처음부터 계약이 존재하지 않았던 것으로 소급적으로 소멸시키는 것을 말한다. 본래 계약이 일단 성립한 후에는 당사자가 이를 마음대로 해제하지 못하므로 계약을 해제할 수 있는 것은 당사자가 해제권을 가지는 경우에 한한다.

🔒 해제와 취소의 비교

구 분	해 제	취 소
적용범위	계약에서만 인정	모든 법률행위에 인정
발생사유	• 법률의 규정 ⇨ 법정해제권 • 당사자 사이의 계약 ⇨ 약정해제권	법률규정에 의해서만 발생(제한능력자, 착오, 사기·강박)
행사기간	형성권으로서 10년간 행사하지 않으면 소멸	추인할 수 있는 날로부터 3년, 법률행위를 한 날로부터 10년
효 과	• 원상회복의무가 발생 • 손해배상의 문제가 발생	• 부당이득반환의무가 발생 • 손해배상의 문제가 발생하지 않음.

계약의 해제 (契約의 解除) ☑ 제26회~제30회, 제33회, 제34회	계약당사자의 일방적 의사표시에 의하여 유효하게 성립하고 있는 계약의 효력을 소급적으로 소멸시켜 계약이 처음부터 없었던 것과 같은 상태로 만드는 것을 말한다.
법정해제권 (法定解除權)	유효하게 성립하고 있는 계약의 효력을 당사자 일방의 의사표시에 의해 계약을 해소시키는 권리를 해제권이라고 하는데, 이 해제권에는 당사자가 미리 계약해서 그것을 유보하는 약정해제권과 법률의 규정에 의해서 발생하는 법정해제권이 있다. 채무불이행을 이유로 하는 계약 일반에 공통한 것(제544조, 제546조)과 각종의 계약에 특수한 것이 있다. 채무불이행에는 이행지체·이행불능·불완전이행·채권자 수령지체가 있고, 후자로는 증여·매매·도급 등에서 규정하고 있는 해제와 같다.
계약금 (契約金) ☑ 제26회~제32회, 제34회, 제35회	계약을 체결할 때에 그 계약에 부수하여 당사자의 일방이 상대방에 대하여 교부하는 금전 기타의 유가물을 말한다. 금전 기타의 유가물의 교부를 요건으로 하므로 요물계약이며, 매매 기타의 계약에 부수해서 행하여지므로 종된 계약이다. 민법은 특약이 없는 한 계약금은 해약금으로 추정하므로 매수인은 계약금을 포기함으로써 해약을 할 수 있고, 매도인은 배액을 지급하는 것으로 계약을 해제할 수 있다. 계약금을 포기하거나 배액을 주고 계약을 해제하면 따로 손해배상을 청구하지 못한다.
제3자를 위한 계약 ☑ 제25회~제27회, 제28회, 제29회, 제32회, 제34회, 제35회	계약으로부터 발생하는 권리를 제3자에게 직접적으로 귀속하게 하는 내용을 가진 계약을 제3자를 위한 계약이라고 한다. 이 계약에서 제3자에 대하여 그 계약상의 의무를 지는 자를 낙약자(諾約者 : 계약을 승낙한 자), 제3자에 대한 이행의 약속을 받은 자를 요약자(要約者 : 계약이 필요한 자), 제3자를 수익자(受益者 : 수익을 받을 자)라고 한다. **사례 1** 甲이 乙생명보험회사와 생명보험을 계약하면서 보험금을 배우자나 자녀가 수령하게 한 계약
해지 (解止) ☑ 제25회~제32회	계속적 계약관계에서 그 효력을 장래를 향하여 소멸시키는 계약당사자의 일방적 의사표시를 말한다. 이러한 해지가 행해지면 해제와 달리 장래를 향해서만 계약관계를 해소하는 것이므로 해지 이전의 계약관계는 유효한 것으로 남게 된다.
계약의 해지 (契約의 解止) ☑ 제26회, 제27회	계약의 당사자 일방이 이미 유효하게 성립한 계속적 계약관계를 장래에 대하여 소멸시키는 것을 말한다. 해지할 수 있는 계약은 임대차와 소비대차와 같은 계속적 계약만이 해당한다. 해지권의 행사는 해제권과 마찬가지로 상대방에 대한 일방적 의사표시, 즉 형성권이다. 소급효가 없으며 임대차의 경우 계약을 해지하려면 임대인은 6개월 전, 임차인은 1개월 전에 해지를 통지해야 한다. 계약의 해지에는 청산의무가 있으며 손해가 있으면 배상해야 한다.

하자담보책임 (瑕疵擔保責任) ☑ 제25회, 제28회, 제29회	매매 기타의 유상계약(有償契約)에 있어서 그 목적물에 하자가 있을 때에 일정한 요건하에 매도인 등 인도자(引渡者)가 부담하는 담보책임을 말한다. 하자로 인하여 매수인이 계약의 목적을 달성할 수 없는 경우에는 매수인이 계약을 해제하고 손해배상을 청구할 수가 있고, 그렇지 않은 경우에는 완전물의 급부와 대금감액 및 손해배상의 청구를 할 수 있다(제580조, 제581조).
교환 (交換) ☑ 제26회~제29회, 제32회	민법상 당사자가 금전 이외의 재산권을 서로 이전할 것을 약정함으로써 성립하는 계약을 말한다(제596조). 당사자의 일방이 금전을 지급하는 경우에는 매매가 되나, 당사자 쌍방이 금전 이외의 재산권을 서로 이전할 것을 약정하면서 아울러 일방 당사자가 일정액의 금전을 보충 지급할 것을 약정하는 경우에는 민법에 따르면 교환이 되고, 이때 지급되는 금전을 보충금이라 한다. 보충금에 대해서는 매매의 대금에 관한 규정이 준용된다(제597조).
환매 (還買) ☑ 제27회, 제30회, 제32회~제34회	매매계약과 동시에 체결된 특약으로 매도인이 보류한 해제권을 행사하여 매매계약을 해제하고 매매의 목적물을 다시 사는 것을 말한다. 형성권이다. 환매는 매매계약과 동시에 하여야 하고, 환매기간은 부동산은 5년, 동산은 3년을 넘지 못한다(강행규정). 환매대금은 영수한 대금과 매수인이 부담한 매매비용을 넘지 못한다(임의규정).
임대차 (賃貸借) ☑ 제25회~제34회	임대인이 임차인에게 목적물(임대물건)을 사용·수익하게 할 것을 약정하고 임차인이 이에 대하여 차임을 지급할 것을 약정함으로써 성립하는 계약을 말한다. 임대차라는 계약을 등기함으로써 임차권이 된다.
임차권 (賃借權) ☑ 제26회, 제28회, 제29회, 제33회	임대차계약에 의하여 임차인이 목적물을 사용·수익할 수 있는 권리를 말한다. 임차인은 계약 또는 그 목적물의 성질에 의하여 정해진 용법으로 이를 사용·수익하여야 하며 임대인의 승낙 없이 임차물을 타인에게 사용하게 하여 이익을 얻게 할 수 없다.
부속물매수청구권 (附屬物買受請求權) ☑ 제25회, 제27회, 제29회, 제30회	전세권자 또는 건물 기타 공작물의 임차인(또는 전차인)이 목적물 사용의 편익을 위하여 전세권설정자나 임대인의 동의를 얻어 부속시킨 물건이나 그로부터 매수한 부속물을 계약의 종료시에 전세권설정자 또는 임대인에 대하여 매수할 것을 청구하는 권리를 말한다. 전세권자 또는 임대인에 대하여 투자자본을 회수하는 편의를 주는 동시에 건물 등의 객관적 이용가치를 증가시키고 있는 부속물을 철거함으로써 생기는 사회경제적 손실을 방지하려는 취지에서 인정된 것이다. 지상물매수청구권과 대응하는 권리이며 그것과 마찬가지로 일종의 형성권이다.

지상물매수청구권 (地上物買受請求權) ☑ 제25회, 제30회, 제34회, 제35회	지상권이 소멸한 경우 또는 건물 기타 공작물의 소유 등을 목적으로 하는 토지임대차의 기간이 만료한 경우 일정한 요건하에 지상권자나 토지임차인 또는 전차인이 지상권설정자나 임대인에 대하여 상당한 가액으로 건물 기타 공작물 등의 매수를 청구할 수 있는 권리(제283조 제2항, 제643조, 제644조), 또는 지상권 소멸의 경우 지상권설정자인 토지소유자가 상당한 가액을 제공하여 지상물의 매수를 지상권자에게 청구할 수 있는 권리를 말한다(제285조 제2항). 지상권자는 토지소유자의 매수청구권에 대하여 정당한 사유 없이 이를 거절하지 못하며(제285조 제2항), 이 청구권의 행사가 있으면 곧 지상물에 관한 매매가 성립하게 되므로 이 매수청구권은 명칭은 청구권이나 그 성질은 형성권이다.
차임증감청구권 (借賃增減請求權)	차임의 결정 후 임대인 또는 임차인이 차임의 증액 또는 감액을 청구하는 권리를 말한다. 임대차계약에 있어서 차임은 당사자 간에 합의가 있어야 하고, 임대차기간 중에 당사자의 일방이 차임을 변경하고자 할 때도 상대방의 동의를 얻어서 하여야 하며, 그렇지 않은 경우에는 민법 제628조에 의하여 차임의 증감을 청구하여야 한다. 민법 제628조에 의하면 차임증감청구권을 행사할 수 있는 것은 임대물에 대한 공과부담의 증감 기타 경제사정의 변동으로 인하여 약정한 차임이 상당하지 아니하게 된 때에 당사자가 장래에 대한 차임의 증감을 청구할 수 있다고 규정하고 있다.

핵심 기출문제

Theme 01 계약총론

01 민법상 계약에 관한 설명으로 옳은 것은? ▶제35회

① 매매계약은 요물계약이다.
② 도급계약은 편무계약이다.
③ 교환계약은 무상계약이다.
④ 증여계약은 요식계약이다.
⑤ 임대차계약은 유상계약이다.

> 해설 ① 낙성계약 ② 쌍무계약 ③ 유상계약 ④ 불요식계약

02 계약의 성립과 내용에 관한 설명으로 틀린 것은? (다툼이 있으면 판례에 따름) ▶제35회

① 격지자간의 계약은 승낙의 통지를 발송한 때에 성립한다.
② 관습에 의하여 승낙의 통지가 필요하지 않는 경우, 계약은 승낙의 의사표시로 인정되는 사실이 있는 때에 성립한다.
③ 당사자간에 동일한 내용의 청약이 상호교차된 경우, 양 청약이 상대방에게 도달한 때에 계약이 성립한다.
④ 승낙자가 청약에 대하여 변경을 가하여 승낙한 때에는 그 청약의 거절과 동시에 새로 청약한 것으로 본다.
⑤ 선시공·후분양이 되는 아파트의 경우, 준공 전 그 외형·재질에 관하여 분양광고에만 표현된 내용은 특별한 사정이 없는 한 분양계약의 내용이 된다.

> 해설 ⑤ 광고내용과 달리 아파트 등이 시공되었다고 하더라도, 완공된 아파트 등의 현황과 달리 분양광고 등에만 표현되어 있는 아파트 등의 외형·재질 등에 관한 사항은 분양계약 시에 아파트 등의 현황과는 별도로 다시 시공해 주기로 약정하였다는 등의 특별한 사정이 없는 한 이를 분양계약의 내용으로 하기로 하는 묵시적 합의가 있었다고 보기는 어렵다(대판 2012다29601).

Answers 01. ⑤ 02. ⑤

03 계약의 종류와 그에 해당하는 예가 잘못 짝지어진 것은? ▶제31회

① 쌍무계약 – 도급계약
② 편무계약 – 무상임치계약
③ 유상계약 – 임대차계약
④ 무상계약 – 사용대차계약
⑤ 낙성계약 – 현상광고계약

> **해설** ⑤ 현상광고계약은 요물계약이다.

04 甲은 乙에게 우편으로 자기 소유의 X건물을 3억 원에 매도하겠다는 청약을 하면서, 자신의 청약에 대한 회신을 2022. 10. 5.까지 해줄 것을 요청하였다. 甲의 편지는 2022. 9. 14. 발송되어 2022. 9. 16. 乙에게 도달되었다. 이에 관한 설명으로 틀린 것을 모두 고른 것은? (다툼이 있으면 판례에 따름) ▶제33회

> ㉠ 甲이 2022. 9. 23. 자신의 청약을 철회한 경우, 특별한 사정이 없는 한 甲의 청약은 효력을 잃는다.
> ㉡ 乙이 2022. 9. 20. 甲에게 승낙의 통지를 발송하여 2022. 9. 22. 甲에게 도달한 경우, 甲과 乙의 계약은 2022. 9. 22.에 성립한다.
> ㉢ 乙이 2022. 9. 27. 매매가격을 2억 5천만 원으로 조정해 줄 것을 조건으로 승낙한 경우, 乙의 승낙은 청약의 거절과 동시에 새로 청약한 것으로 본다.

① ㉠
② ㉡
③ ㉠, ㉡
④ ㉡, ㉢
⑤ ㉠, ㉡, ㉢

> **해설** ⑤ 현상광고계약은 요물계약이다.

Answers 03. ⑤ 04. ③

05 계약체결상의 과실책임에 관한 설명으로 옳은 것을 모두 고른 것은? (다툼이 있으면 판례에 따름) ▶제35회

> ㉠ 계약이 의사의 불합치로 성립하지 않는다는 사실을 알지 못하여 손해를 입은 당사자는 계약체결 당시 그 계약이 불성립될 수 있다는 것을 안 상대방에게 계약체결상의 과실책임을 물을 수 있다.
> ㉡ 부동산 수량지정 매매에서 실제면적이 계약면적에 미달하는 경우, 그 부분의 원시적 불능을 이유로 계약체결상의 과실책임을 물을 수 없다.
> ㉢ 계약체결 전에 이미 매매목적물이 전부 멸실된 사실을 알지 못하여 손해를 입은 계약당사자는 계약체결 당시 그 사실을 안 상대방에게 계약체결상의 과실책임을 물을 수 있다.

① ㉠   ② ㉡   ③ ㉠, ㉢
④ ㉡, ㉢   ⑤ ㉠, ㉡, ㉢

해설 가답안에서는 정답이 ④였으나, 확정답안에서 전항정답으로 인정되었다.
㉠ 계약이 의사의 불합치로 성립하지 아니한 경우 그로 인하여 손해를 입은 당사자가 상대방에게 부당이득반환청구 또는 불법행위로 인한 손해배상청구를 할 수 있는지는 별론으로 하고, 상대방이 계약이 성립되지 아니할 수 있다는 것을 알았거나 알 수 있었음을 이유로 민법 제535조를 유추적용하여 계약체결상의 과실로 인한 손해배상청구를 할 수는 없다(대판 2015다10929).
㉡ 수량지정매매에 해당할 때에 한하여 대금감액청구권을 행사함은 별론으로 하고(민법 제578조, 제574조, 제572조), 그 매매계약이 그 미달 부분만큼 일부 무효임을 들어 부당이득반환청구를 하거나 그 부분의 원시적 불능을 이유로 민법 제535조가 규정하는 계약체결상의 과실에 따른 책임의 이행을 구할 수는 없다(대판 99다47396).
㉢ 계약체결 전에 이미 매매목적물이 전부 멸실된 사실을 알지 못하여 손해를 입은 계약당사자는 계약체결 당시 그 사실을 안 상대방에게 계약체결상의 과실책임을 물을 수 있다. 계약체결상의 과실책임에서 상대방은 선의·무과실이어야 하는데 무과실이라는 지문이 없으므로 틀린 지문이라는 이의신청이 받아들여졌다.

Answers 05. ⑤

06 동시이행의 항변권에 관한 설명으로 틀린 것은? (다툼이 있으면 판례에 따름) ▶제35회

① 서로 이행이 완료된 쌍무계약이 무효로 된 경우, 당사자 사이의 반환의무는 동시이행관계에 있다.
② 구분소유적 공유관계가 해소된 경우, 공유지분권자 상호간의 지분이전등기의무는 동시이행관계에 있다.
③ 동시이행의 항변권이 붙어 있는 채권은 특별한 사정이 없는 한 이를 자동채권으로 하여 상계하지 못한다.
④ 양 채무의 변제기가 도래한 쌍무계약에서 수령지체에 빠진 자는 이후 상대방이 자기 채무의 이행제공 없이 이행을 청구하는 경우, 동시이행의 항변권을 행사할 수 있다.
⑤ 채무를 담보하기 위해 채권자 명의의 소유권이전등기가 된 경우, 피담보채무의 변제의무와 그 소유권이전등기의 말소의무는 동시이행관계에 있다.

> **해설** ⑤ 특정채무의 담보를 위하여 채권자 명의로 소유권이전등기가 경료된 경우에 채무자는 피담보채무를 변제한 후 그 담보목적의 소멸을 이유로 하여 그 이전등기의 말소를 구할 수 있는 것이고, 피담보채무의 변제와 교환적으로 그 말소를 구할 수는 없다(대판 80다1629).

07 동시이행의 관계에 있는 것을 모두 고른 것은? (다툼이 있으면 판례에 따름) ▶제31회

㉠ 임대차 종료시 임차보증금 반환의무와 임차물 반환의무
㉡ 피담보채권을 변제할 의무와 근저당권설정등기 말소의무
㉢ 매도인의 토지거래허가 신청절차에 협력할 의무와 매수인의 매매대금지급의무
㉣ 토지임차인이 건물매수청구권을 행사한 경우, 토지임차인의 건물인도 및 소유권이전등기의무와 토지임대인의 건물대금지급의무

① ㉣　　② ㉠, ㉡　　③ ㉠, ㉣
④ ㉡, ㉢　　⑤ ㉠, ㉢, ㉣

> **해설** ㉡ 먼저 채무를 변제하여야 하고 변제와 교환적으로 등기말소를 구할 수는 없다(대판 84다카781).
> ㉢ 매도인의 토지거래계약허가 신청절차에 협력할 의무와 토지거래허가를 받으면 매매계약 내용에 따라 매수인이 이행하여야 할 매매대금지급의무 사이에는 상호 이행상의 견련성이 있다고 할 수 없다(대판 96다23825).

Answers　06. ⑤　07. ③

08 甲은 X건물을 乙에게 매도하고 乙로부터 계약금을 지급받았는데, 그 후 甲과 乙의 귀책사유 없이 X건물이 멸실되었다. 다음 설명 중 옳은 것을 모두 고른 것은? (다툼이 있으면 판례에 따름)

▶제35회

> ㉠ 甲은 乙에게 잔대금의 지급을 청구할 수 있다.
> ㉡ 乙은 甲에게 계약금의 반환을 청구할 수 있다.
> ㉢ 만약 乙의 수령지체 중에 甲과 乙의 귀책사유 없이 X건물이 멸실된 경우, 乙은 甲에게 계약금의 반환을 청구할 수 있다.

① ㉡
② ㉢
③ ㉠, ㉡
④ ㉠, ㉢
⑤ ㉡, ㉢

해설 ㉠ 쌍무계약의 당사자 일방의 채무가 당사자쌍방의 책임 없는 사유로 이행할 수 없게 된 때에는 채무자는 상대방의 이행을 청구하지 못한다. 따라서 잔대금의 지급을 청구할 수 없다.
㉢ 채권자의 수령지체 중에 당사자쌍방의 책임 없는 사유로 이행할 수 없게 된 때에도 채무자는 상대방의 이행을 청구할 수 있다.

Answers 08. ①

09 甲과 乙은 甲 소유의 X토지에 대하여 매매계약을 체결하였으나 그 후 甲의 채무인 소유권이전등기의무의 이행이 불가능하게 되었다. 다음 설명 중 옳은 것을 모두 고른 것은? (다툼이 있으면 판례에 따름) ▶제34회

> ㉠ 甲의 채무가 쌍방의 귀책사유 없이 불능이 된 경우, 이미 대금을 지급한 乙은 그 대금을 부당이득법리에 따라 반환청구할 수 있다.
> ㉡ 甲의 채무가 乙의 귀책사유로 불능이 된 경우, 특별한 사정이 없는 한 甲은 乙에게 대금지급을 청구할 수 있다.
> ㉢ 乙의 수령지체 중에 쌍방의 귀책사유 없이 甲의 채무가 불능이 된 경우, 甲은 乙에게 대금지급을 청구할 수 없다.

① ㉠
② ㉢
③ ㉠, ㉡
④ ㉡, ㉢
⑤ ㉠, ㉡, ㉢

해설 ㉠ 쌍무계약의 당사자 일방의 채무가 당사자 쌍방의 책임 없는 사유로 이행할 수 없게 된 때에는 채무자는 상대방의 이행을 청구하지 못한다(제537조). 그러나 이미 이행한 급부가 있으면 채권자는 부당이득(제741조)을 이유로 그 반환을 청구할 수 있다.
㉡, ㉢ 쌍무계약의 당사자 일방의 채무가 채권자의 책임 있는 사유로 이행할 수 없게 된 때에는 채무자는 상대방의 이행을 청구할 수 있다. 채권자의 수령지체 중에 당사자 쌍방의 책임 없는 사유로 이행할 수 없게 된 때에도 채무자는 상대방의 이행을 청구할 수 있다(제438조 제1항).

10 쌍무계약상 위험부담에 관한 설명으로 틀린 것은? (다툼이 있으면 판례에 따름) ▶제31회

① 계약당사자는 위험부담에 관하여 민법 규정과 달리 정할 수 있다.
② 채무자의 책임 있는 사유로 후발적 불능이 발생한 경우, 위험부담의 법리가 적용된다.
③ 매매목적물이 이행기 전에 강제수용된 경우, 매수인이 대상청구권을 행사하면 매도인은 매매대금 지급을 청구할 수 있다.
④ 채권자의 수령지체 중 당사자 모두에게 책임 없는 사유로 불능이 된 경우, 채무자는 상대방의 이행을 청구할 수 있다.
⑤ 당사자 일방의 채무가 채권자의 책임 있는 사유로 불능이 된 경우, 채무자는 상대방의 이행을 청구할 수 있다.

해설 ② 채무자의 책임 있는 사유로 후발적 불능이 발생한 경우는 채무불이행이지 위험부담이 아니다.

Answers 09. ③ 10. ②

11 매도인 甲과 매수인 乙사이에 매매대금을 丙에게 지급하기로 하는 제3자를 위한 계약을 체결하였고, 丙이 乙에게 수익의 의사표시를 하였다. 다음 설명 중 옳은 것은? (다툼이 있으면 판례에 따름) ▶제35회

① 乙의 대금채무 불이행이 있는 경우, 甲은 丙의 동의 없이 乙과의 계약을 해제할 수 없다.
② 乙의 기망행위로 甲과 乙의 계약이 체결된 경우, 丙은 사기를 이유로 그 계약을 취소할 수 있다.
③ 甲과 丙의 법률관계가 무효인 경우, 특별한 사정이 없는 한 乙은 丙에게 대금지급을 거절할 수 있다.
④ 乙이 매매대금을 丙에게 지급한 후에 甲과 乙의 계약이 취소된 경우, 乙은 丙에게 부당이득반환을 청구할 수 있다.
⑤ 甲과 乙이 계약을 체결할 때 丙의 권리를 변경시킬 수 있음을 유보한 경우, 甲과 乙은 丙의 권리를 변경시킬 수 있다.

> **해설** 제3자를 위한 계약에 있어서, 제3자가 민법 제539조 제2항에 따라 수익의 의사표시를 함으로써 제3자에게 권리가 확정적으로 귀속된 경우에는, 요약자와 낙약자의 합의에 의하여 제3자의 권리를 변경·소멸시킬 수 있음을 미리 유보하였거나, 제3자의 동의가 있는 경우가 아니면 계약의 당사자인 요약자와 낙약자는 제3자의 권리를 변경·소멸시키지 못하고, 만일 계약의 당사자가 제3자의 권리를 임의로 변경·소멸시키는 행위를 한 경우 이는 제3자에 대하여 효력이 없다(대판 2001다30285).

Answers 11. ⑤

12 甲은 그 소유의 토지를 乙에게 매도하면서 甲의 丙에 대한 채무변제를 위해 乙이 그 대금 전액을 丙에게 지급하기로 하는 제3자를 위한 계약을 乙과 체결하였고, 丙도 乙에 대해 수익의 의사표시를 하였다. 다음 설명 중 틀린 것은? (다툼이 있으면 판례에 따름) ▶제34회

① 乙은 甲과 丙사이의 채무부존재의 항변으로 丙에게 대항할 수 없다.
② 丙은 乙의 채무불이행을 이유로 甲과 乙사이의 계약을 해제할 수 없다.
③ 乙이 甲의 채무불이행을 이유로 계약을 해제한 경우, 특별한 사정이 없는 한 乙은 이미 이행한 급부의 반환을 丙에게 청구할 수 있다.
④ 甲이 乙의 채무불이행을 이유로 계약을 해제하면, 丙은 乙에게 채무불이행으로 인해 자신이 입은 손해의 배상을 청구할 수 있다.
⑤ 甲은 丙의 동의 없이도 乙의 채무불이행을 이유로 계약을 해제할 수 있다.

> 해설 ③ 제3자를 위한 계약관계에서 낙약자와 요약자 사이의 계약이 무효이거나 해제된 경우 그 계약관계의 청산은 계약의 당사자인 낙약자와 요약자 사이에 이루어져야 하므로, 특별한 사정이 없는 한 낙약자가 이미 제3자에게 급부한 것이 있더라도 낙약자는 계약해제 등에 기한 원상회복 또는 부당이득을 원인으로 제3자를 상대로 그 반환을 구할 수 없다(대판 2010다31860).

13 매도인 甲과 매수인 乙사이의 X주택에 관한 계약이 적법하게 해제된 경우, 해제 전에 이해관계를 맺은 자로서 '계약해제로부터 보호되는 제3자'에 해당하지 않는 자는? (다툼이 있으면 판례에 따름) ▶제35회

① 乙의 소유권이전등기청구권을 압류한 자
② 乙의 책임재산이 된 X주택을 가압류한 자
③ 乙명의로 소유권이전등기가 된 X주택에 관하여 저당권을 취득한 자
④ 乙과 매매예약에 따라 소유권이전등기청구권보전을 위한 가등기를 마친 자
⑤ 乙명의로 소유권이전등기가 된 X주택에 관하여 주택임대차보호법상 대항요건을 갖춘 자

> 해설 ① 해제의 소급효로 인하여 소유권이전등기청구권이 소급적으로 소멸함에 따라 이에 터잡은 압류명령의 효력도 실효된다(대판 99다51685).

Answers 12. ③ 13. ①

14 계약해제·해지에 관한 설명으로 틀린 것은? (다툼이 있으면 판례에 따름) ▶제31회

① 계약의 해지는 손해배상청구에 영향을 미치지 않는다.
② 채무자가 불이행 의사를 명백히 표시하더라도 이행기 도래 전에는 최고 없이 해제할 수 없다.
③ 이행불능으로 계약을 해제하는 경우, 채권자는 동시이행관계에 있는 자신의 급부를 제공할 필요가 없다.
④ 일부 이행불능의 경우, 계약목적을 달성할 수 없으면 계약 전부의 해제가 가능하다.
⑤ 계약당사자 일방 또는 쌍방이 여러 명이면, 해지는 특별한 사정이 없는 한 그 전원으로부터 또는 전원에게 해야 한다.

> 해설 ② 채무자가 채무를 이행하지 아니할 의사를 명백히 표시한 경우에 채권자는 신의성실의 원칙상 이행기 전이라도 이행의 최고 없이 채무자의 이행거절을 이유로 계약을 해제하거나 채무자를 상대로 손해배상을 청구할 수 있다.

15 甲은 자신의 X토지를 乙에게 매도하고 소유권이전등기를 마쳐주었으나, 乙은 변제기가 지났음에도 매매대금을 지급하지 않고 있다. 이에 관한 설명으로 틀린 것을 모두 고른 것은? (다툼이 있으면 판례에 따름) ▶제33회

> ㉠ 甲은 특별한 사정이 없는 한 별도의 최고 없이 매매계약을 해제할 수 있다.
> ㉡ 甲이 적법하게 매매계약을 해제한 경우, X토지의 소유권은 등기와 무관하게 계약이 없었던 상태로 복귀한다.
> ㉢ 乙이 X토지를 丙에게 매도하고 그 소유권이전등기를 마친 후 甲이 乙을 상대로 적법하게 매매계약을 해제하였다면, 丙은 X토지의 소유권을 상실한다.

① ㉠　　　　　　　　② ㉡　　　　　　　　③ ㉢
④ ㉠, ㉢　　　　　　⑤ ㉡, ㉢

> 해설 ㉠ 이행지체이므로 최고가 있어야 계약을 해제할 수 있다.
> ㉢ 丙은 소유권을 유효하게 취득하였으므로 甲은 해제를 통해 제3자 丙의 권리를 해하지 못한다(제548조). 따라서 丙은 X토지의 소유권을 상실하지 않는다.
> ㉡ 원인행위의 실효로 인해 계약이 없었던 상태로 복귀한다.

Answers　14. ②　15. ④

16 乙은 甲소유 X토지를 매수하고 계약금을 지급한 후 X토지를 인도받아 사용·수익하고 있다. 다음 설명 중 틀린 것은? (다툼이 있으면 판례에 따름) ▶제35회

① 계약이 채무불이행으로 해제된 경우, 乙은 甲에게 X토지와 그 사용이익을 반환할 의무가 있다.
② 계약이 채무불이행으로 해제된 경우, 甲은 乙로부터 받은 계약금에 이자를 가산하여 반환할 의무를 진다.
③ 甲이 乙의 중도금 지급채무 불이행을 이유로 계약을 해제한 이후에도 乙은 착오를 이유로 계약을 취소할 수 있다.
④ 만약 甲의 채권자가 X토지를 가압류하면, 乙은 이를 이유로 계약을 즉시 해제할 수 있다.
⑤ 만약 乙명의로 소유권이전등기가 된 후 계약이 합의해제 되면, X토지의 소유권은 甲에게 당연히 복귀한다.

> **해설** ④ 매수인은 매매목적물에 대하여 가압류집행이 되었다고 하여 매매에 따른 소유권이전등기가 불가능한 것도 아니므로, 이러한 경우 매수인으로서는 신의칙 등에 의해 대금지급채무의 이행을 거절할 수 있음은 별론으로 하고, 매매목적물이 가압류되었다는 사유만으로 매도인의 계약 위반을 이유로 매매계약을 해제할 수는 없다(대판 99다11045). 그러나 매도인이 그 가압류 또는 가처분 집행을 모두 해제할 수 없는 무자력의 상태에 있다고 인정되는 경우에는 매수인이 매도인의 소유권이전등기의무가 이행불능임을 이유로 매매계약을 해제할 수 있다(대판 2005다39211).

Answers 16. ④

17 甲은 2023. 9. 30. 乙에게 자신 소유의 X부동산을 3억원에 매도하되, 계약금 2천만원은 계약 당일, 중도금 2억원은 2023. 10. 30., 잔금 8천만원은 2023. 11. 30.에 지급받기로 하는 매매계약을 체결하고, 乙로부터 계약 당일 계약금 전액을 지급받았다. 다음 설명 중 옳은 것을 모두 고른 것은? (특별한 사정은 없으며, 다툼이 있으면 판례에 따름) ▶제34회

> ㉠ 乙이 2023. 10. 25. 중도금 2억원을 甲에게 지급한 경우, 乙은 2023. 10. 27. 계약금을 포기하더라도 계약을 해제할 수 없다.
> ㉡ 乙이 2023. 10. 25. 중도금 2억원을 甲에게 지급한 경우, 甲은 2023. 10. 27. 계약금의 배액을 상환하더라도 계약을 해제할 수 없다.
> ㉢ 乙이 계약 당시 중도금 중 1억원의 지급에 갈음하여 자신의 丙에 대한 대여금채권을 甲에게 양도하기로 약정하고 그 자리에 丙도 참석하였다면, 甲은 2023. 10. 27. 계약금의 배액을 상환하더라도 계약을 해제할 수 없다.

① ㉠
② ㉢
③ ㉠, ㉡
④ ㉡, ㉢
⑤ ㉠, ㉡, ㉢

해설 ㉠, ㉡ 민법 제565조 제1항에서 말하는 당사자의 일방이라는 것은 매매 쌍방 중 어느 일방을 지칭하는 것이고, 상대방이라 국한하여 해석할 것이 아니므로, 비록 상대방인 매도인이 매매계약의 이행에는 전혀 착수한 바가 없다 하더라도 매수인이 중도금을 지급하여 이미 이행에 착수한 이상 매수인은 민법 제565조에 의하여 계약금을 포기하고 매매계약을 해제할 수 없다(대판 99다62074).
㉢ 매매계약 당시 매수인이 중도금 일부의 지급에 갈음하여 매도인에게 제3자에 대한 대여금채권을 양도하기로 약정하고, 그 자리에 제3자도 참석한 경우, 매수인은 매매계약과 함께 채무의 일부 이행에 착수하였으므로, 매도인은 민법 제565조 제1항에 정한 해제권을 행사할 수 없다(대판 2005다39594).

Answers 17. ⑤

18 甲과 乙이 乙소유의 주택에 대한 매매계약을 체결하였는데, 주택이 계약 체결 후 소유권이전 및 인도 전에 소실되었다. 다음 설명 중 틀린 것은? ▶제27회

① 甲과 乙의 책임 없는 사유로 주택이 소실된 경우, 乙은 甲에게 매매대금의 지급을 청구할 수 없다.
② 甲과 乙의 책임 없는 사유로 주택이 소실된 경우, 乙이 계약금을 수령하였다면 甲은 그 반환을 청구할 수 있다.
③ 甲의 과실로 주택이 소실된 경우, 乙은 甲에게 매매대금의 지급을 청구할 수 있다.
④ 乙의 과실로 주택이 소실된 경우, 甲은 계약을 해제할 수 있다.
⑤ 甲의 수령지체 중에 甲과 乙의 책임 없는 사유로 주택이 소실된 경우, 乙은 甲에게 매매대금의 지급을 청구할 수 없다.

해설 ⑤ 채권자 위험부담의 경우로 乙은 甲에게 매매대금의 지급을 청구할 수 있다.

19 이행지체로 인한 계약의 해제에 관한 설명으로 틀린 것은? (다툼이 있으면 판례에 따름) ▶제28회

① 이행의 최고는 반드시 미리 일정기간을 명시하여 최고하여야 하는 것은 아니다.
② 계약의 해제는 손해배상의 청구에 영향을 미치지 않는다.
③ 당사자 일방이 정기행위를 일정한 시기에 이행하지 않으면 상대방은 이행의 최고 없이 계약을 해제할 수 있다.
④ 당사자의 쌍방이 수인인 경우, 계약의 해제는 그 1인에 대하여 하더라도 효력이 있다.
⑤ 쌍무계약에서 당사자의 일방이 이행을 제공하더라도 상대방이 채무를 이행할 수 없음이 명백한지의 여부는 계약해제시를 기준으로 판단하여야 한다.

해설 ④ 당사자의 일방 또는 쌍방이 수인인 경우에는 계약의 해지나 해제는 그 전원으로부터 또는 전원에 대하여 하여야 한다(제547조 제1항).
⑤ 대판 93다7204

Answers 18. ⑤ 19. ④

20 계약금에 관한 설명으로 옳은 것을 모두 고른 것은? (다툼이 있으면 판례에 따름) ▶제30회

> ㉠ 계약금은 별도의 약정이 없는 한 해약금의 성질을 가진다.
> ㉡ 매수인이 이행기 전에 중도금을 지급한 경우, 매도인은 특별한 사정이 없는 한 계약금의 배액을 상환하여 계약을 해제할 수 없다.
> ㉢ 매도인이 계약금의 배액을 상환하여 계약을 해제하는 경우, 그 이행의 제공을 하면 족하고 매수인이 이를 수령하지 않더라도 공탁까지 할 필요는 없다.

① ㉠   ② ㉠, ㉡   ③ ㉠, ㉢
④ ㉡, ㉢   ⑤ ㉠, ㉡, ㉢

> **해설** ㉠ 계약금은 별도의 약정이 없는 한 해약금의 성질을 가진다.
> ㉡ 이행기의 약정이 있는 경우라 하더라도 당사자가 채무의 이행기 전에는 착수하지 아니하기로 하는 특약을 하는 등 특별한 사정이 없는 한 일방이 이행기 전에 중도금 이행에 착수할 수 있다. 그 경우 매수인이 중도금을 이행기 전에 이행착수하였다면, 매도인이 계약금의 배액을 상환하고 해제권을 행사할 수 없다(대판 2002다46492).
> ㉢ 수령자가 배액을 제공하였으나 이를 교부자가 '수령거절'하였을 경우 계약금의 배액의 제공으로써 충분하고 상대방이 수령을 거절하더라도 이를 '공탁'할 의무는 없다(대판 80다2784).

21 동시이행의 관계에 있지 않은 것은? (다툼이 있으면 판례에 따름) ▶제29회

① 계약해제로 인한 당사자 쌍방의 원상회복의무
② 구분소유적 공유관계를 해소하기 위한 공유지분권자 상호 간의 지분이전등기의무
③ 전세권이 소멸한 때에 전세권자의 목적물인도 및 전세권설정등기말소의무와 전세권설정자의 전세금반환의무
④ 근저당권 실행을 위한 경매가 무효인 경우, 낙찰자의 채무자에 대한 소유권이전등기말소의무와 근저당권자의 낙찰자에 대한 배당금반환의무
⑤ 가등기담보에 있어 채권자의 청산금지급의무와 채무자의 목적부동산에 대한 본등기 및 인도의무

> **해설** ④ 별개의 약정이므로 동시이행 관계가 아니다.

Answers 20. ⑤ 21. ④

22 甲은 자신의 토지를 乙에게 팔고 중도금까지 수령하였으나, 그 토지가 공용(재결)수용되는 바람에 乙에게 소유권을 이전할 수 없게 되었다. 다음 설명 중 옳은 것은? (다툼이 있으면 판례에 의함) ▶제29회

① 乙은 매매계약을 해제하고 전보배상을 청구할 수 있다.
② 乙은 甲의 수용보상금청구권의 양도를 청구할 수 있다.
③ 乙은 이미 지급한 중도금을 부당이득으로 반환 청구할 수 없다.
④ 乙은 계약체결상의 과실을 이유로 신뢰이익이 배상을 청구할 수 있다.
⑤ 乙이 매매대금 전부를 지급하면 甲의 수용보상금청구권 자체가 乙에게 귀속한다.

> **해설** ② 대상청구권은 가능하다(다만 매수인은 잔금을 지급해야 함).
> ① 채무자의 잘못이 없으므로 해제할 수 없다.
> ③ 대상청구권을 주장하거나 중도금을 부당이득으로 청구할 수 있다.
> ④ 본 사안은 계약체결 이후의 문제이므로 계약체결 이전의 문제인 계약체결상의 과실과는 무관하다.
> ⑤ 乙은 대상청구권만 주장 가능할 뿐이다.

23 제3자를 위한 계약에 관한 설명으로 틀린 것은? (다툼이 있으면 판례에 따름) ▶제32회

① 제3자의 권리는 그 제3자가 채무자에 대해 수익의 의사 표시를 하면 계약의 성립시에 소급하여 발생한다.
② 제3자는 채무자의 채무불이행을 이유로 그 계약을 해제할 수 없다.
③ 채무자에게 수익의 의사표시를 한 제3자는 그 채무자에게 그 채무의 이행을 직접 청구할 수 있다.
④ 채무자는 상당한 기간을 정하여 계약이익의 향수 여부의 확답을 제3자에게 최고할 수 있다.
⑤ 채무자와 인수인의 계약으로 체결되는 병존적 채무인수는 제3자를 위한 계약으로 볼 수 있다.

> **해설** ① 소급효는 없다(제539조 제2항).

Answers 22. ② 23. ①

24 甲(요약자)과 乙(낙약자)은 丙을 수익자로 하는 제3자를 위한 계약을 체결하였다. 다음 설명 중 틀린 것은? (다툼이 있으면 판례에 따름) ▶제30회

① 甲은 대가관계의 부존재를 이유로 자신이 기본관계에 기하여 乙에게 부담하는 채무의 이행을 거부할 수 없다.
② 甲과 乙 간의 계약이 해제된 경우, 乙은 丙에게 급부한 것이 있더라도 丙을 상대로 부당이득 반환을 청구할 수 없다.
③ 丙이 수익의 의사표시를 한 후 甲이 乙의 채무불이행을 이유로 계약을 해제하면, 丙은 乙에게 그 채무불이행으로 자기가 입은 손해의 배상을 청구할 수 있다.
④ 甲과 乙 간의 계약이 甲의 착오로 취소된 경우, 丙은 착오취소로써 대항할 수 없는 제3자의 범위에 속한다.
⑤ 수익의 의사표시를 한 丙은 乙에게 직접 그 이행을 청구할 수 있다.

> **해설** ④ 甲과 乙 간의 계약이 甲의 착오로 취소된 경우, 丙은 착오취소로써 대항할 수 없는 제3자의 범위에 포함되지 않는다. 수익자는 요약자와 낙약자 사이의 계약으로부터 직접 권리를 취득한 것이지 새로운 법률상 원인으로 새로운 이해관계를 맺는 자가 아니기 때문에 착오로 인한 취소로 대항할 수 없는 제3자에 포함되지 않는다.

25 계약해제에 관한 설명으로 틀린 것은? (다툼이 있으면 판례에 따름) ▶제29회

① 매도인의 책임 있는 사유로 이행불능이 되면 매수인은 최고 없이 계약을 해제할 수 있다.
② 계약이 합의해제된 경우, 다른 사정이 없으면 채무불이행으로 인한 손해배상을 청구할 수 없다.
③ 매도인이 매매계약을 적법하게 해제하였더라도, 매수인은 계약해제의 효과로 발생하는 불이익을 면하기 위하여 착오를 원인으로 그 계약을 취소할 수 있다.
④ 계약 상대방이 수인인 경우, 특별한 사정이 없는 한 그 중 1인에 대하여 한 계약의 해제는 효력이 없다.
⑤ 매도인은 다른 약정이 없으면 합의해제로 인하여 반환할 금전에 그 받은 날로부터 이자를 가산하여야 할 의무가 있다.

> **해설** ⑤ 합의한 내용대로 따르면 되므로 이자를 가산할 의무는 없다.

Answers 24. ④ 25. ⑤

26 매매계약의 법정해제에 관한 설명으로 옳은 것을 모두 고른 것은? (다툼이 있으면 판례에 따름)

▶제34회

> ㉠ 일방 당사자의 계약위반을 이유로 한 상대방의 계약해제 의사표시에 의해 계약이 해제되었음에도 상대방이 계약이 존속함을 전제로 계약상 의무의 이행을 구하는 경우, 특별한 사정이 없는 한 계약을 위반한 당사자도 당해계약이 상대방의 해제로 소멸되었음을 들어 그 이행을 거절할 수 있다.
> ㉡ 계약해제로 인한 원상회복의 대상에는 매매대금은 물론 이와 관련하여 그 계약의 존속을 전제로 수령한 지연손해금도 포함된다.
> ㉢ 과실상계는 계약해제로 인한 원상회복의무의 이행으로서 이미 지급한 급부의 반환을 구하는 경우에는 적용되지 않는다.

① ㉠
② ㉡
③ ㉠, ㉢
④ ㉡, ㉢
⑤ ㉠, ㉡, ㉢

> **해설** ㉠ 계약의 해제권은 일종의 형성권으로서 당사자의 일방에 의한 계약해제의 의사표시가 있으면 그 효과로서 새로운 법률관계가 발생하고 각 당사자는 그에 구속되는 것이므로, 일방 당사자의 계약위반을 이유로 한 상대방의 계약해제 의사표시에 의하여 계약이 해제되었음에도 상대방이 계약이 존속함을 전제로 계약상 의무의 이행을 구하는 경우 계약을 위반한 당사자도 당해 계약이 상대방의 해제로 소멸되었음을 들어 그 이행을 거절할 수 있다(대판 2001다21441, 21458).
> ㉡ 매매계약이 해제되면 그 효력이 소급적으로 소멸함에 따라 각 당사자는 상대방에 대하여 원상회복의무가 있으므로 이미 그 계약상 의무에 기하여 이행된 급부는 원상회복을 위하여 부당이득으로 반환되어야 하고, 그 원상회복의 대상에는 매매대금은 물론 이와 관련하여 그 매매계약의 존속을 전제로 수령한 지연손해금도 포함된다(대판 2017다284236).
> ㉢ 과실상계는 본래 채무불이행 또는 불법행위로 인한 손해배상책임에 대하여 인정되는 것이고, 매매계약이 해제되어 소급적으로 효력을 잃은 결과 매매당사자에게 당해 계약에 기한 급부가 없었던 것과 동일한 재산상태를 회복시키기 위한 원상회복의무의 이행으로서 이미 지급한 매매대금 기타의 급부의 반환을 구하는 경우에는 적용되지 아니한다(대판 2013다34143).

Answers 26. ⑤

27 계약해제 시 보호되는 제3자에 해당하지 않는 자를 모두 고른 것은? (다툼이 있으면 판례에 따름) ▶제30회

> ㉠ 계약해제 전 그 예약상의 채권을 양수하고 이를 피보전권리로 하여 처분금지가처분결정을 받은 채권자
> ㉡ 매매계약에 의하여 매수인 명의로 이전등기된 부동산을 계약해제 전에 가압류 집행한 자
> ㉢ 계약해제 전 그 계약상의 채권을 압류한 자

① ㉠
② ㉠, ㉡
③ ㉠, ㉢
④ ㉡, ㉢
⑤ ㉠, ㉡, ㉢

해설 계약해제 시 보호되는 제3자란 해제된 계약으로부터 생긴 법률적 효과를 기초로 하여 새로운 이해관계를 가졌을 뿐 아니라 등기·인도 등으로 '완전한 권리를 취득한 자'를 말한다(대판 2000다22850).
㉠ 계약해제 전 그 예약상의 채권을 양수하고 이를 피보전권리로 하여 처분금지가처분결정을 받은 채권자는 해제 시 보호받는 제3자에 포함되지 않는다.
㉢ 계약상 채권을 자체를 압류한 자는 해제 시 보호받는 제3자에 포함되지 않는다(대판 99다51685).
㉡ 해제된 계약에 의하여 채무자의 책임재산이 된 계약의 목적물을 가압류한 가압류채권자는 그 가압류에 의하여 당해 목적물에 대하여 잠정적으로 그 권리행사만을 제한하는 것이나 종국적으로는 이를 환가하여 그 대금으로 피보전채권의 만족을 얻을 수 있는 권리를 취득하는 것이므로, 그 권리를 보전하기 위하여서는 위 조항 단서에서 말하는 제3자에는 위 가압류채권자도 포함된다(대판 99다40937).

Answers 27. ③

28 합의해제·해지에 관한 설명으로 틀린 것은? (다툼이 있으면 판례에 따름) ▶제30회

① 계약을 합의해제할 때에 원상회복에 관하여 반드시 약정해야 하는 것은 아니다.
② 계약이 합의해제된 경우, 다른 사정이 없는 한 채무불이행으로 인한 손해배상을 청구할 수 없다.
③ 합의해지로 인하여 반환할 금전에 대해서는 특약이 없더라도 그 받은 날로부터 이자를 가산해야 한다.
④ 계약의 합의해제에 관한 청약에 대하여 상대방이 변경을 가하여 승낙한 때에는 그 청약은 효력을 잃는다.
⑤ 합의해제의 경우에도 법정 해제의 경우와 마찬가지로 제3자의 권리를 해하지 못한다.

> **해설** ③ 합의해지 또는 해지계약이라 함은 해지권의 유무에 불구하고 계약 당사자 쌍방이 합의에 의하여 계속적 계약의 효력을 해지 시점 이후부터 장래를 향하여 소멸하게 하는 것을 내용으로 하는 새로운 계약으로서, 그 효력은 그 합의의 내용에 의하여 결정되고 여기에는 해제, 해지에 관한 민법 제548조 제2항의 규정은 적용되지 아니하므로, 당사자 사이에 약정이 없는 이상 합의해지로 인하여 반환할 금전에 그 받은 날로부터의 이자를 가하여야 할 의무가 있는 것은 아니다(대판 2000다5336, 5343).

29 甲은 자신의 X부동산에 관하여 매매대금 3억원, 계약금 3천만원으로 하는 계약을 乙과 체결하였다. 다음 설명 중 틀린 것은? (다툼이 있으면 판례에 따름) ▶제29회

① 乙이 계약금의 전부를 지급하지 않으면, 계약금계약은 성립하지 않는다.
② 乙이 계약금을 지급하였더라도 정당한 사유없이 잔금지급을 지체한 때에는 甲은 손해배상을 청구할 수 있다.
③ 甲과 乙 사이의 매매계약이 무효이거나 취소되더라도 계약금계약의 효력은 소멸하지 않는다.
④ 乙이 甲에게 지급한 계약금 3천만원은 증약금으로서의 성질을 가진다.
⑤ 乙이 계약금과 중도금을 지급한 경우, 특별한 사정이 없는 한 甲은 계약 당사자 일방의 이행을 한 경우 금의 배액을 상환하여 계약을 해제할 수 없다.

> **해설** ③ 계약금계약은 본계약에 종된 계약이므로 본계약의 문제는 계약금계약에도 영향을 미친다.

Answers 28. ③ 29. ③

Theme 02 계약각론

30 민법상 임대차계약에 관한 설명으로 틀린 것은? (다툼이 있으면 판례에 따름) ▶제34회

① 임대인이 목적물을 임대할 권한이 없어도 임대차계약은 유효하게 성립한다.
② 임차기간을 영구로 정한 임대차약정은 특별한 사정이 없는 한 허용된다.
③ 임차인은 특별한 사정이 없는 한 자신이 지출한 임차물의 보존에 관한 필요비 금액의 한도에서 차임의 지급을 거절할 수 있다.
④ 임대차가 묵시의 갱신이 된 경우, 전임대차에 대해 제3자가 제공한 담보는 원칙적으로 소멸하지 않는다.
⑤ 임대차 종료로 인한 임차인의 원상회복의무에는 임대인이 임대 당시의 부동산 용도에 맞게 다시 사용할 수 있도록 협력할 의무까지 포함된다.

> **해설** ④ 전임대차에 대하여 제3자가 제공한 담보는 기간의 만료로 인하여 소멸한다(제639조 제2항).

31 건물임대차계약상 보증금에 관한 설명으로 틀린 것을 모두 고른 것은? (다툼이 있으면 판례에 따름) ▶제33회

> ㉠ 임대차계약에서 보증금을 지급하였다는 사실에 대한 증명책임은 임차인이 부담한다.
> ㉡ 임대차계약이 종료하지 않은 경우, 특별한 사정이 없는 한 임차인은 보증금의 존재를 이유로 차임의 지급을 거절할 수 없다.
> ㉢ 임대차 종료 후 보증금이 반환되지 않고 있는 한, 임차인의 목적물에 대한 점유는 적법점유이므로 임차인이 목적물을 계속하여 사용·수익하더라도 부당이득 반환의무는 발생하지 않는다.

① ㉠
② ㉡
③ ㉢
④ ㉠, ㉡
⑤ ㉡, ㉢

> **해설** ㉢ 동시이행의 항변권에 기한 점유로 적법한 점유이다. 따라서 불법행위로 인한 손해배상책임은 지지 않는다. 그러나 타인의 물건을 사용·수익하였으므로 부당이득 반환의무는 발생한다.

Answers 30. ④ 31. ③

32 불특정물의 하자로 인해 매도인의 담보책임이 성립한 경우, 매수인의 권리로 규정된 것을 모두 고른 것은? ▶제31회

> ㉠ 계약해제권
> ㉡ 손해배상청구권
> ㉢ 대금감액청구권
> ㉣ 완전물급부청구권

① ㉢ ② ㉠, ㉢ ③ ㉡, ㉣
④ ㉠, ㉡, ㉣ ⑤ ㉠, ㉡, ㉢, ㉣

해설 ㉢ 대금감액청구권은 권리의 일부가 타인에게 속한 경우 매도인의 담보책임에서 인정된다.

33 甲은 자신의 X토지를 乙에게 매도하는 계약을 체결하고 乙로부터 계약금을 수령하였다. 이에 관한 설명으로 틀린 것은? (다툼이 있으면 판례에 따름) ▶제31회

① 乙이 지급한 계약금은 해약금으로 추정한다.
② 甲과 乙이 계약금을 위약금으로 약정한 경우, 손해배상액의 예정으로 추정한다.
③ 乙이 중도금 지급기일 전 중도금을 지급한 경우, 甲은 계약금 배액을 상환하고 해제할 수 없다.
④ 만약 乙이 甲에게 약정한 계약금의 일부만 지급한 경우, 甲은 수령한 금액의 배액을 상환하고 계약을 해제할 수 없다.
⑤ 만약 X토지가 토지거래허가구역 내에 있고 매매계약에 대하여 허가를 받은 경우, 甲은 계약금 배액을 상환하고 해제할 수 없다.

해설 ⑤ 허가를 받은 경우는 이행의 착수가 아니다. 따라서 배액을 상환하고 해제할 수 있다.

Answers 32. ④ 33. ⑤

34 임대차의 차임에 관한 설명으로 틀린 것은? (다툼이 있으면 판례에 따름) ▶제31회

① 임차물의 일부가 임차인의 과실 없이 멸실되어 사용·수익할 수 없는 경우, 임차인은 그 부분의 비율에 의한 차임의 감액을 청구할 수 있다.
② 여럿이 공동으로 임차한 경우, 임차인은 연대하여 차임지급의무를 부담한다.
③ 경제사정변동에 따른 임대인의 차임증액청구에 대해 법원이 차임증액을 결정한 경우, 그 결정 다음날부터 지연손해금이 발생한다.
④ 임차인의 차임연체로 계약이 해지된 경우, 임차인은 임대인에 대하여 부속물매수를 청구할 수 없다.
⑤ 연체차임액이 1기의 차임액에 이르면 건물임대인이 차임연체로 해지할 수 있다는 약정은 무효이다.

해설 ③ 임대인의 차임증액청구는 형성권이다. 임대인이 민법 제628조에 의하여 장래에 대한 차임의 증액을 청구하였을 때에 당사자 사이에 협의가 성립되지 아니하여 법원이 결정해 주는 차임은 증액청구의 의사표시를 한 때에 소급하여 그 효력이 생기는 것이므로, 특별한 사정이 없는 한 증액된 차임에 대하여는 법원 결정시가 아니라 증액청구의 의사표시가 상대방에게 도달한 때를 이행기로 보아야 한다(대판 2015다239508).

35 매매의 일방예약에 관한 설명으로 틀린 것은? (다툼이 있으면 판례에 따름) ▶제34회

① 일방예약이 성립하려면 본계약인 매매계약의 요소가 되는 내용이 확정되어 있거나 확정할 수 있어야 한다.
② 예약완결권의 행사기간 도과 전에 예약완결권자가 예약목적물인 부동산을 인도받은 경우, 그 기간이 도과되더라도 예약완결권은 소멸되지 않는다.
③ 예약완결권은 당사자 사이에 행사기간을 약정한 때에는 그 기간 내에 행사해야 한다.
④ 상가에 관하여 매매예약이 성립한 이후 법령상의 제한에 의해 일시적으로 분양이 금지되었다가 다시 허용된 경우, 그 예약완결권 행사는 이행불능이라 할 수 없다.
⑤ 예약완결권 행사의 의사표시를 담은 소장 부본의 송달로써 예약완결권을 재판상 행사하는 경우, 그 행사가 유효하기 위해서는 그 소장 부본이 제척기간 내에 상대방에게 송달되어야 한다.

해설 ②, ③ 예약완결권은 일종의 형성권으로서 당사자 사이에 그 행사기간을 약정한 때에는 그 기간 내에, 그러한 약정이 없는 때에는 예약이 성립한 때부터 10년 내에 이를 행사하여야 하고 위 기간을 도과한 때에는 상대방이 예약목적물인 부동산을 인도받은 경우라도 예약완결권은 제척기간의 경과로 인하여 소멸된다(대판 91다44766).

Answers 34. ③ 35. ②

36 甲은 그 소유의 X부동산에 관하여 乙과 매매의 일방예약을 체결하면서 예약완결권은 乙이 가지고 20년 내에 행사하기로 약정하였다. 이에 관한 설명으로 옳은 것은? (다툼이 있으면 판례에 따름) ▶제33회

① 乙이 예약체결시로부터 1년 뒤에 예약완결권을 행사한 경우, 매매는 예약체결시로 소급하여 그 효력이 발생한다.
② 乙의 예약완결권은 형성권에 속하므로 甲과의 약정에도 불구하고 그 행사기간은 10년으로 단축된다.
③ 乙이 가진 예약완결권은 재산권이므로 특별한 사정이 없는 한 타인에게 양도할 수 있다.
④ 乙이 예약완결권을 행사기간 내에 행사하였는지에 관해 甲의 주장이 없다면 법원은 이를 고려할 수 없다.
⑤ 乙이 예약완결권을 행사하더라도 甲의 승낙이 있어야 비로소 매매계약은 그 효력이 발생한다.

> **해설** ③ 자유롭게 처분할 수 있다.
> ① 예약완결권을 행사한 때로부터 그 효력이 발생한다.
> ② 약정이 없는 경우 10년으로 제한되나 약정이 있는 경우는 행사기간의 제한이 없다.
> ④ 직권고려사항이므로 당사자의 주장이 없이도 법원은 이를 고려할 수 있다.
> ⑤ 예약완결권은 형성권이므로 상대방의 승낙이 필요하지 않다.

37 매매의 일방예약에 관한 설명으로 옳은 것은? (다툼이 있으면 판례에 따름) ▶제28회

① 매매의 일방예약은 물권계약이다.
② 매매의 일방예약은 상대방이 매매를 완결할 의사를 표시하는 때에 매매의 효력이 생긴다.
③ 예약완결권을 행사기간 내에 행사하였는지에 관해 당사자의 주장이 없다면 법원은 이를 고려할 수 없다.
④ 매매예약이 성립한 이후 상대방의 예약완결권 행사 전에 목적물이 전부 멸실되어 이행불능이 된 경우에도 예약완결권을 행사할 수 있다.
⑤ 예약완결권은 당사자 사이에 그 행사기간을 약정하지 않은 경우 그 예약이 성립한 날로부터 5년 내에 이를 행사하여야 한다.

Answers 36. ③ 37. ②

해설 ② 예약완결권자의 완결의 의사표시를 정지조건으로 하는 정지조건부매매이다.
① 매매의 일방예약은 채권계약이다.
③ 매매예약완결권의 제척기간이 도과하였는지의 여부는 법원의 직권조사사항이다.
④ 매매예약이 성립한 이후 상대방의 매매예약 완결의 의사표시 전에 목적물이 멸실 기타의 사유로 이전할 수 없게 되어 예약완결권의 행사가 이행불능이 된 경우에는 예약완결권을 행사할 수 없고, 이행불능 이후에 상대방이 매매예약 완결의 의사표시를 하여도 매매의 효력이 생기지 아니한다.
⑤ 매매예약완결권은 일종의 형성권으로서 당사자 사이에 그 행사기간을 약정한 때에는 그 기간 내에, 그러한 약정이 없는 때에는 그 예약이 성립한 때로부터 10년 내에 이를 행사하여야 하고 그 기간이 지난 때에는 예약완결권은 제척기간의 경과로 소멸한다(대판 99다18725).

38 수량을 지정한 매매의 목적물의 일부가 멸실된 경우 매도인의 담보책임에 관한 설명으로 틀린 것은? (단, 이에 관한 특약은 없으며, 다툼이 있으면 판례에 따름) ▶제32회

① 수량을 지정한 매매란 특정물이 일정한 수량을 가지고 있다는 데 주안을 두고 대금도 그 수량을 기준으로 정한 경우를 말한다.
② 악의의 매수인은 대금감액과 손해배상을 청구할 수 있다.
③ 선의의 매수인은 멸실된 부분의 비율로 대금감액을 청구할 수 있다.
④ 잔존한 부분만이면 매수하지 아니하였을 때에는 선의의 매수인은 계약전부를 해제할 수 있다.
⑤ 선의의 매수인은 일부멸실의 사실을 안 날부터 1년 내에 매도인의 담보책임에 따른 매수인의 권리를 행사해야 한다.

해설 ② 수량지정매매에서 악의의 매수인은 그러한 사정을 고려해 매매대금을 조정했을 것이기 때문에 담보책임을 물을 수 없다.

Answers **38.** ②

39 민법상 매매계약에 관한 설명으로 틀린 것은? (다툼이 있으면 판례에 따름) ▶제34회

① 매매계약은 낙성·불요식계약이다.
② 타인의 권리도 매매의 목적이 될 수 있다.
③ 매도인의 담보책임 규정은 그 성질이 허용되는 한 교환계약에도 준용된다.
④ 매매계약에 관한 비용은 특약이 없는 한 매수인이 전부 부담한다.
⑤ 경매목적물에 하자가 있는 경우, 매도인은 물건의 하자로 인한 담보책임을 지지 않는다.

> 해설 ④ 특약이 없는 한 매매계약에 관한 비용은 당사자 쌍방이 균분하여 부담한다(제566조). 매매계약에 관한 비용으로는 목적물측량비용·계약서작성비용·중개수수료 등이 있다. 채무이행비용·변제수령비용은 매매계약비용에 해당하지 않는다. 부동산등기비용은 이행에 관한 비용이며, 통상 매수인이 이를 부담한다.

40 매매계약에 관한 설명으로 틀린 것은? (다툼이 있으면 판례에 따름) ▶제30회

① 매매계약은 요물계약이다.
② 매매계약은 유상·쌍무계약이다.
③ 매도인의 담보책임은 무과실책임이다.
④ 타인의 권리도 매매의 대상이 될 수 있다.
⑤ 매매계약에 관한 비용은 특별한 사정이 없는 한 당사자 쌍방이 균분하여 부담한다.

> 해설 ① 매매, 교환, 임대차계약은 낙성, 쌍무, 유상, 불요식계약이다.

Answers 39. ④ 40. ①

41 매매에서 과실의 귀속과 대금의 이자 등에 관한 설명으로 옳은 것을 모두 고른 것은? (대금지급과 목적물인도는 동시이행관계에 있고, 다툼이 있으면 판례에 따름)

> ㉠ 매매계약 후 목적물이 인도되지 않더라도 매수인이 대금을 완제한 때에는 그 시점 이후 목적물로부터 생긴 과실은 매수인에게 귀속된다.
> ㉡ 매수인이 대금지급을 거절할 정당한 사유가 있는 경우, 매수인은 목적물을 미리 인도받더라도 대금이자의 지급의무가 없다.
> ㉢ 매매계약이 취소된 경우, 선의의 점유자인 매수인의 과실취득권이 인정되는 이상 선의의 매도인도 지급받은 대금의 운용이익 내지 법정이자를 반환할 의무가 없다.

① ㉠　　　② ㉡　　　③ ㉠, ㉢
④ ㉡, ㉢　　⑤ ㉠, ㉡, ㉢

해설 ㉠ 특별한 사정이 없는 한 매매계약이 있은 후에도 인도하지 아니한 목적물로부터 생긴 과실은 매도인에게 속하나, 매매목적물의 인도 전이라도 매수인이 매매대금을 완납한 때에는 그 이후의 과실수취권은 매수인에게 귀속된다(대판 93다28928).
㉡ 매수인의 대금지급의무와 매도인의 소유권이전등기의무가 동시이행관계에 있는 등으로 매수인이 대금지급을 거절할 정당한 사유가 있는 경우에는 매매목적물을 미리 인도받았다 하더라도 위 민법 규정에 의한 이자를 지급할 의무는 없다고 보아야 한다(대판 2011다98129).
㉢ 쌍무계약이 취소된 경우 선의의 매수인에게 민법 제201조가 적용되어 과실취득권이 인정되는 이상 선의의 매도인에게도 민법 제587조의 유추적용에 의하여 대금의 운용이익 내지 법정이자의 반환을 부정함이 형평에 맞다(대판 92다45025).

Answers　**41.** ⑤

42 甲은 그 소유의 X토지에 대하여 乙과 매매계약을 체결하였다. 다음 설명 중 틀린 것은? (다툼이 있으면 판례에 따름) ▶제30회

① X토지가 인도되지 않고 대금도 완제되지 않은 경우, 특별한 사정이 없는 한 乙은 인도의무의 지체로 인한 손해배상을 청구할 수 없다.
② 乙이 대금지급을 거절할 정당한 사유가 있는 경우, X토지를 미리 인도받았더라도 그 대금에 대한 이자를 지급할 의무는 없다.
③ X토지가 인도되지 않았다면, 특별한 사정이 없는 한 乙이 잔대금지급을 지체하여도 甲은 잔대금의 이자상당액의 손해배상청구를 할 수 없다.
④ X토지를 아직 인도받지 못한 乙이 미리 소유권이전등기를 경료받았다고 하여도 매매대금을 완제하지 않은 이상 X토지에서 발생하는 과실은 甲에게 귀속된다.
⑤ X토지가 인도되지 않았다면 乙이 대금을 완제하더라도 특별한 사정이 없는 한 X토지에서 발생하는 과실은 甲에게 귀속된다.

> **해설** ⑤ 매수인이 이미 매매대금을 완납한 후에는 목적물에 대한 인도가 이루어지기 이전이라도 과실수취권은 매수인에게 있다(대판 93다28928).

43 乙 명의로 소유권이전등기청구권보전의 가등기가 마쳐진 甲소유의 X건물에 대하여 丙이 경매를 신청하였다. 그 경매절차에서 매각대금을 완납한 丁 명의로 X건물의 소유권이전등기가 마쳐졌고, 매각대금이 丙에게 배당되었다. 다음 설명 중 틀린 것은? (다툼이 있으면 판례에 의함) ▶제29회

① X건물 자체에 하자가 있는 경우, 丁은 甲에게 하자담보책임을 물을 수 없다.
② 경매절차가 무효인 경우, 丁은 甲에게 손해배상을 청구할 수 있다.
③ 경매절차가 무효인 경우, 丁은 丙에게 부당이득반환을 청구할 수 있다.
④ 丁이 소유권을 취득한 후 乙이 가등기에 기한 본등기를 마친 경우, 丁은 X건물에 관한 계약을 해제할 수 있다.
⑤ 丁이 소유권을 취득한 후 乙이 가등기에 기한 본등기를 마친 경우, 丁은 甲이 자력이 없는 때에는 丙에게 배당금의 반환을 청구할 수 있다.

> **해설** ② 대금감액 O, 해제 O, 손해배상 ×(알면서도 알려주지 않을 경우만)

Answers 42. ⑤ 43. ②

44. 민법상 환매에 관한 설명으로 틀린 것은? ▶제34회

① 환매권은 양도할 수 없는 일신전속권이다.
② 매매계약이 무효이면 환매특약도 무효이다.
③ 환매기간을 정한 경우에는 그 기간을 다시 연장하지 못한다.
④ 환매특약등기는 매수인의 권리취득의 등기에 부기하는 방식으로 한다.
⑤ 환매특약은 매매계약과 동시에 해야 한다.

> 해설 ① 환매권은 일신전속권이 아니므로 양도성이 있으며, 환매권자의 채권자는 환매권을 대위행사할 수 있다.

45. 부동산의 교환계약에 관한 설명으로 옳은 것을 모두 고른 것은? (다툼이 있으면 판례에 따름)
▶제32회

㉠ 유상·쌍무계약이다.
㉡ 일방이 금전의 보충지급을 약정한 경우 그 금전에 대하여는 매매대금에 관한 규정을 준용한다.
㉢ 다른 약정이 없는 한 각 당사자는 목적물의 하자에 대해 담보책임을 부담한다.
㉣ 당사자가 자기 소유 목적물의 시가를 묵비하여 상대방에게 고지하지 않은 경우, 특별한 사정이 없는 한 상대방의 의사결정에 불법적인 간섭을 한 것이다.

① ㉠, ㉡   ② ㉢, ㉣   ③ ㉠, ㉡, ㉢
④ ㉡, ㉢, ㉣   ⑤ ㉠, ㉡, ㉢, ㉣

> 해설 ㉣ 상대방의 의사결정에 불법적인 간섭을 한 것이라고 볼 수 없으므로 불법행위가 성립한다고 볼 수 없다(대판 99다38583).

Answers 44. ① 45. ③

46 부동산매매에서 환매특약을 한 경우에 관한 설명으로 틀린 것은? (다툼이 있으면 판례에 따름)

▶제30회

① 매매등기와 환매특약등기가 경료된 이후, 그 부동산 매수인은 그로부터 다시 매수한 제3자에 대하여 환매특약의 등기사실을 들어 소유권이전등기절차 이행을 거절할 수 없다.
② 환매기간을 정한 때에는 다시 이를 연장하지 못한다.
③ 매도인이 환매기간 내에 환매의 의사표시를 하면 그는 그 환매에 의한 권리취득의 등기를 하지 않아도 그 부동산을 가압류 집행한 자에 대하여 권리취득을 주장할 수 있다.
④ 환매기간에 관한 별도의 약정이 없으면 그 기간은 5년이다.
⑤ 환매특약은 매매계약과 동시에 하여야 한다.

> **해설** ③ 환매에 의한 권리취득의 등기는 이전등기의 방법으로 하여야 할 것인바, 설사 환매특약부 매매계약의 매도인이 환매기간 내에 매수인에게 환매의 의사표시를 한 바 있다고 하여도 그 환매에 의한 권리취득의 등기를 함이 없이는 부동산에 가압류집행을 한 자에 대하여 이를 주장할 수 없다(대판 90다카16914).

47 甲은 자신의 X주택을 보증금 2억원, 월차임 50만원으로 乙에게 임대하였는데, 乙이 전입신고 후 X주택을 점유·사용하면서 차임을 연체하다가 계약이 종료되었다. 계약 종료 전에 X주택의 소유권이 매매를 원인으로 丙에게 이전되었다. 다음 설명 중 틀린 것은? (다툼이 있으면 판례에 따름) ▶제35회

① 특별한 사정이 없는 한 丙이 임대인의 지위를 승계한 것으로 본다.
② 연체차임에 대한 지연손해금의 발생종기는 특별한 사정이 없는 한 X주택이 반환되는 때이다.
③ 丙은 甲의 차임채권을 양수하지 않았다면 X주택을 반환받을 때 보증금에서 이를 공제할 수 없다.
④ X주택을 반환할 때까지 잔존하는 甲의 차임채권은 압류가 되었더라도 보증금에서 당연히 공제된다.
⑤ X주택을 반환하지 않으면, 특별한 사정이 없는 한 乙은 보증금이 있음을 이유로 연체차임의 지급을 거절할 수 없다.

> **해설** ③ 보증금이 수수된 임대차계약에서 차임채권이 양도되었다고 하더라도 임차인은 그 임대차계약이 종료되어 목적물을 반환할 때까지 연체한 차임 상당액을 보증금에서 공제할 것을 주장할 수 있다(대판 2013다77225).

Answers 46. ③ 47. ③

48 임차인 乙은 임대인 甲에게 2024. 3. 10.로 기간이 만료되는 X주택의 임대차계약에 대해 주택임대차보호법에 따라 갱신요구 통지를 하여 그 통지가 2024. 1. 5. 甲에게 도달하였고, 甲이 갱신거절 통지를 하지 않아 계약이 갱신되었다. 그 후 乙이 갱신된 계약기간이 개시되기 전인 2024. 1. 29. 갱신된 임대차계약의 해지를 통지하여 2024. 1. 30. 甲에게 도달하였다. 임대차계약의 종료일은? (다툼이 있으면 판례에 따름) ▶제35회

① 2024. 1. 30.　　② 2024. 3. 10.　　③ 2024. 4. 30.
④ 2024. 6. 10.　　⑤ 2026. 3. 10.

> 해설 계약이 갱신된 경우 임차인은 언제든지 임대인에게 계약해지(契約解止)를 통지할 수 있으며, 이러한 해지는 임대인이 그 통지를 받은 날부터 3개월이 지나면 그 효력이 발생한다.

49 甲은 자신의 X건물을 乙에게 임대하였고, 乙은 甲의 동의 없이 X건물에 대한 임차권을 丙에게 양도하였다. 다음 설명 중 틀린 것은? (다툼이 있으면 판례에 따름) ▶제28회

① 乙은 丙에게 甲의 동의를 받아 줄 의무가 있다.
② 乙과 丙 사이의 임차권 양도계약은 유동적 무효이다.
③ 甲은 乙에게 차임의 지급을 청구할 수 있다.
④ 만약 丙이 乙의 배우자이고 X건물에서 동거하면서 함께 가구점을 경영하고 있다면, 甲은 임대차계약을 해지할 수 없다.
⑤ 만약 乙이 甲의 동의를 받아 임차권을 丙에게 양도하였다면, 이미 발생된 乙의 연체차임채무는 특약이 없는 한 丙에게 이전되지 않는다.

> 해설 ② 임차원의 양도나 전대는 임대인의 동의를 얻어야 한다. 그러나 임대인의 동의가 없는 양도·전대도 당사자 사이의 계약은 유효하며 단지 임대인 기타 제3자에게 이를 대항할 수 없을 뿐이다(대판 93다13131).

Answers　48. ③　49. ②

50 임대인과 임차인 사이의 약정으로 유효한 것은? (단, 일시사용을 위한 임대차가 아님을 전제로 함) ▶제29회

① 임대인의 동의 없이 임차권을 양도할 수 있도록 하는 약정
② 임차인의 과실 없는 임차물의 일부 멸실에 따른 차임감액청구권을 배제하는 약정
③ 건물 소유를 목적으로 하는 토지임대차에서 임차인의 건물매수청구권을 배제하는 약정
④ 건물임대인으로부터 매수한 부속물에 대한 임차인의 매수청구권을 배제하는 약정
⑤ 기간의 약정이 없는 임대차에서 임차인의 해지권을 배제하는 약정

해설 ① 임의규정, ②③④⑤ 강행규정

51 임차인의 부속물매수청구권에 관한 설명으로 틀린 것은? (다툼이 있으면 판례에 의함) ▶제29회

① 임차인의 지위와 분리하여 부속물매수청구권만을 양도할 수 없다.
② 임차목적물의 구성부분은 부속물매수청구권의 객체가 될 수 없다.
③ 임대차계약이 임차인의 채무불이행으로 해지된 경우, 부속물매수청구권은 인정되지 않는다.
④ 부속물은 임차인이 임대인의 동의를 얻어 부속하거나 임대인으로부터 매수한 것이어야 한다.
⑤ 건물임차인이 자신의 비용을 들여 증축한 부분을 임대인 소유로 하기로 한 약정이 유효한 때에도 임차인의 유익비상환청구가 허용된다.

해설 ⑤ 비용상환청구권 약정은 임의규정이므로 비용포기약정이 가능하다.

Answers 50. ① 51. ⑤

52 건물전세권자와 건물임차권자 모두에게 인정될 수 있는 권리를 모두 고른 것은? ▶제30회

> ㉠ 유익비상환청구권
> ㉡ 부속물매수청구권
> ㉢ 전세금 또는 차임의 증감청구권

① ㉢ ② ㉠, ㉡ ③ ㉠, ㉢
④ ㉡, ㉢ ⑤ ㉠, ㉡, ㉢

해설 ㉠ 유익비상환청구권 — 전세권자의 유익비상환청구권(제310조), 임차인의 유익비상환청구권(제626조 제2항)
㉡ 부속물매수청구권 — 전세권자의 부속물매수청구권(제316조), 임차인의 부속물매수청구권(제646조)
㉢ 전세금 또는 차임의 증감청구권 — 전세권자의 전세금증감청구권(제312조의 2), 임차인의 차임증감청구권(제628조)

53 甲 소유의 X토지를 건물 소유의 목적으로 임차한 乙은 甲의 동의 없이 이를 丙에게 전대하였다. 다음 설명 중 틀린 것은? (다툼이 있으면 판례에 의함) ▶제29회

① 乙과 丙 사이의 전대차계약은 유효하다.
② 甲은 임대차계약이 종료되지 않으면 X토지의 불법점유를 이유로 丙에게 차임상당의 부당이득반환을 청구할 수 없다.
③ 甲은 임대차계약이 존속하는 동안에는 X토지의 불법점유를 이유로 丙에게 차임상당의 손해배상을 청구할 수 없다.
④ 만약 乙이 X토지에 신축한 건물의 보존등기를 마친 후 丁이 X토지의 소유권을 취득하였다면, 乙은 丁에게 건물매수청구권을 행사할 수 없다.
⑤ 만약 乙이 X토지에 신축한 건물의 소유권을 임대차종료 전에 戊에게 이전하였다면, 乙의 건물매수청구권은 이전되지 않는다.

해설 ④ 행사 가능하다(민법 제622조).

Answers 52. ⑤ 53. ④

54 건물소유를 목적으로 하는 토지임차인의 지상물매수청구권에 관한 설명으로 옳은 것은? (다툼이 있으면 판례에 따름) ▶제35회

① 지상 건물을 타인에게 양도한 임차인도 매수청구권을 행사할 수 있다.
② 임차인은 저당권이 설정된 건물에 대해서는 매수청구권을 행사할 수 없다.
③ 토지소유자가 아닌 제3자가 토지를 임대한 경우, 임대인은 특별한 사정이 없는 한 매수청구권의 상대방이 될 수 없다.
④ 임대인이 임차권 소멸 당시에 이미 토지소유권을 상실하였더라도 임차인은 그에게 매수청구권을 행사할 수 있다.
⑤ 기간의 정함이 없는 임대차에서 임대인의 해지통고에 의하여 임차권이 소멸된 경우, 임차인은 매수청구권을 행사할 수 없다.

> **해설** ① 건물의 소유를 목적으로 하는 토지 임차인의 지상물매수청구권 행사의 상대방은 원칙적으로 임차권 소멸 당시의 토지 소유자인 임대인이다. 토지 소유자가 아닌 제3자가 토지를 임대한 경우에 임대인은 특별한 사정이 없는 한 지상물매수청구권의 상대방이 될 수 없다(대판 2020다254228). 국가로부터 국유 토지의 관리를 위탁받은 갑 주식회사와 사용수익계약을 체결하여 그 토지 위에 건물을 건축한 을 주식회사가 계약기간 만료 후 갑 회사를 상대로 지상물매수청구권을 행사한 사안에서, 갑 회사는 토지 소유자가 아니므로 지상물매수청구권의 상대방이 될 수 없다는 것이 판례의 입장이다.
> ④ 건물의 소유를 목적으로 하는 토지 임차인의 건물매수청구권 행사의 상대방은 원칙적으로 임차권 소멸 당시의 토지소유자인 임대인이고, 임대인이 임차권 소멸 당시에 이미 토지소유권을 상실한 경우에는 그에게 지상건물의 매수청구권을 행사할 수는 없으며, 이는 임대인이 임대차계약의 종료 전에 토지를 임의로 처분하였다 하여 달라지는 것은 아니다(대판 93다59724).
> ⑤ 토지임차인의 지상물매수청구권은 기간의 정함이 없는 임대차에 있어서 임대인에 의한 해지통고에 의하여 그 임차권이 소멸된 경우에도 마찬가지로 인정된다(대판 94다34265 전합).

Answers 54. ③

55 甲은 건물 소유를 목적으로 乙소유의 X토지를 임차한 후, 그 지상에 Y건물을 신축하여 소유하고 있다. 위 임대차계약이 종료된 후, 甲이 乙에게 Y건물에 관하여 지상물매수청구권을 행사하는 경우에 관한 설명으로 틀린 것은? (다툼이 있으면 판례에 따름) ▶제34회

① 특별한 사정이 없는 한 Y건물이 미등기 무허가건물이라도 매수청구권의 대상이 될 수 있다.
② 임대차기간이 만료되면 甲이 Y건물을 철거하기로 한 약정은 특별한 사정이 없는 한 무효이다.
③ Y건물이 X토지와 제3자 소유의 토지 위에 걸쳐서 건립되었다면, 甲은 Y건물 전체에 대하여 매수청구를 할 수 있다.
④ 甲의 차임연체를 이유로 임대차계약이 해지된 경우, 甲은 매수청구권을 행사할 수 없다.
⑤ 甲이 적법하게 매수청구권을 행사한 후에도 Y건물의 점유·사용을 통하여 X토지를 계속하여 점유·사용하였다면, 甲은 乙에게 X토지 임료 상당액의 부당이득반환의무를 진다.

> **해설** ③ 임차인 소유의 건물이 구분소유의 객체가 되지 아니하고 또한 임대인 소유의 토지 외에 임차인 또는 제3자 소유의 토지 위에 걸쳐서 건립되어 있다면 임차인의 건물매수청구는 허용되지 아니한다 (대판 93다42634 전원합의체).

56 임차인 甲이 임대인 乙에게 지상물매수청구권을 행사하는 경우에 관한 설명으로 옳은 것은? (다툼이 있으면 판례에 따름) ▶제30회

① 甲의 매수청구가 유효하려면 乙의 승낙을 요한다.
② 건축허가를 받은 건물이 아니라면 甲은 매수청구를 하지 못한다.
③ 甲 소유 건물이 乙이 임대한 토지와 제3자 소유의 토지 위에 걸쳐서 건립된 경우, 甲은 건물 전체에 대하여 매수청구를 할 수 있다.
④ 임대차가 甲의 채무불이행 때문에 기간 만료 전에 종료되었다면, 甲은 매수청구를 할 수 없다.
⑤ 甲은 매수청구권의 행사에 앞서 임대차계약의 갱신을 청구할 수 없다.

> **해설** ④ 임차인의 차임 2기 연체로 인한 채무불이행에 의하여 임대차가 종료하였을 경우 임차인의 매수청구권이 인정되지 않는다(대판 2003다7685).
> ① 甲의 매수청구권은 형성권이므로 상대방의 승낙을 요하지 아니한다.
> ② 건축허가를 받지 아니한 무허가 건물도 甲은 매수청구를 할 수 있다.
> ③ 임차인 소유 건물이 임대인이 임대한 토지 외에 임차인 또는 제3자 소유의 토지 위에 걸쳐서 건립되어 있는 경우에는 건물 전체에 대하여 매수청구권은 허용될 수 없고 임차지상에 서 있는 건물 부분 중 '구분소유의 객체가 될 수 있는 부분에 한하여' 임차인에게 매수청구가 허용된다(대판 93다42634).

Answers 55. ③ 56. ④

57 임차인의 부속물매수청구권에 관한 설명으로 틀린 것은? (다툼이 있으면 판례에 따름) ▶제30회

① 토지 내지 건물의 임차인에게 인정된다.
② 임대인으로부터 매수한 물건을 부속한 경우에도 인정된다.
③ 적법한 전차인에게도 인정된다.
④ 이를 인정하지 않는 약정으로 임차인에게 불리한 것은 그 효력이 없다.
⑤ 오로지 임차인의 특수목적을 위해 부속된 물건은 매수 청구의 대상이 아니다.

> 해설 ① 임차인의 부속물매수청구권은 토지가 아니라 건물 기타 공작물의 임차인에 한하여 허용된다(민법 제646조).

58 乙이 甲으로부터 건물의 소유를 목적으로 X토지를 10년간 임차하여 그 위에 자신의 건물을 신축한 경우에 관한 설명으로 틀린 것은? (다툼이 있으면 판례에 따름) ▶제32회

① 특별한 사정이 없는 한 甲이 X토지의 소유자가 아닌 경우에도 임대차 계약은 유효하게 성립한다.
② 甲과 乙사이에 반대약정이 없으면 乙은 甲에 대하여 임대차등기절차에 협력할 것을 청구할 수 있다.
③ 乙이 현존하는 지상건물을 등기해도 임대차를 등기하지 않은 때에는 제3자에 대해 임대차의 효력이 없다.
④ 10년의 임대차 기간이 경과한 때 乙의 지상건물이 현존하는 경우 乙은 임대차 계약의 갱신을 청구할 수 있다.
⑤ 乙의 차임연체액이 2기의 차임액에 달하는 경우, 특약이 없는 한 甲은 임대차 계약을 해지할 수 있다.

> 해설 ③ 건물의 소유를 목적으로 한 토지임대차는 이를 등기하지 아니한 경우에도 임차인이 그 지상건물을 등기한 때에는 제3자에 대하여 임대차의 효력이 생긴다(제622조 제1항).

Answers 57. ① 58. ③

Part 04

민사특별법

Theme 01 주택임대차보호법과 상가건물 임대차보호법
Theme 02 집합건물의 소유 및 관리에 관한 법률
Theme 03 가등기담보 등에 관한 법률
Theme 04 부동산 실권리자명의 등기에 관한 법률

+ 빈출 핵심용어
+ 핵심 기출문제

주택임대차보호법과 상가건물 임대차보호법

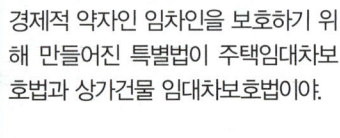

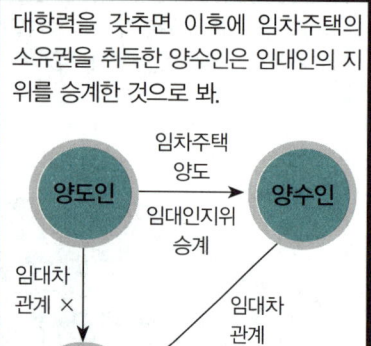

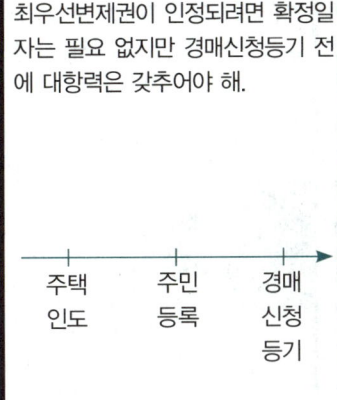

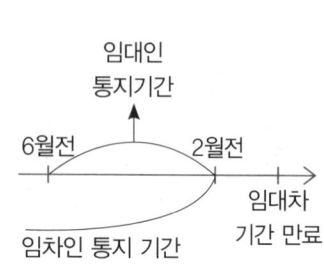

상가건물 임대차보호법은 모든 상가건물에 적용되는 것이 아니라 환산보증금(보증금+차임×100)이 지역별로 아래의 금액 이하인 경우에만 적용돼.

1. 서울특별시: 9억원
2. 과밀억제권역 및 부산광역시: 6억 9천만원
3. 광역시(부산광역시 제외), 세종특별자치시, 파주시, 화성시, 안산시, 용인시, 김포시, 광주시: 5억 4천만원
4. 그 밖의 지역: 3억 7천만원

예를 들어 보증금 1억에 월세 200이라면? 1억+200만×100=3억

상가건물 임대차는 등기 없이도 상가건물인도와 사업자등록신청으로 대항력이 발생하지.

우선변제권까지 가지려면 대항요건(상가건물인도 + 사업자등록)과 함께 임대차계약서에 확정일자를 받아야 해.

만약 경매신청등기 전에 대항력을 갖추면 소액보증금에 대해서는 선순위자보다도 우선변제받을 수 있는 최우선변제권이 발생해.

상가건물인도 → 사업자등록 → 경매신청등기

역시 기준은 환산보증금이고 환산보증금이 왼쪽 금액 이하인 경우 오른쪽 금액 이하를 최우선 변제받을 수 있는 거야.

1. 서울특별시: 6500만원 → 2200만원
2. 과밀억제권역: 5500만원 → 1900만원
3. 광역시, 안산시, 용인시, 김포시, 광주시: 3800만원 → 1300만원
4. 그 밖의 지역: 3000만원 → 1000만원

소액보증금이 상가건물가액의 1/2을 초과한다면 상가건물가액의 1/2에 해당하는 금액에 한해 우선변제권이 인정되지.

우선변제

소액보증금 > 상가건물가액 1/2

Theme 01 주택임대차보호법과 상가건물 임대차보호법

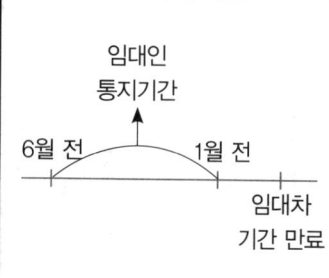

핵심 다잡기 | 주택임대차와 상가건물 임대차의 비교

구 분	주택임대차	상가건물 임대차
적용범위	주 택 ① 주거용 건물(주택)의 전부 또는 일부의 임대차 ② 주택의 일부가 주거 이외의 목적으로 사용 ○ ③ 미등기전세 준용 ④ 일시사용을 위한 임대차 × ⑤ 금액에 상관없이 적용됨.	1. 대상: 상가건물 2. 적용대상 보증금 범위: 환산보증금이 해당 지역별로 다음 금액 이하인 경우에만 적용됨. ① 서울특별시: 9억원 ② 과밀억제권역 및 부산광역시: 6억 9천만원 ③ 광역시(부산광역시 제외), 세종특별자치시, 파주시, 화성시, 안산시, 용인시, 김포시, 광주시: 5억 4천만원 ④ 그 밖의 지역: 3억 7천만원 ✚ 보증금이 1억원이고 월세가 100만원이라고 하면 환산보증금은 1억 + (100만원 × 100) = 2억원
대항요건	주택의 인도와 주민등록(전입신고)을 마친 익일(다음 날)부터	건물의 인도와 사업자등록을 신청한 때에는 그 다음 날
최우선 변제권	① 범위 ㉠ 서울특별시: 1억 6500만원 이하 ⇨ 5500만원 이하 ㉡ 과밀억제권역, 세종특별자치시, 용인시, 화성시, 김포시: 1억 4500만원 이하 ⇨ 4800만원 이하 ㉢ 광역시, 안산시, 광주시, 파주시, 이천시, 평택시: 8500만원 이하 ⇨ 2800만원 이하 ㉣ 그 밖의 지역: 7500만원 이하 ⇨ 2500만원 이하 ② 임차인의 보증금 중 일정액이 주택의 가액의 2분의 1을 초과하는 경우에는 주택의 가액의 2분의 1에 해당하는 금액에 한하여 우선변제권이 있음.	① 범위 ㉠ 서울특별시: 6500만원 이하 ⇨ 2200만원 이하 ㉡ 과밀억제권역: 5500만원 이하 ⇨ 1900만원 이하 ㉢ 광역시, 안산시, 용인시, 김포시, 광주시: 3800만원 이하 ⇨ 1300만원 이하 ㉣ 그 밖의 지역: 3000만원 이하 ⇨ 1000만원 이하 ✚ 보증금과 월세가 있는 상가건물 임대차의 경우에는 보증금과 월세에 100을 곱하여 환산한 금액을 합한 금액을 가지고 판단 ② 임차인의 보증금 중 일정액이 건물의 가액의 2분의 1을 초과하는 경우에는 건물의 가액의 2분의 1에 해당하는 금액에 한하여 우선변제권이 있음.
최단 존속기간	① 기간의 정함이 없거나 2년 미만시 2년으로 보는데 임차인만 2년 미만을 주장 가능 ② 종료한 경우에도 임차인이 보증금 반환받을 때까지는 임대차관계는 존속	1년

집합건물의 소유 및 관리에 관한 법률

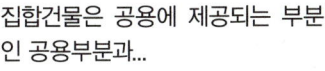

핵심 다잡기 | 공용부분의 구분

구조상 공용부분		규약상 공용부분
성질상 전유부분이 될 수 없는 공용부분		전유부분의 대상이 될 수 있으나 규약으로 공용부분이 된 부분
건물부분	건물의 부속물	건물부분, 건물의 부속물
복도, 계단, 현관, 외벽, 베란다 등	전기실, 관리사무소, 기계실, 지하주차장, 공동대피소 등	휴게실, 회의실, 창고, 옥외창고 등
등기 ×		등기 ○

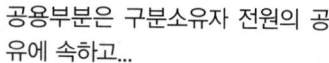
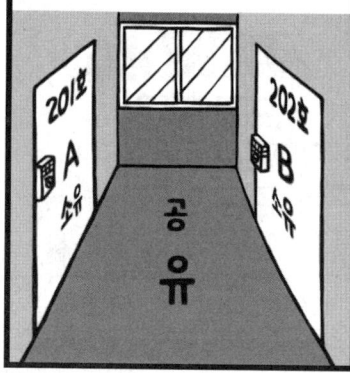
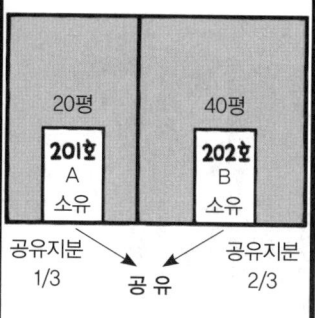

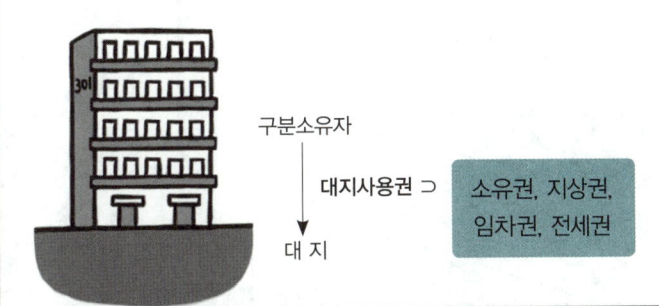

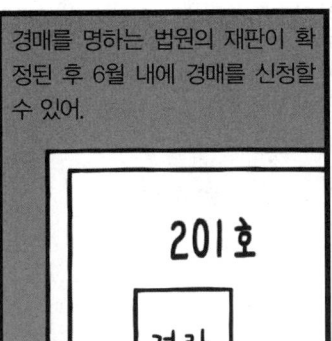

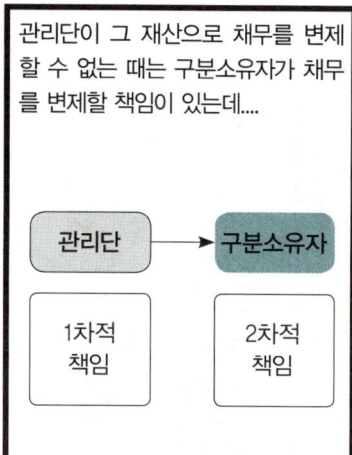

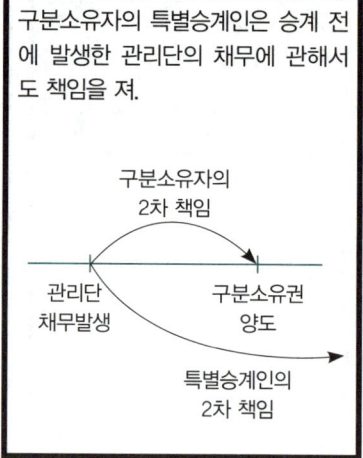

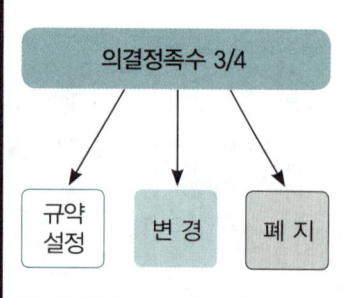
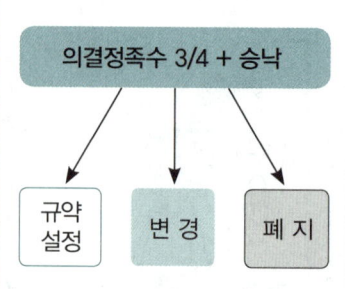
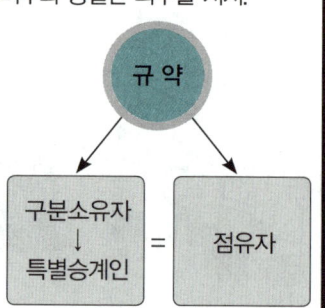

1차 민법·민사특별법

관리단의 사무결정은 집합건물법 또는 규약으로 관리인에게 위임한 사항 외에는 관리단집회의 결의로 정해.

관리단 사무

관리인은 매년 1회 일정한 시기에 정기관리단 집회를 소집해야 하고....

그 외에 필요하다고 인정한 때에도 관리단 집회를 소집할 수 있어.

"보수냐 재건축이냐 물어 봐야겠군"

또한 구분소유자의 1/5 이상으로서 의결권의 1/5 이상을 가진 자가 회의목적사항을 명시해 소집을 청구한 때에도 소집해야 해.

"보수냐 재건축이냐 결정합시다."
"집회 소집하겠습니다."

각 구분소유자의 의결권은 전유 면적의 지분비율에 의하고...

201호 20평
202호 40평

의결권은 서면 또는 대리인에 의해 행사할 수도 있어.

일반정족수는 구분소유자 및 의결권의 과반수야.

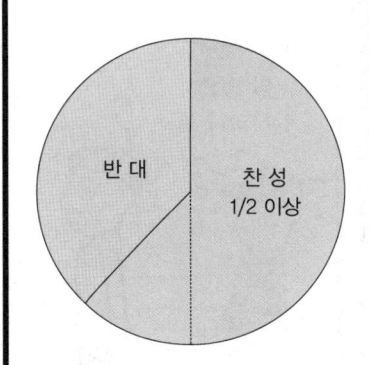

특별의결정족수를 요하는 경우를 정리해볼까?

특별의결정족수

- 1/5 – 임시집회 소집
- 2/3 – 공용부분의 변경
- 3/4 – 규약의 설정·변경·폐지, 사용금지청구, 경매청구, 인도청구
- 4/5 – 서면·전자적 결의(관리단 집회 결의가 있는 것으로 봄), 재건축결의, 건물 가격 1/2 초과시 공용부분 복구결의

Theme 02 집합건물의 소유 및 관리에 관한 법률

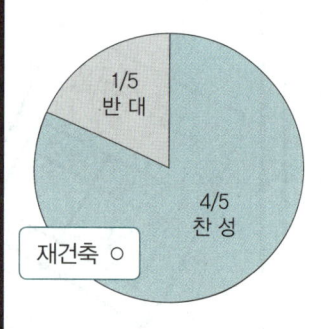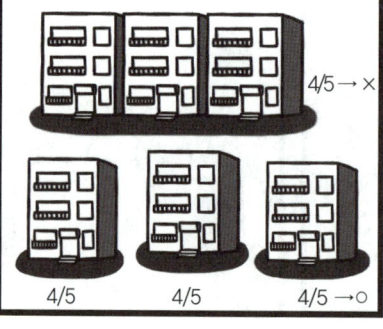

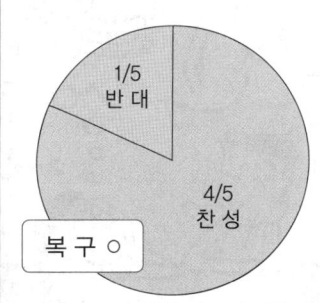

03 가등기담보 등에 관한 법률

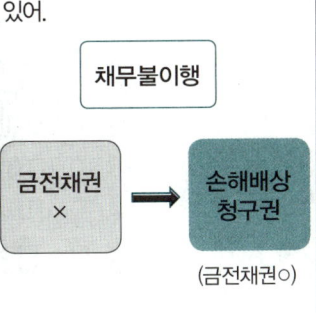

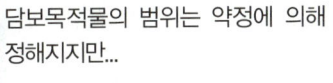

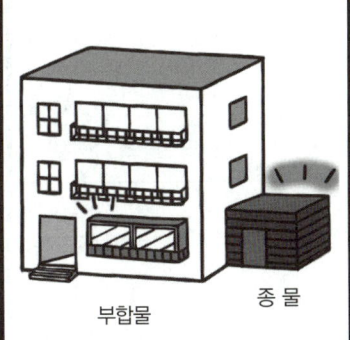

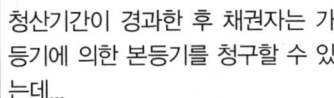

핵심 다잡기 | 권리취득에 의한 실행

담보 실행의 통지	• 청산금 평가액 통지, 없으면 없다는 뜻 통지 　청산금 = 목적부동산가액 − (채권액 + 선순위채권액) • 목적부동산이 2이상이면 각 부동산에서 소멸시키려는 채권액·비용 명시
청산기간 경과	• 청산기간: 통지 도달 후 2개월 • 청산기간 내에 채무자는 변제할 수 있고 후순위권리자는 청산금 불만시 경매청구 가능
청산금 지급	• 청산기간 경과 후 지급 • 청산금채권 압류시 채권자는 공탁 가능
소유권 취득	• 청산금 지급 후 가등기에 기한 본등기 경료 • 청산금지급의무와 소유권이전등기 및 인도의무에 동시이행의 항변권 인정

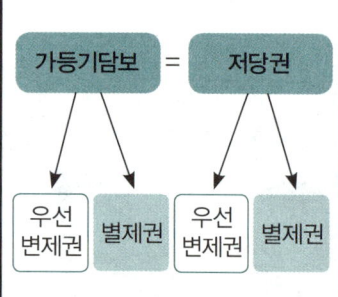

04 부동산 실권리자명의 등기에 관한 법률

이렇게 부동산에 관한 물권을 타인 명의로 등기하는 경우 적용되는 법률이 부동산 실권리자명의 등기에 관한 법률이야.

부동산실명법은 이와 같은 경우에는 이 법이 적용되는 명의신탁 약정으로 보지 않는다 하여 적용의 예외를 정하고 있어.

부동산실명법 적용제외
1. 부동산의 양도담보와 가등기담보
2. 상호명의신탁
3. 신탁법 또는 자본시장통합법에 따른 신탁재산임을 등기한 경우

다른 건 알겠는데 상호명의신탁은 뭐야?

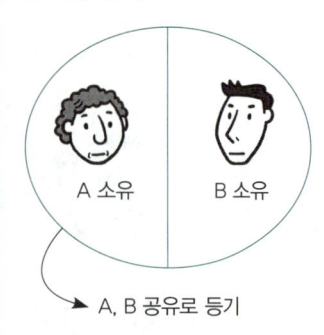
상호명의신탁이란 부동산을 구분소유하기로 약정해놓고 등기는 공유로 하는 것을 말해.

말 그대로 구분소유적 공유라고 부르기도 하지.

구분소유적 공유 A.K.A. 상호명의신탁

공유지분에 관해서는 타인명의로 등기된 셈이라 상호명의신탁이라 칭하는 거야.

내 땅인데 1/2 지분은 남 명의로 등기되어 있군.

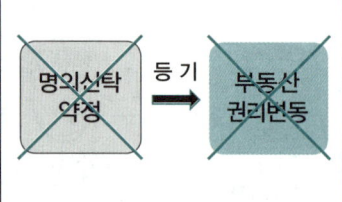
부동산실명법은 명의신탁약정과 이에 따라 행해진 등기에 의한 부동산 권리변동은 무효라고 규정하고 있어 (§4①②).

하지만 명의신탁약정과 등기의 무효는 제3자에게 대항하지 못해(§4③).

이때 제3자의 선의·악의는 불문해.

원래 내 건지 알고 있었잖아! / 그래서 어쩌라구요.

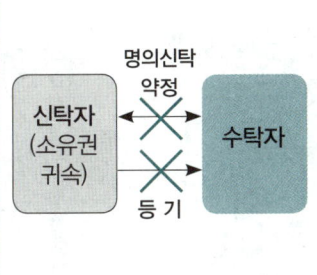

> **핵심 다잡기** 명의신탁의 유형별 법률관계

- 2자간 명의신탁

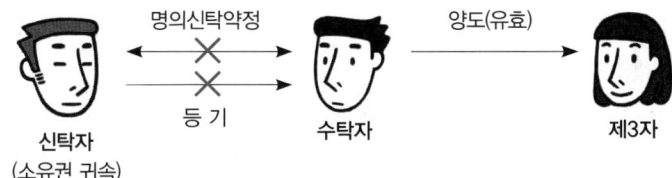

- 중간생략명의신탁

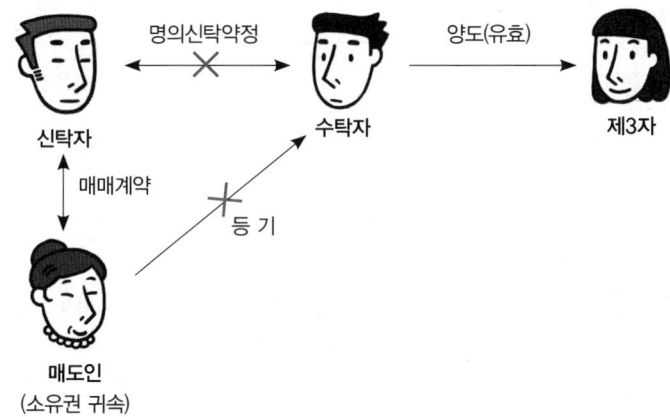

- 계약형명의신탁

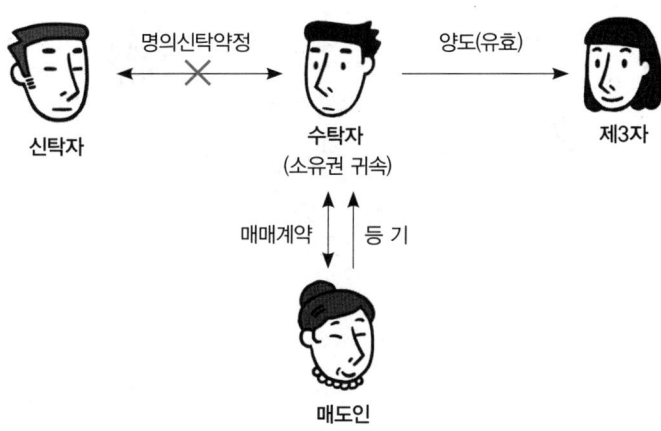

04 빈출 핵심용어

전유부분 (專有部分)
☑ 제25회~제28회

아파트 등의 집합건물에서 각 소유자가 자기만의 공간으로 사용하는 부분을 말한다. 이는 공용부분을 제외하고 구분소유권의 목적인 건물부분을 의미하며 아파트의 경우 각 세대가 이에 해당한다. 이러한 전유부분의 건물을 소유하기 위한 것을 대지사용권이라 하고 이는 당해 집합건물의 총 부지를 각 세대의 평수 비율에 따라 정해진다.

가등기담보 (假登記擔保)
☑ 제26회~제30회, 제33회, 제34회, 제35회

가등기담보란, 소비대차에 기한 채권을 담보할 목적으로 채권자와 채무자 또는 제3자 소유의 부동산을 목적으로 하는 대물변제예약 또는 매매예약 등을 하고, 동시에 채무자의 채무불이행이 있는 경우에 채권자가 그의 예약완결권을 행사함으로써 발생하게 될 장래의 소유권이전청구권을 보전하기 위하여 가등기담보계약에 따른 가등기를 하는 담보형식이다.

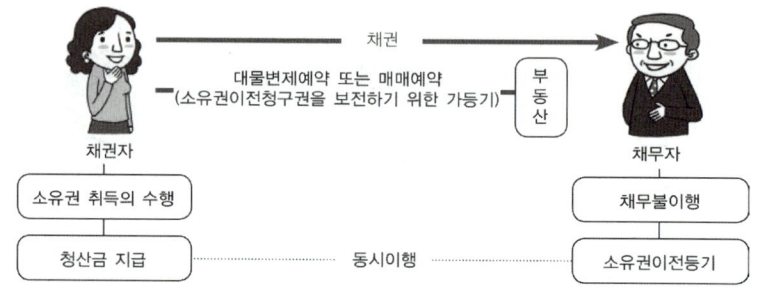

양도담보 (讓渡擔保)
☑ 제29회

담보목적물을 채권자에게 양도하는 형식에 의한 담보, 즉 채권의 담보가 되는 담보물의 소유권을 채권자에게 양도하고 일정 기간 내에 변제하면 그 담보물의 소유권을 반환받는 방법에 의한 담보 또는 그 제도를 말한다. 양도담보가 행하여지면 제3자에 대한 외부관계에서는 그 담보물은 완전히 채권자의 소유물이 되고 채권자가 제3자에게 양도시에는 그 물건의 소유권은 제3자에게 넘어가게 된다.

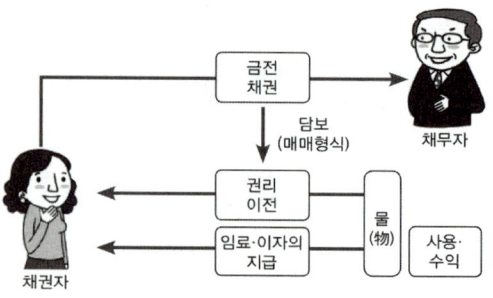

명의신탁 (名義信託) ☑ 제25회~제30회, 제32회~제35회	소유관계를 공시하도록 되어 있는 재산에 대하여 소유자 명의를 실소유자가 아닌 다른 사람 이름으로 해 놓는 것, 즉 당사자 간의 신탁에 관한 채권계약에 의하여 신탁자가 실질적으로는 그의 소유에 속하는 부동산의 등기명의를 실체적인 거래관계가 없는 수탁자에게 매매 등의 형식으로 이전하여 두는 것을 말한다. 특히 동산에 관하여는 공부(公簿)상 그 소유관계가 공시될 수 없기 때문에 명의신탁이 성립되지 않는다. 명의신탁이 된 재산의 소유관계는 신탁자와 수탁자 사이에서는 소유권이 그대로 신탁자에게 있지만, 대외관계 또는 제3자에 대한 관계에서는 소유권이 수탁자에게 이전·귀속된다. 따라서 수탁자가 신탁자의 승낙 없이 신탁재산을 처분할 때에는 제3취득자는 선의·악의를 불문하고 적법하게 소유권을 취득한다. 1995년 3월 부동산 실권리자명의 등기에 관한 법률이 제정되어 명의신탁은 원칙적으로 무효가 되었다. 다만, 예외적으로 종중이 보유한 부동산에 관한 물권을 종중 외의 자의 명의로 등기한 경우와 배우자 명의로 부동산에 관한 물권을 등기한 경우 공유자 사이의 명의신탁의 경우 조세포탈이나 강제집행의 면탈 또는 법령상 제한의 회피를 목적으로 한 것이 아닌 경우에는 명의신탁을 인정하고 있다.
부동산실명제 (不動産實名制) ☑ 제33회	부동산거래시에 다른 사람의 이름을 빌려 쓰는 것을 금지시키는 것으로 주택이나 토지 등을 실제 소유자 이름으로만 등기를 하게 하는 제도이다. 즉, 부동산실명제는 기존의 명의신탁제도를 악용하여 이루어졌던 투기·탈세·탈법행위 등 반사회적 행위를 방지하고 부동산거래를 정상화시키며 부동산가격의 안정 및 국민경제의 건전한 발전을 도모하기 위한 것으로 1995년 부동산 실권리자 명의등기에 관한 법률이 제정되었다.

Part 04 핵심 기출문제

Theme 01 주택임대차보호법과 상가건물 임대차보호법

01 甲은 2023. 1. 5. 乙로부터 그 소유의 X주택을 보증금 2억원, 월 임료 50만원, 기간은 계약일로부터 1년으로 정하여 임차하는 내용의 계약을 체결하고, 당일 乙에게 보증금을 지급함과 동시에 X주택을 인도받아 주민등록을 마치고 확정일자를 받았다. 다음 중 주택임대차보호법의 적용에 관한 설명으로 틀린 것은? (다툼이 있으면 판례에 따름) ▶제34회

① 甲은 2023. 1. 6. 오전 영시부터 대항력을 취득한다.
② 제3자에 의해 2023. 5. 9. 경매가 개시되어 X주택이 매각된 경우, 甲은 경매절차에서 배당요구를 하지 않아도 보증금에 대해 우선변제를 받을 수 있다.
③ 乙이 X주택을 丙에게 매도하고 소유권이전등기를 마친 경우, 乙은 특별한 사정이 없는 한 보증금반환의무를 면한다.
④ 甲이 2기의 차임액에 달하는 차임을 연체하면 묵시적 갱신이 인정되지 않는다.
⑤ 묵시적 갱신이 된 경우, 갱신된 임대차계약의 존속기간은 2년이다.

> **해설** ② 주택임대차보호법에 의하여 우선변제권이 있는 임차인은 배당요구를 할 수 있다. 배당요구를 하지 않으면 배당금으로부터 우선변제를 받지 못한다. 그러나 민법 제621조에 의해 임대차 등기가 된 경우, 임차인이 보증금반환청구소송에 기한 판결로 강제경매를 신청한 경우, 임차권등기명령에 의하여 임차권등기를 한 임차인은 별도로 배당요구를 하지 않아도 당연히 배당받을 채권자에 속한다.

Answers 01. ②

02 甲은 乙소유의 X주택에 관하여 乙과 보증금 3억원으로 하는 임대차계약을 체결하고 2018. 3. 5. 대항요건과 확정일자를 갖추었다. 丙은 2018. 5. 6. X주택에 관하여 저당권을 취득하였고, 甲은 2020. 3. 9. X주택에 임차권등기명령의 집행에 따른 임차권등기를 마쳤다. 이에 관한 설명으로 옳은 것은? (다툼이 있으면 판례에 따름) ▶제31회

① 甲은 임차권등기의 비용을 乙에게 청구할 수 있다.
② 甲이 2020. 3. 10. 다른 곳으로 이사한 경우, 대항력을 잃는다.
③ 乙의 임차보증금반환의무와 甲의 임차권등기말소의무는 동시이행의 관계에 있다.
④ 경매가 2020. 6. 9. 개시되어 X주택이 매각된 경우, 甲이 배당요구를 하지 않으면 丙보다 우선변제를 받을 수 없다.
⑤ 만약 2020. 4. 5. 丁이 X주택을 보증금 2억원에 임차하여 대항요건을 갖춘 다음 X주택이 경매된 경우, 丁은 매각대금에서 丙보다 우선변제를 받을 수 있다.

> **해설** ① 임차인은 주택임대차보호법 제1항에 따른 임차권등기명령의 신청과 그에 따른 임차권등기와 관련하여 든 비용을 임대인에게 청구할 수 있다(주택임대차보호법 제3조의3 제8항).
> ② 이미 취득한 대항력이나 우선변제권을 상실하지 아니한다.
> ③ 보증금반환이 선이행의무이다.
> ④ 임차권등기명령에 의하여 임차권등기를 한 임차인은 우선변제권을 가지며, 제3자가 경매신청 한 경우에 배당요구를 하지 않아도 자동으로 배당된다.
> ⑤ 저당권자 丙보다 후순위인 丁은 우선변제를 받을 수 없다. 또한 우선변제를 받으려면 대항요건 외에도 확정일자가 있어야 한다.

Answers 02. ①

03 주택임차인 乙이 보증금을 지급하고 대항요건을 갖춘 후 임대인 甲이 그 주택의 소유권을 丙에게 양도하였다. 이에 관한 설명으로 틀린 것은? (다툼이 있으면 판례에 따름) ▶제31회

① 甲은 특별한 사정이 없는 한 보증금반환의무를 면한다.
② 임차주택 양도 전 발생한 연체차임채권은 특별한 사정이 없는 한 丙에게 승계되지 않는다.
③ 임차주택 양도 전 보증금반환채권이 가압류된 경우, 丙은 제3채무자의 지위를 승계한다.
④ 丙이 乙에게 보증금을 반환하더라도 특별한 사정이 없는 한 甲에게 부당이득반환을 청구할 수 없다.
⑤ 만약 甲이 채권담보를 목적으로 임차주택을 丙에게 양도한 경우, 甲은 특별한 사정이 없는 한 보증금반환의무를 면한다.

> **해설** ⑤ 양도담보권자 丙이 소유자가 되는 것은 아니다. 따라서 丙이 임대인의 지위를 승계하지 않는다. 따라서 甲은 보증금반환의무를 그대로 진다.

04 임차인 乙은 甲소유의 X상가건물에 관하여 월차임 200만원, 기간 2023. 5. 24. ~ 2024. 5. 23.로 하는 임대차계약을 甲과 체결하였고, 기간만료 14일 전인 2024. 5. 9. 갱신거절의 통지를 하여 다음날 甲에게 도달하였다. 임대차계약의 종료일은? (다툼이 있으면 판례에 따름) ▶제35회

① 2024. 5. 10.   ② 2024. 5. 23.   ③ 2024. 8. 23.
④ 2024. 11. 23. ⑤ 2025. 5. 23.

> **해설** 상임법은 주임법과 달리 상가건물의 임차인이 갱신거절의 통지를 할 수 있는 기간을 제한하지 않고 있으므로, 상가건물 임차인의 갱신거절 통지기간은 제한이 없다고 보아야 한다. 따라서 상가건물의 임차인이 임대차기간 만료 1개월 전부터 만료일 사이에 갱신거절의 통지를 한 경우, 임대차계약의 묵시적 갱신이 인정되지 않고 임대차기간의 만료일에 종료한다(대판 2023다307024).

Answers 03. ⑤   04. ②

05 상가건물임대차보호법이 적용되는 X건물에 관하여 임대인 甲과 임차인 乙이 보증금 3억원, 월차임 60만원으로 정하여 체결한 임대차가 기간만료로 종료되었다. 그런데 甲이 乙에게 보증금을 반환하지 않아서 乙이 현재 X건물을 점유·사용하고 있다. 다음 설명 중 옳은 것은? (다툼이 있으면 판례에 따름) ▶제35회

① 甲은 乙에게 불법행위로 인한 손해배상을 청구할 수 있다.
② 乙은 甲에 대해 채무불이행으로 인한 손해배상의무를 진다.
③ 甲은 乙에게 차임에 상당하는 부당이득반환을 청구할 수 있다.
④ 甲은 乙에게 종전 임대차계약에서 정한 차임의 지급을 청구할 수 있다.
⑤ 乙은 보증금을 반환받을 때까지 X건물에 대해 유치권을 행사할 수 있다.

> **해설** ③④ 임차인 乙은 종전 임대차계약에서 정한 차임을 지급할 의무를 부담할 뿐이고, 시가에 따른 차임에 상응하는 부당이득금을 지급할 의무를 부담하는 것은 아니다. 따라서 임차인 乙은 종전 임대차계약에서 정한 차임을 지급할 의무를 부담할 뿐이고, 시가에 따른 차임에 상응하는 부당이득금을 지급할 의무를 부담하는 것은 아니다(대판 2023다257600).
> ① 임대차가 종료된 경우 특별한 사정이 없는 한 임대인 甲의 보증금반환의무와 임차인 乙의 X건물 인도의무는 동시이행의 관계에 있다. 따라서 임차인 乙이 동시이행의 항변권에 기하여 임차목적물을 점유하고 사용·수익한 경우 그 점유는 불법점유라 할 수 없어 그로 인한 손해배상책임은 지지 않는다(대판 98다15545).
> ② 쌍방의 채무가 동시이행관계에 있는 경우 일방의 채무의 이행기가 도래하더라도 상대방 채무의 이행제공이 있을 때까지는 그 채무를 이행하지 않아도 이행지체의 책임을 지지 않는다. 따라서 甲이 乙에게 보증금을 반환해 주지 않은 경우 乙은 X건물인도채무에 관하여 채무불이행 책임을 지지 않는다.
> ⑤ 유치권의 피담보채권은 '그 물건에 관하여 생긴 채권'이어야 한다(제320조 제1항). 임차인이 임대인에게 지급한 '임차보증금반환청구권'은 건물에 관하여 생긴 채권이라고 할 수 없으므로 보증금반환청구권을 가지고 유치권을 행사할 수 없다.

Answers 05. ④

06 乙은 식당을 운영하기 위해 2023. 5. 1. 甲으로부터 그 소유의 서울특별시 소재 X상가건물을 보증금 10억원, 월 임료 100만원, 기간은 정함이 없는 것으로 하여 임차하는 상가임대차계약을 체결하였다. 상가건물 임대차보호법상 乙의 주장이 인정되는 것을 모두 고른 것은? (다툼이 있으면 판례에 따름) ▶제34회

> ㉠ X상가건물을 인도받고 사업자등록을 마친 乙이 대항력을 주장하는 경우
> ㉡ 乙이 甲에게 1년의 존속기간을 주장하는 경우
> ㉢ 乙이 甲에게 계약갱신요구권을 주장하는 경우

① ㉠   ② ㉢   ③ ㉠, ㉡
④ ㉡, ㉢   ⑤ ㉠, ㉡, ㉢

해설 ㉠ 임차인이 상가건물을 인도받고 사업자등록을 신청하면 사업자등록증을 신청한 다음날부터 제3자에 대한 대항력이 생긴다.
㉡ 임차인은 최단존속기간(1년)의 보장을 주장할 수 있다.
㉢ 상가건물 임대차보호법에서 기간을 정하지 않은 임대차는 그 기간을 1년으로 간주하지만(제9조 제1항), 대통령령으로 정한 보증금액을 초과하는 임대차는 위 규정이 적용되지 않으므로(제2조 제1항 단서), 원래의 상태 그대로 기간을 정하지 않은 것이 되어 민법의 적용을 받는다. 민법 제635조 제1항, 제2항 제1호에 따라 이러한 임대차는 임대인이 언제든지 해지를 통고할 수 있고 임차인이 통고를 받은 날로부터 6개월이 지남으로써 효력이 생기므로, 임대차기간이 정해져 있음을 전제로 기간만료 6개월 전부터 1개월 전까지 사이에 행사하도록 규정된 임차인의 계약갱신요구권(상가임대차법 제10조 제1항)은 발생할 여지가 없다(대판 2021다233730).

Answers 06. ①

07 乙은 甲소유의 X상가건물을 甲으로부터 임차하고 인도 및 사업자등록을 마쳤다. 乙의 임대차가 제3자에 대하여 효력이 있는 경우를 모두 고른 것은? (다툼이 있으면 판례에 따름) ▶제31회

> ㉠ 乙이 폐업한 경우
> ㉡ 乙이 폐업신고를 한 후에 다시 같은 상호 및 등록번호로 사업자등록을 한 경우
> ㉢ 丙이 乙로부터 X건물을 적법하게 전차하여 직접 점유하면서 丙명의로 사업자등록을 하고 사업을 운영하는 경우

① ㉠   ② ㉢   ③ ㉠, ㉡
④ ㉡, ㉢   ⑤ ㉠, ㉡, ㉢

> **해설** ㉢ 임대차는 그 등기가 없는 경우에도 임차인이 건물의 인도와 사업자등록을 신청하면 그 다음 날부터 제3자에 대하여 효력이 생긴다(상가건물 임대차보호법 제3조 제1항).

08 乙은 甲 소유의 X주택에 대하여 보증금 3억원으로 하는 임대차계약을 甲과 체결한 다음 즉시 대항요건을 갖추고 확정일자를 받아 현재 거주하고 있다. 다음 설명 중 옳은 것은? ▶제29회

① 묵시적 갱신으로 인한 임대차계약의 존속기간은 2년이다.
② 임대차기간을 1년으로 약정한 경우, 乙은 그 기간이 유효함을 주장할 수 없다.
③ 임대차계약이 묵시적으로 갱신된 경우, 甲은 언제든지 乙에게 계약해지를 통지할 수 있다.
④ 乙은 임대차가 끝나기 전에 X주택의 소재지를 관할하는 법원에 임차권등기명령을 신청할 수 있다.
⑤ 임대차기간이 만료하기 전에 甲이 丙에게 X주택을 매도하고 소유권이전등기를 마친 경우, 乙은 丙에게 임차권을 주장할 수 없다.

> **해설** ① 주택임대차보호법 제6조 제2항
> ② 임대차존속기간은 편면적 강행규정이다.
> ③ 임대인(甲)이 아니라 임차인(乙)이 언제든지 통지할 수 있다.
> ④ 임차권등기명령은 임대차가 끝나고 난 후 신청해야 한다.
> ⑤ 乙은 대항력이 있으므로 임차인은 양수인(丙)에게 임차권 주장이 가능하다.

Answers 07. ② 08. ①

09 주택임대차보호법상의 대항력에 관한 설명으로 틀린 것은? (단, 일시사용을 위한 임대차가 아니고 임차권 등기가 이루어지지 아니한 경우를 전제하며 다툼이 있으면 판례에 따름) ▶제32회

① 임차인이 타인의 점유를 매개로 임차주택을 간접점유하는 경우에도 대항요건인 점유가 인정될 수 있다.
② 임차인이 지위를 강화하고자 별도로 전세권 설정등기를 마친 후 주택임대차보호법상의 대항요건을 상실한 경우, 주택임대차보호법상의 대항력을 상실한다.
③ 주민등록을 마치고 거주하던 자기 명의의 주택을 매도한 자가 매도와 동시에 이를 다시 임차하기로 약정한 경우, 매수인 명의의 소유권 이전등기 여부와 관계없이 대항력이 인정된다.
④ 임차인이 주택의 인도와 주민등록을 마친 때에는 그 다음 날 오전 영시부터 대항력이 생긴다.
⑤ 임차인이 가족과 함께 임차주택의 점유를 계속하면서 가족의 주민등록은 그대로 둔 채 임차인의 주민등록만 일시적으로 옮긴 경우 대항력을 상실하지 않는다.

> 해설 ③ 매수인 명의의 소유권 이전등기가 경료되어야 대항력이 인정된다(대판 99다59306).

10 주택임대차보호법상 임차인의 계약갱신요구권에 관한 설명으로 옳은 것을 모두 고른 것은? ▶제32회

> ㉠ 임대차기간이 끝나기 6개월 전부터 2개월 전까지의 기간에 행사해야 한다.
> ㉡ 임대차의 조건이 동일한 경우 여러 번 행사할 수 있다.
> ㉢ 임차인이 임대인의 동의 없이 목적 주택을 전대한 경우 임대인은 계약갱신요구를 거절하지 못한다.

① ㉠ ② ㉡ ③ ㉢
④ ㉠, ㉢ ⑤ ㉡, ㉢

> 해설 ㉠ 주택임대차보호법 제6조 제1항
> ㉡ 1회에 한하여 행사할 수 있다(주택임대차보호법 제6조의3 제2항).
> ㉢ 계약갱신요구를 거절할 수 있다(주택임대차보호법 제6조의3 제1항).

Answers 09. ③ 10. ①

11 甲이 그 소유의 X주택에 거주하려는 乙과 존속기간 1년의 임대차계약을 체결한 경우에 관한 설명으로 틀린 것은? ▶제30회

① 乙은 2년의 임대차 존속기간을 주장할 수 있다.
② 乙은 1년의 존속기간이 유효함을 주장할 수 있다.
③ 乙이 2기의 차임액에 달하도록 차임을 연체한 경우, 묵시적 갱신이 인정되지 아니한다.
④ 임대차계약이 묵시적으로 갱신된 경우, 乙은 언제든지 甲에게 계약해지를 통지할 수 있다.
⑤ X주택의 경매로 인한 환가대금에서 이 보증금을 우선변제받기 위해서 X주택을 양수인에게 인도할 필요가 없다.

> **해설** ⑤ 주택의 경매로 인한 환가대금에서 이 보증금을 우선변제받기 위해서 주택을 양수인에게 인도하여야 한다. 임차인은 임차주택을 양수인에게 인도하지 않으면 우선변제에 따른 보증금을 받을 수 없다 (주택임대차보호법 제3조의2).

12 세종특별자치시에 소재하는 甲 소유의 X상가건물의 1층 점포를 乙이 분식점을 하려고 甲으로부터 2022. 2. 16. 보증금 6억 원, 차임 월 100만 원에 임차하였고 임차권 등기는 되지 않았다. 이에 관한 설명으로 옳은 것을 모두 고른 것은? ▶제33회

> ㉠ 乙 점포를 인도받은 날에 사업자등록을 신청한 경우, 그 다음 날부터 임차권의 대항력이 생긴다.
> ㉡ 乙이 대항요건을 갖춘 후 임대차계약서에 확정일자를 받은 경우, 「민사집행법」상 경매 시 乙은 임차건물의 환가대금에서 후순위권리자보다 우선하여 보증금을 변제받을 권리가 있다.
> ㉢ 乙은 「감염병의 예방 및 관리에 관한 법률」 제49조 제1항 제2호에 따른 집합 제한 또는 금지 조치를 총 3개월 이상 받음으로써 발생한 경제사정의 중대한 변동으로 폐업한 경우에는 임대차계약을 해지할 수 있다.

① ㉡   ② ㉢   ③ ㉠, ㉡
④ ㉠, ㉢   ⑤ ㉠, ㉡, ㉢

> **해설** ㉡ 세종특별자치시의 경우 상가건물 임대차보호법이 적용되는 보증금의 범위는 5억 4천만 원이므로 X상가건물은 이를 초과한다. 따라서 보증금 우선변제권이 인정되지 않는다.

Answers 11. ⑤   12. ④

13 甲이 2017. 2. 10. 乙소유의 X상가건물을 乙로부터 보증금 10억원에 임차하여 상가건물 임대차보호법상의 대항요건을 갖추고 영업하고 있다. 다음 설명 중 틀린 것은? ▶제28회 변형

① 甲의 계약갱신요구권은 최초의 임대차기간을 포함한 전체 임대차기간이 10년을 초과하지 아니하는 범위에서만 행사할 수 있다.
② 甲과 乙 사이에 임대차기간을 6개월로 정한 경우, 乙은 그 기간이 유효함을 주장할 수 있다.
③ 甲의 계약갱신요구권에 따라 갱신되는 임대차는 전 임대차와 동일한 조건으로 다시 계약된 것으로 본다.
④ 임대차종료 후 보증금이 반환되지 않은 경우, 甲은 X건물의 소재지 관할법원에 임차권등기명령을 신청할 수 없다.
⑤ X건물이 경매로 매각된 경우, 甲은 특별한 사정이 없는 한 보증금에 대해 일반채권자보다 우선하여 변제받을 수 있다.

> **해설** 상가건물 임대차보호법의 적용범위는 환산보증금 9억원 이하이므로 갑은 임대차기간의 보호를 받지 못하며(②) 임차권등기명령을 신청할 수 없고(④) 우선변제권도 인정되지 않는다(⑤). 그러나 계약갱신요구에 관한 규정은 환산보증금 기준을 초과한 경우에도 적용된다(①③).

Answers 13. ⑤

14 상가건물 임대차보호법에 관한 설명으로 옳은 것은? ▶제30회

① 임대차계약을 체결하려는 자는 임대인의 동의 없이도 관할 세무서장에게 해당 상가건물의 임대차에 관한 정보제공을 요구할 수 있다.
② 임차인이 임차한 건물을 중대한 과실로 전부 파손한 경우, 임대인은 권리금회수의 기회를 보장할 필요가 없다.
③ 임차인은 임대인에게 계약갱신을 요구할 수 있으나 전체 임대차기간이 7년을 초과해서는 안 된다.
④ 임대차가 종료한 후 보증금이 반환되지 않은 때에는 임차인은 관할 세무서에 임차권등기명령을 신청할 수 있다.
⑤ 임대차계약이 묵시적으로 갱신된 경우, 임차인의 계약 해지의 통고가 있으면 즉시 해지의 효력이 발생한다.

> **해설** ② 임차인이 임차한 건물을 중대한 과실로 전부 파손한 경우, 임대인은 권리금회수의 기회를 보장할 필요가 없다(상가건물 임대차보호법 제10조의4 제1항).
> ① 임대차계약을 체결하려는 자는 임대인의 동의를 얻어 관할 세무서장에게 해당 상가건물의 임대차에 관한 정보제공을 요구할 수 있다(제4조 제4항).
> ③ 10년을 초과해서는 안 된다(제10조 제2항).
> ④ 임차권등기명령의 신청은 세무서가 아니라 건물소재지의 관할 법원에 신청한다.
> ⑤ 3월 후에 발생한다.

Answers 14. ②

Theme 02 집합건물의 소유 및 관리에 관한 법률

15 집합건물의 소유 및 관리에 관한 법률상 관리인에 관한 설명으로 틀린 것은? ▶제35회

① 관리인은 구분소유자여야 한다.
② 관리인은 공용부분의 보존행위를 할 수 있다.
③ 관리인의 임기는 2년의 범위에서 규약으로 정한다.
④ 관리인은 규약에 달리 정한 바가 없으면 관리위원회의 위원이 될 수 없다.
⑤ 관리인의 대표권은 제한할 수 있지만, 이를 선의의 제3자에게 대항할 수 없다.

> **해설** ① 관리인은 구분소유자일 필요가 없으며, 그 임기는 2년의 범위에서 규약으로 정한다(법 제24조 ②).

16 집합건물의 소유 및 관리에 관한 법률상 집합건물의 전부공용부분 및 대지사용권에 관한 설명으로 틀린 것은? (특별한 사정은 없으며, 다툼이 있으면 판례에 따름) ▶제34회

① 공용부분은 취득시효에 의한 소유권 취득의 대상이 될 수 없다.
② 각 공유자는 공용부분을 그 용도에 따라 사용할 수 있다.
③ 구조상 공용부분에 관한 물권의 득실변경은 등기가 필요하지 않다.
④ 구분소유자는 규약 또는 공정증서로써 달리 정하지 않는 한 그가 가지는 전유부분과 분리하여 대지사용권을 처분할 수 없다.
⑤ 대지사용권은 전유부분과 일체성을 갖게 된 후 개시된 강제경매절차에 의해 전유부분과 분리되어 처분될 수 있다.

> **해설** ⑤ 집합건물의 소유 및 관리에 관한 법률 제20조의 규정 내용과 입법 취지 등을 종합하여 볼 때, 경매절차에서 전유부분을 낙찰받은 사람은 대지사용권까지 취득하는 것이고, 규약이나 공정증서로 다르게 정하였다는 특별한 사정이 없는 한 대지사용권을 전유부분과 분리하여 처분할 수는 없으며, 이를 위반한 대지사용권의 처분은 법원의 강제경매절차에 의한 것이라 하더라도 무효이다(대판 2009다26145).

Answers 15. ① 16. ⑤

17 집합건물의 소유 및 관리에 관한 법률상 공용부분에 관한 설명으로 옳은 것을 모두 고른 것은? (다툼이 있으면 판례에 따름) ▶제33회

> ㉠ 관리단집회 결의나 다른 구분소유자의 동의 없이 구분소유자 1인이 공용부분을 독점적으로 점유·사용하는 경우, 다른 구분소유자는 공용부분의 보존행위로서 그 인도를 청구할 수 있다.
> ㉡ 구분소유자 중 일부가 정당한 권원 없이 구조상 공용부분인 복도를 배타적으로 점유·사용하여 다른 구분소유자가 사용하지 못하였다면, 특별한 사정이 없는 한 이로 인하여 얻은 이익을 다른 구분소유자에게 부당이득으로 반환하여야 한다.
> ㉢ 관리단은 관리비 징수에 관한 유효한 규약이 없더라도 공용부분에 대한 관리비를 그 부담 의무자인 구분소유자에게 청구할 수 있다.

① ㉠ ② ㉡ ③ ㉠, ㉢
④ ㉡, ㉢ ⑤ ㉠, ㉡, ㉢

> **해설** ㉠ 공용부분의 보존행위로서 방해배제를 청구할 수 있으나 인도를 청구할 수는 없다.

18 집합건물의 소유 및 관리에 관한 법률에 관한 설명으로 옳은 것을 모두 고른 것은? ▶제31회

> ㉠ 각 공유자는 공용부분을 그 용도에 따라 사용할 수 있다.
> ㉡ 전유부분에 관한 담보책임의 존속기간은 사용검사일부터 기산한다.
> ㉢ 구조상 공용부분에 관한 물권의 득실변경은 그 등기를 해야 효력이 발생한다.
> ㉣ 분양자는 원칙적으로 전유부분을 양수한 구분소유자에 대하여 담보책임을 지지 않는다.

① ㉠ ② ㉢ ③ ㉠, ㉡
④ ㉠, ㉣ ⑤ ㉡, ㉢, ㉣

> **해설** ㉠ 공용부분을 그 용도에 따라 사용할 수 있다. 지분비율에 따르는 것이 아님을 주의해야 한다.
> ㉡ 전유부분은 구분소유자에게 인도한 날, 공용부분은 사용검사일부터 기산한다.
> ㉢ 공용부분에 관한 물권의 득실변경은 등기가 필요하지 아니하다.
> ㉣ 담보책임을 진다.

Answers 17. ④ 18. ①

19 집합건물의 소유 및 관리에 관한 법률에 관한 설명으로 틀린 것은? ▶제29회

① 관리인의 대표권 제한은 선의의 제3자에게 대항할 수 없다.
② 구조상의 공용부분에 관한 물권의 득실변경은 등기하여야 효력이 생긴다.
③ 관리인은 매년 회계연도 종료 후 3개월 이내에 정기 관리단집회를 소집하여야 한다.
④ 일부 구분소유자만이 공용하도록 제공되는 것임이 명백한 공용부분은 그들 구분소유자의 공유에 속한다.
⑤ 공유자가 공용부분에 관하여 다른 공유자에 대하여 가지는 채권은 그 특별승계인에 대하여도 행사할 수 있다.

> 해설 ② 구조상의 공용부분에 관한 물권의 득실변경은 등기가 필요하지 않다(집합건물의 소유 및 관리에 관한 법률 제13조 제3항).

20 집합건물의 소유 및 관리에 관한 법률의 설명으로 틀린 것은? ▶제30회

① 규약 및 관리단 집회의 결의는 구분소유자의 특별승계인에 대하여도 효력이 있다.
② 구분소유건물의 공용부분에 관한 물권의 득실변경은 등기가 필요하지 않다.
③ 관리인은 구분소유자가 아니더라도 무방하다.
④ 재건축 결의는 구분소유자 및 의결권의 각 5분의 4 이상의 결의에 의한다.
⑤ 재건축 결의 후 재건축 참가 여부를 서면으로 촉구받은 재건축반대자가 법정 기간 내에 회답하지 않으면 재건축에 참가하겠다는 회답을 한 것으로 본다.

> 해설 ⑤ 재건축 결의 후 재건축 참가 여부를 서면으로 촉구받은 재건축반대자가 법정 기간 내에 회답하지 않으면 재건축에 참가하지 않겠다는 뜻을 회답한 것으로 본다(집합건물의 소유 및 관리에 관한 법률 제48조 제3항).

Answers 19. ② 20. ⑤

| 1차 민법·민사특별법

 **가등기담보 등에 관한 법률**

21 가등기담보 등에 관한 법률이 원칙적으로 적용되는 것은? (단, 이자는 고려하지 않으며, 다툼이 있으면 판례에 따름) ▶제34회

① 1억원을 차용하면서 부동산에 관하여 가등기나 소유권이전등기를 하지 않은 경우
② 매매대금채무 1억원의 담보로 2억원 상당의 부동산 소유권이전등기를 한 경우
③ 차용금채무 1억원의 담보로 2억원 상당의 부동산에 대해 대물변제예약을 하고 가등기한 경우
④ 차용금채무 3억원의 담보로 이미 2억원의 다른 채무에 대한 저당권이 설정된 4억원 상당의 부동산에 대해 대물변제예약을 하고 가등기한 경우
⑤ 1억원을 차용하면서 2억원 상당의 그림을 양도담보로 제공한 경우

> **해설** ③ 재산의 예약 당시의 가액이 차용액 및 이에 붙인 이자의 합산액을 초과하는 경우에 가등기담보법을 적용한다. 부동산의 가액(2억원)이 차용금채무(1억원)를 초과하므로 적용된다.
> ①, ⑤ 등기·등록이 되지 않는 일반 동산(고려청자나 그림 등), 미등기 부동산, 무기명주식이나 주권이 발행되지 않은 주식 등의 취득을 목적으로 하는 담보계약에는 가등기담보법이 적용되지 않는다.
> ② 가등기담보 등에 관한 법률은 차용물의 반환에 관하여 차주가 차용물에 갈음하여 다른 재산권을 이전할 것을 예약한 경우에 적용되는 것이므로 토지매매대금 등의 지급의 담보와 그 불이행의 경우의 제재 내지 보상을 위하여 소유권이전청구권보전을 위한 가등기가 경료된 경우에는 위 법률이 적용되지 아니한다(대판 88다카20392).
> ④ 가등기담보 등에 관한 법률은 재산권 이전의 예약에 의한 가등기담보에 있어서 재산의 예약 당시의 가액이 차용액 및 이에 붙인 이자의 합산액을 초과하는 경우에 적용되는바, 부동산의 가액은 4억원인데, 이미 기존의 채권액 2억원에 차용금채무 3억원을 더하면 5억원이 되어 부동산 가액이 채권액에 미달되므로 가등기담보법이 적용되지 아니한다.

Answers 21. ③

22 가등기담보 등에 관한 법률이 적용되는 가등기담보에 관한 설명으로 옳은 것은? (다툼이 있으면 판례에 따름) ▶제33회

① 채무자가 아닌 제3자는 가등기담보권의 설정자가 될 수 없다.
② 귀속청산에서 변제기 후 청산금의 평가액을 채무자에게 통지한 경우, 채권자는 그가 통지한 청산금의 금액에 관하여 다툴 수 있다.
③ 공사대금채권을 담보하기 위하여 담보가등기를 한 경우, 「가등기담보 등에 관한 법률」이 적용된다.
④ 가등기담보권자는 특별한 사정이 없는 한 가등기담보권을 그 피담보채권과 함께 제3자에게 양도할 수 있다.
⑤ 가등기담보권자는 담보목적물에 대한 경매를 청구할 수 없다.

> **해설** ① 물상보증인도 가등기담보권의 설정자가 될 수 있다.
> ② 청산금의 금액에 관해 다툴 수 없다(가담법 제9조).
> ③ 대여금 채권에 관하여서만 가담법이 적용된다.
> ⑤ 가등기담보권에 기해 경매를 청구할 수 있다.

23 甲은 乙에게 무이자로 빌려준 1억원을 담보하기 위해, 丙명의의 저당권(피담보채권 5,000만원)이 설정된 乙소유의 X건물(시가 2억원)에 관하여 담보가등기를 마쳤고, 乙은 변제기가 도래한 甲에 대한 차용금을 지급하지 않고 있다. 다음 설명 중 틀린 것은? (다툼이 있으면 판례에 따름) ▶제35회

① 甲이 귀속정산절차에 따라 적법하게 X건물의 소유권을 취득하면 丙의 저당권은 소멸한다.
② 甲이 乙에게 청산금을 지급하지 않고 자신의 명의로 본등기를 마친 경우, 그 등기는 무효이다.
③ 甲의 청산금지급채무와 乙의 가등기에 기한 본등기 및 X건물 인도채무는 동시이행관계에 있다.
④ 경매절차에서 丁이 X건물의 소유권을 취득하면 특별한 사정이 없는 한 甲의 가등기담보권은 소멸한다.
⑤ 만약 청산금이 없는 경우, 적법하게 실행통지를 하여 2개월의 청산기간이 지나면 청산절차의 종료와 함께 X건물에 대한 사용·수익권은 甲에게 귀속된다.

> **해설** ① 丙의 저당권은 가등기보다 선순위이므로 그대로 유지된다.

Answers 22. ④ 23. ①

24 乙은 甲에 대한 1억원의 차용금채무를 담보하기 위해 자신의 X건물(시가 2억원)에 관하여 甲명의로 소유권이전등기를 마쳤다. 이에 관한 설명으로 옳은 것은? (다툼이 있으면 판례에 따름)
▶제31회

① 甲은 X건물의 화재로 乙이 취득한 화재보험금청구권에 대하여 물상대위권을 행사할 수 없다.
② 甲은 乙로부터 X건물을 임차하여 사용하고 있는 丙에게 소유권에 기하여 그 반환을 청구할 수 있다.
③ 甲은 담보권실행으로서 乙로부터 임차하여 X건물을 점유하고 있는 丙에게 그 인도를 청구할 수 있다.
④ 甲은 乙로부터 X건물을 임차하여 사용하고 있는 丙에게 임료 상당의 부당이득반환을 청구할 수 있다.
⑤ 甲이 X건물을 선의의 丁에게 소유권이전등기를 해 준 경우, 乙은 丁에게 소유권이전등기말소를 청구할 수 있다.

> 해설 ① 담보권자로서 물상대위권을 행사할 수 있다.
> ② 甲은 소유권자가 아니라 양도담보권자이다.
> ④ 甲에겐 사용수익권이 없다. 사용수익권은 설정자인 乙에게 있다.
> ⑤ 선의의 제3자가 소유권을 취득한 경우에는 말소청구할 수 없다(가등기담보 등에 관한 법률 제11조).

25 가등기담보 등에 관한 법률상 채권자가 담보목적 부동산의 소유권을 취득하기 위하여 채무자에게 실행통지를 할 때 밝히지 않아도 되는 것은? ▶제27회

① 청산금의 평가액
② 후순위 담보권자의 피담보채권액
③ 통지 당시 담보목적부동산의 평가액
④ 청산금이 없다고 평가되는 경우 그 뜻
⑤ 담보목적부동산이 둘 이상인 경우 각 부동산의 소유권이전에 의하여 소멸시키려는 채권

> 해설 ② 가등기담보 등에 관한 법률 제3조

Answers 24. ③ 25. ②

26 乙은 甲으로부터 1억원을 빌리면서 자신의 X토지(시가 3억원)를 양도담보로 제공하고 甲명의로 소유권이전등기를 마쳤다. 그 후 丙은 X토지를 사용·수익하던 乙과 임대차계약을 맺고 그 토지를 인도받아 사용하고 있다. 다음 설명 중 틀린 것은? (다툼이 있으면 판례에 의함) ▶제29회

① 甲은 피담보채권의 변제기 전에도 丙에게 임료 상당을 부당이득으로 반환 청구할 수 있다.
② 甲은 특별한 사정이 없는 한 담보권실행을 위하여 丙에게 X토지의 인도를 청구할 수 있다.
③ 乙이 피담보채무의 이행지체에 빠졌을 경우, 甲은 丙에게 소유권에 기하여 X토지의 인도를 청구할 수 없다.
④ 甲이 乙에게 청산금을 지급함으로써 소유권을 취득하면 甲의 양도담보권은 소멸한다.
⑤ 만약 甲이 선의의 丁에게 X토지를 매도하고 소유권이전등기를 마친 경우 乙은 丁에게 소유권이전등기의 말소를 청구할 수 없다.

> **해설** ① 청산절차 종료 전까지는 양도담보설정자(乙)가 목적물을 소유한다. 따라서 임료는 소유자인 乙이 청구할 수 있다.

Answers 26. ①

27 가등기담보 등에 관한 법률의 설명으로 옳은 것은? (다툼이 있으면 판례에 따름) ▶제30회

① 가등기가 담보가등기인지, 청구권보전을 위한 가등기인지의 여부는 등기부상 표시를 보고 결정한다.
② 채권자가 담보권실행을 통지함에 있어서, 청산금이 없다고 인정되면 통지의 상대방에게 그 뜻을 통지하지 않아도 된다.
③ 청산금은 담보권실행의 통지 당시 담보목적부동산의 가액에서 피담보채권액을 뺀 금액이며, 그 부동산에 선순위담보권이 있으면 위 피담보채권액에 선순위담보로 담보한 채권액을 포함시킨다.
④ 통지한 청산금액이 객관적으로 정확하게 계산된 액수와 맞지 않으면, 채권자는 정확하게 계산된 금액을 다시 통지해야 한다.
⑤ 채권자가 채무자에게 담보권실행을 통지하고 난 후부터는 담보목적물에 대한 과실수취권은 채권자에게 귀속한다.

> **해설** ① 가등기가 담보가등기인지 여부는 그 등기부상 표시나 등기 시에 주고 받은 서류의 종류에 의하여 형식적으로 결정될 것이 아니고 거래의 실질과 당사자의 의사해석에 따라 결정될 문제라고 할 것이다(대판 91다36932).
> ② 청산금이 없다고 인정되는 경우에도 통지의 상대방에게 그 뜻을 통지하여야 한다.
> ④ 통지한 청산금액은 다툴 수 없다.
> ⑤ 채무자에게 귀속한다.

Answers 27. ③

Theme 04 부동산 실권리자명의 등기에 관한 법률

28 부동산 명의신탁약정과 그에 따른 등기의 무효로 대항할 수 없는 제3자(부동산 실권리자명의 등기에 관한 법률 제4조 제3항)에 해당하는 자를 모두 고른 것은? (다툼이 있으면 판례에 따름) ▶제34회

㉠ 명의수탁자의 상속인
㉡ 명의신탁된 부동산을 가압류한 명의수탁자의 채권자
㉢ 명의신탁자와 명의신탁된 부동산소유권을 취득하기 위한 계약을 맺고 등기명의만을 명의수탁자로부터 경료받은 것과 같은 외관을 갖춘 자
㉣ 학교법인이 명의수탁자로서 기본재산에 관한 등기를 마친 경우, 기본재산 처분에 관하여 허가권을 갖는 관할청

① ㉡
② ㉠, ㉢
③ ㉢, ㉣
④ ㉠, ㉡, ㉢
⑤ ㉡, ㉢, ㉣

> **해설** ㉠, ㉢ '제3자'라 함은, 명의신탁의 당사자 및 포괄승계인(상속인) 이외의 자로서 명의수탁자가 물권자임을 기초로 그와의 사이에 새로운 이해관계를 맺는 자를 말하고, 여기에는 소유권이나 저당권 등 물권을 취득한 자뿐만 아니라 수탁자의 기존의 채권자로서 기존채권을 확보하기 위해 그 목적물을 압류 또는 가압류채권자도 포함되며, 제3자의 선의·악의를 묻지 않는다(대판 2008다36022).

29 甲은 친구 乙과의 명의신탁약정에 따라 2024. 3. 5. 자신의 X부동산을 乙명의로 소유권이전등기를 해 주었고, 그 후 乙은 丙에게 이를 매도하고 丙명의로 소유권이전등기를 해 주었다. 다음 설명 중 옳은 것은? (다툼이 있으면 판례에 따름) ▶제35회

① 甲은 乙을 상대로 불법행위로 인한 손해배상을 청구할 수 있다.
② 甲과 乙의 명의신탁약정으로 인해 乙과 丙의 매매계약은 무효이다.
③ 甲은 丙을 상대로 X부동산에 관한 소유권이전등기말소를 청구할 수 있다.
④ 甲은 乙을 상대로 명의신탁약정 해지를 원인으로 하는 소유권이전등기를 청구할 수 있다.
⑤ 만약 乙이 X부동산의 소유권을 丙으로부터 다시 취득한다면, 甲은 乙을 상대로 소유권에 기하여 이전등기를 청구할 수 있다.

> **해설** ② 甲과 乙의 명의신탁약정은 무효지만 乙과 丙의 매매계약은 유효하다.
> ③ 丙이 소유권을 취득하게 되며 甲은 소유권이전등기말소를 청구할 수 없다.
> ⑤ 명의신탁으로 취득한 자로부터 취득한 자는 선악을 불문하고 소유자가 된다(엄폐물의 법칙).

Answers 28. ① 29. ①

30 甲은 법령상 제한을 회피할 목적으로 2023. 5. 1. 배우자 乙과 자신 소유의 X건물에 대해 명의신탁약정을 하고, 甲으로부터 乙앞으로 소유권이전등기를 마쳤다. 다음 설명 중 틀린 것은? (특별한 사정은 없으며, 다툼이 있으면 판례에 따름) ▶제34회

① 甲은 乙을 상대로 진정명의회복을 원인으로 한 소유권이전등기를 청구할 수 있다.
② 甲은 乙을 상대로 부당이득반환을 원인으로 한 소유권이전등기를 청구할 수 있다.
③ 甲은 乙을 상대로 명의신탁해지를 원인으로 한 소유권이전등기를 청구할 수 없다.
④ 乙이 丙에게 X건물을 매도하고 소유권이전등기를 해준 경우, 丙은 소유권을 취득한다.
⑤ 乙이 丙에게 X건물을 매도하고 소유권이전등기를 해준 경우, 乙은 甲에게 불법행위책임을 부담한다.

해설 ② 양자간 등기명의신탁의 경우 부동산실명법에 의하여 명의신탁약정과 그에 의한 등기가 무효이므로 목적 부동산에 관한 명의수탁자 명의의 소유권이전등기에도 불구하고 그 소유권은 처음부터 이전되지 아니하는 것이어서 원래 그 부동산의 소유권을 취득하였던 명의신탁자가 그 소유권을 여전히 보유하는 것이 되는 이상, 침해부당이득의 성립 여부와 관련하여 명의수탁자 명의로의 소유권이전등기로 인하여 명의신탁자가 어떠한 '손해'를 입게 되거나 명의수탁자가 어떠한 이익을 얻게 된다고 할 수 없다. 결국 양자간 등기명의신탁에 있어서 그 명의신탁자로서는 명의수탁자를 상대로 소유권에 기하여 원인무효인 소유권이전등기의 말소를 구하거나 진정한 등기명의의 회복을 원인으로 한 소유권이전등기절차의 이행을 구할 수 있음은 별론으로 하고 침해부당이득반환을 원인으로 하여 소유권이전등기절차의 이행을 구할 수는 없다고 할 것이다(대판 2012다97864).

Answers 30. ②

31 2022. 8. 16. 甲은 조세포탈의 목적으로 친구인 乙과 명의신탁약정을 맺고 乙은 이에 따라 甲으로부터 매수자금을 받아 丙 소유의 X토지를 자신의 명의로 매수하여 등기를 이전받았다. 이에 관한 설명으로 틀린 것은? (다툼이 있으면 판례에 따름) ▶제33회

① 甲과 乙의 명의신탁약정은 무효이다.
② 甲과 乙의 명의신탁약정이 있었다는 사실을 丙이 몰랐다면, 乙은 丙으로부터 X토지의 소유권을 승계취득한다.
③ 乙이 X토지의 소유권을 취득하더라도, 甲은 乙에 대하여 부당이득을 원인으로 X토지의 소유권이전등기를 청구할 수 없다.
④ 甲은 乙에 대해 가지는 매수자금 상당의 부당이득반환청구권에 기하여 X토지에 유치권을 행사할 수 없다.
⑤ 만일 乙이 丁에게 X토지를 양도한 경우, 丁이 명의신탁 약정에 대하여 단순히 알고 있었다면 丁은 X토지의 소유권을 취득하지 못한다.

해설 ⑤ 적극가담한 것이 아닌 한 악의였다 하더라도 丁은 X토지의 소유권을 취득한다.

32 甲은 법령상의 제한을 회피하기 위해 2019. 5. 배우자 乙과 명의신탁약정을 하고 자신의 X건물을 乙명의로 소유권이전등기를 마쳤다. 이에 관한 설명으로 틀린 것은? (다툼이 있으면 판례에 따름) ▶제31회

① 甲은 소유권에 의해 乙을 상대로 소유권이전등기의 말소를 청구할 수 있다.
② 甲은 乙에게 명의신탁해지를 원인으로 소유권이전등기를 청구할 수 없다.
③ 乙이 소유권이전등기 후 X건물을 점유하는 경우, 乙의 점유는 타주점유이다.
④ 乙이 丙에게 X건물을 증여하고 소유권이전등기를 해준 경우, 丙은 특별한 사정이 없는 한 소유권을 취득한다.
⑤ 乙이 丙에게 X건물을 적법하게 양도하였다가 다시 소유권을 취득한 경우, 甲은 乙에게 소유물반환을 청구할 수 있다.

Answers 31. ⑤ 32. ⑤

> [해설] ⑤ 명의수탁자가 신탁부동산을 처분하여 제3취득자가 유효하게 소유권을 취득하고 이로써 명의신탁자가 소유권을 상실하였다면 명의신탁자의 소유권에 기한 물권적 청구권, 즉 말소등기청구권이나 진정명의회복을 원인으로 한 이전등기청구권도 더 이상 그 존재 자체가 인정되지 않는다. 따라서 그 후 명의수탁자가 신탁부동산이 소유권을 다시 취득하였다고 하더라도 명의신탁자가 소유권을 상실한 사실에는 변함이 없으므로, 여전히 물권적 청구권은 인정되지 않는다(대판 2010다89814).
> ①② 소유권은 신탁자에게 있다. 명의신탁약정이 무효이므로 신탁자는 수탁자에게 명의신탁해지를 원인으로 하는 소유권이전등기를 청구할 수 없다. 소유권에 기한 방해제거청구권으로 수탁자 명의의 등기 말소를 청구할 수 있다.
> ③ 명의수탁자의 점유는 권원의 객관적 성질상 타주점유에 해당한다.
> ④ 선악을 불문하고 유효하게 소유권을 취득한다(부동산 실권리자명의 등기에 관한 법률 제4조 제3항).

33 부동산 실권리자명의 등기에 관한 법률에 관한 설명으로 옳은 것은? (다툼이 있으면 판례에 따름) ▶제26회

① 소유권 이외의 부동산 물권의 명의신탁은 동 법률의 적용을 받지 않는다.
② 채무변제를 담보하기 위해 채권자가 부동산 소유권을 이전받기로 하는 약정은 동 법률의 명의신탁약정에 해당한다.
③ 양자간 등기명의신탁의 경우 신탁자는 수탁자에게 명의신탁약정의 해지를 원인으로 소유권이전등기를 청구할 수 없다.
④ 3자간 등기명의신탁의 경우 수탁자가 자진하여 신탁자에게 소유권이전등기를 해 주더라도, 그 등기는 무효이다.
⑤ 명의신탁약정의 무효는 악의의 제3자에게 대항할 수 있다.

> [해설] ③ 대판 2005다5140
> ① 부동산에 관한 소유권이나 그 밖의 물권의 경우에도 적용된다(제2조 제1호).
> ② 해당하지 아니한다(제2조 제1호 가목).
> ④ 실체관계에 부합한 등기로 유효하다(대판 2004다6764).
> ⑤ 명의신탁약정 및 물권변동의 무효는 제3자에게 대항하지 못한다(제4조 제3항).

Answers 33. ③

34 甲은 조세포탈·강제집행의 면탈 또는 법령상 제한의 회피를 목적으로 하지 않고, 배우자 乙과의 명의신탁약정에 따라 자신의 X토지를 乙명의로 소유권이전등기를 마쳐 주었다. 다음 설명 중 틀린 것은? (다툼이 있으면 판례에 따름) ▶제28회

① 乙은 甲에 대해 X토지의 소유권을 주장할 수 없다.
② 甲이 X토지를 丙에게 매도한 경우, 이를 타인의 권리매매라고 할 수 없다.
③ 丁이 X토지를 불법점유하는 경우, 甲은 직접 丁에 대해 소유물반환청구권을 행사할 수 있다.
④ 乙로부터 X토지를 매수한 丙이 乙의 甲에 대한 배신행위에 적극가담한 경우, 乙과 丙 사이의 계약은 무효이다.
⑤ 丙이 乙과의 매매계약에 따라 X토지에 대한 소유권이전등기를 마친 경우, 특별한 사정이 없는 한 丙이 X토지의 소유권을 취득한다.

> **해설** ③ 제3자가 신탁재산을 훼손 또는 불법점유하는 경우에 신탁자는 소유권에 기하여 직접 반환청구나 방해배제청구를 할 수 없으며 수탁자를 대위하여 행사할 수 있을 뿐이다.
> ① 조세포탈·강제집행의 면탈 또는 법령상 제한의 회피를 목적으로 하지 않은 배우자와의 명의신탁약정은 유효하다. 따라서 X토지의 소유권은 甲에게 있고 乙은 甲에 대해 X토지의 소유권을 주장할 수 없다.

35 부동산 경매절차에서 丙소유의 X건물을 취득하려는 甲은 친구 乙과 명의신탁약정을 맺고 2018. 5. 乙명의로 매각허가결정을 받아 자신의 비용으로 매각대금을 완납하였다. 그 후 乙명의로 X건물의 소유권이전등기가 마쳐졌다. 다음 설명 중 옳은 것은? (다툼이 있으면 판례에 따름) ▶제29회

① 甲은 乙에 대하여 X건물에 관한 소유권이전등기말소를 청구할 수 있다.
② 甲은 乙에 대하여 부당이득으로 X건물의 소유권반환을 청구할 수 있다.
③ 丙이 甲과 乙 사이의 명의신탁약정이 있다는 사실을 알았더라도 乙은 X건물의 소유권을 취득한다.
④ X건물을 점유하는 甲은 乙로부터 매각대금을 반환받을 때까지 X건물을 유치할 권리가 있다.
⑤ X건물을 점유하는 甲이 丁에게 X건물을 매도하는 계약을 체결한 경우, 그 계약은 무효이다.

Answers 34. ③ 35. ③

해설 ③ 경매의 경우에는 丙의 선의·악의 관계없이 경매는 유효이고, 수탁자 乙이 소유권을 취득한다(대판 2012다69197).
① 경매의 경우에는 수탁자 乙이 소유권을 취득하였으므로 甲은 乙에게 X건물에 대한 소유권이전등기의 말소를 청구할 수 없다.
② 甲은 乙에게 경락대금의 반환만을 청구할 수 있을 뿐이다.
④ 명의신탁자의 부당이득반환청구권은 부동산 자체로부터 발생한 채권이 아닐 뿐만 아니라 소유권 등에 기한 부동산의 반환청구권과 동일한 법률관계나 사실관계로부터 발생한 채권이라고 보기도 어려우므로, 결국 민법 제320조 제1항에서 정한 유치권 성립요건으로서의 목적물과 채권 사이의 견련관계를 인정할 수 없다(대판 2008다34828).
⑤ 타인의 권리를 매매하는 계약이므로 일단 매매계약 자체는 유효이다(민법 제569조).

36 X부동산을 매수하고자 하는 甲은 乙과 명의신탁약정을 하고 乙명의로 소유권이전등기를 하기로 하였다. 그 후 甲은 丙에게서 그 소유의 X부동산을 매수하고 대금을 지급하였으며, 丙은 甲의 부탁에 따라 乙 앞으로 이전등기를 해 주었다. 다음 설명 중 틀린 것은? (다툼이 있으면 판례에 따름) ▶제30회

① 甲과 乙 사이의 명의신탁약정은 무효이다.
② 甲은 乙을 상대로 부당이득반환을 원인으로 한 소유권이전등기를 구할 수 있다.
③ 甲은 丙을 상대로 소유권이전등기청구를 할 수 있다.
④ 甲은 丙을 대위하여 乙명의 등기의 말소를 구할 수 있다.
⑤ 甲과 乙 간의 명의신탁약정 사실을 알고 있는 丁이 乙로부터 X부동산을 매수하고 이전등기를 마쳤다면, 丁은 특별한 사정이 없는 한 그 소유권을 취득한다.

해설 ② 명의신탁약정과 물권변동은 무효라도 매도인과 신탁자 사이의 매매계약은 유효하므로 여전히 신탁자는 매도인에게 매매계약에 기한 소유권이전등기청구권을 보유하고 있어서 어떤 손해를 입었다고 볼 수 없다. 따라서 신탁자는 수탁자를 상대로 '부당이득반환을 원인'으로 직접 부동산의 소유권이전등기를 청구할 수는 없다(대판 2008다55290).

Answers **36.** ②

만화로 배우는
박문각 공인중개사

1차 민법·민사특별법

2025 전면개정판

초판 인쇄	2025년 2월 14일
초판 발행	2025년 2월 20일
편 저 자	손은환·강지운
그　　림	김영란
발 행 인	박 용
발 행 처	(주)박문각출판
등　　록	2015. 4. 29. 제2019-000137호
주　　소	(06654) 서울시 서초구 효령로 283 서경 B/D 4층
전　　화	교재 주문 (02) 6466-7202
팩　　스	(02) 584-2927

저자와의 협의하에 인지생략

이 책의 무단 전재 또는 복제 행위는 금합니다.

정가 27,000원　　　ISBN 979-11-7262-596-2